传媒经济学

（第四版）

张辉锋 著

人民日报出版社

北京

图书在版编目（CIP）数据

传媒经济学 / 张辉锋著 . — 北京：人民日报出版
社，2022.11
ISBN 978-7-5115-7529-6

Ⅰ.①传… Ⅱ.①张… Ⅲ.①传播媒介－经济学－研
究 Ⅳ.① G206.2-05

中国版本图书馆 CIP 数据核字（2022）第 187943 号

书　　　名：传媒经济学
　　　　　　CHUANMEI JINGJIXUE
著　　　者：张辉锋

出 版 人：刘华新
责任编辑：梁雪云　　王奕帆
封面设计：主语设计
版式设计：九章文化

出版发行：人民日报出版社
社　　址：北京金台西路 2 号
邮政编码：100733
发行热线：(010) 65369509　65369527　65369846　65369512
邮购热线：(010) 65369530　65363527
编辑热线：(010) 65369526
网　　址：www.peopledailypress.com
经　　销：新华书店
印　　刷：大厂回族自治县彩虹印刷有限公司
法律顾问：北京科宇律师事务所　（010）83622312

开　　本：710mm×1000mm　1/16
字　　数：281 千字
印　　张：19.5
版次印次：2023 年 1 月第 1 版　　2023 年 1 月第 1 次印刷

书　　号：ISBN 978-7-5115-7529-6
定　　价：49.00 元

第四版前言

用经济学研究传媒业的运作，具有比较悠久的历史。也有经济学名家投入其中，比如罗纳德·H. 科斯就从经济学角度对传媒业进行研究，于 1950 年代推出了《美国广播业：垄断研究》《联邦通讯委员会》等卓有影响的论文，其中《联邦通讯委员会》正是科斯定理的源出文献！这些都算传媒经济学的研究。但是直到现在，在世界范围内，虽然传媒业发展日新月异，传播技术、效果与业态变化屡屡"惊艳"世人，总收入令人艳羡，但传媒经济学的研究一直不算多"火"，算不上一个多大且有影响的领域。学术领域没有太多的学者投入，高等教育领域也没有形成学科建设热潮大量招生。

不过无论怎样，实践的发展已给传媒经济学研究提出了紧迫的要求，我们作为该领域的研究者也亟须承担这份沉甸甸的责任。行业发展滚滚向前，从早期的纸媒等传统产品形态到当下的元宇宙初代产品，从几十年前的普通商业模式探索到如今的平台经济大肆扩张，不断出现新情况、新问题，这使无论是政策的制定还是从业者的实践，都亟须理论的指导。同时，我国的传媒经济学学科建设也已开启，有了一定数量的入校生源，有本硕博的方向和专业建设，从这一点考虑，也需要更为成熟的理论体系来进行支撑。

笔者不揣浅陋，在此研究传媒经济学的基础理论，以期能为行业实践、学科建设、人才培养等方面提供参考借鉴与理论支持。

本书共十章，按理论、历史与实务的大框架进行构建。前三章是理论，是有关传媒业运作的基本规律的，当然是从经济学的角度进行分析。第四章是历史，是从经济学角度梳理传媒业的发展历程，当然，在短短一章里梳理全世界传媒业的发展历程，可能内容就太宏观了，甚至可能宏观得没有多少实际意义，所以，第四章也只是"择其要者而析之"——只拣出传媒业历史上比较重要的部分进行阐析，而其中最重要的部分是中国传媒业的发展历史。第五至十章是实务，是研究传媒业的操作的，而且主要是传媒业直接获取经济效益的操作，传媒经济学应该是用经济学分析传媒业的所有行为，但是目前从该行业的实践需求等角度看，还应偏重研究其直接获取经济效益的行为，而这也可能是应用研究的题中应有之义。基于此，这六章实务部分基本都是这方面的内容，比如，传媒业内容产品的销售、广告经营、资本运作、集团化行为，还有组织制度与政府规制，也离直接获取经济效益的行为不远，实务部分并没有研究采、写、编、评等行为，也是这个原因。

本书力求使理论体系符合实践情况，所以，可以说所有内容都建构在大量实践资料梳理分析的基础上，而且，本书所研究的内容力求紧跟实践前沿，重视研究新情况、新问题，以使内容不至于因忽视了最新的实践而不够全面。

当然，目标是目标、追求是追求，由于作者本人水平有限，本书还是会有一定不足甚至错漏之处，在此，也诚恳希望读者朋友能够给予批评指正。

张辉锋

2022 年于北京

目　录

第一章
传媒经济学的基本问题

1997 年，国务院学位委员会将新闻与传播学擢升为一级学科，与中国语言文学等并列在文学门下。2003 年，当时国内[①]具有新闻与传播学一级学科承办权的中国人民大学新闻学院、复旦大学新闻学院以及北京广播学院均自主设立了第三个二级学科，中国人民大学与北京广播学院设立的是传媒经济学，复旦大学设立的是媒介战略管理学。于是，中国高等教育体制内的传媒经济学这一学科诞生了。

这样一门至今仍较新的学科，在国内一直受到不少的关注。它具体是研究什么的？又该怎样开展研究？目前世界的研究现状又是怎样的？本章就为大家解答这些问题。

第一节　传媒经济学的研究对象与内容

一、传媒经济学的研究对象

传媒经济学的研究对象是作为社会中一个行业的传媒业。实际上，传媒业不仅是"党和人民的喉舌"，是宣传阵地，换一个角度看，它也是国民经济体系中的一个行业，有着相对独立的运作实践，有着自身物理技术特性所决定的运作模式与产品，所以，有必要对其进行研究，以摸清其运作规律。

更具体地说，传媒经济学的研究对象是传媒业的所有行为，包括采、写、编、评等内容产品生产行为，也包括内容产品销售、广告经营等行为，还包括财务活动、人力资源管理活动、后勤活动等。总之，传媒经济学

---

① 本书中凡涉及中国、国内、我国等用语，如无特别说明，均指中国大陆。

不是一般人想象的研究传媒业的"经济行为"——经营行为或说是直接获取经济效益的行为，它是研究传媒业的所有行为、总结其规律的。在经济学看来，所有或说理性人的所有行为都是"经济"行为，都要遵从投入少、产出多的原则，没有哪些不是"经济"行为，所有或说理性人的所有行为都是研究对象。

二、传媒经济学的内容

传媒经济学是用经济学探讨传媒业运作规律的一套理论体系。它是用整个经济学——包括西方经济学，也包括政治经济学——让我们更清楚地认识传媒业的运作规律、更清晰地认识传媒业的本质。所以，它是用经济学的所有内容分析传媒业的所有行为，最终是让我们从经济学角度了解传媒业的运作特质。传媒经济学是经济学领域里的一个独立理论体系。

从某个角度说，传媒经济学是经济学研究者眼里的传媒业运作规律，它就是经济学的一个研究领域。

第二节　传媒经济学的研究路径

此处的研究路径，包括传媒经济学的研究取向、基本原则、理论工具、方法等。

一、传媒经济学的研究取向

从目前来看，传媒经济学的研究应分成三个取向，即历史取向、理论取向与实务取向。其分野标准可简单地看成研究对象不同。

历史取向是研究传媒业发展的史实，研究当前之前的传媒业实践；是从经济学角度描绘、评述传媒业发展历程，获知传媒业运作的历史真相。当然，这是为了加深对传媒业本质及基本运作规律等原理性问题的认识，最终是为理论取向的研究服务。

理论取向是总结基本规律、总结原理性的内容。它关注的是基本性的问题、基本的运作特征，包括：产品是什么，产品的特性是什么，行业的特性是什么，基本盈利模式是怎样的，等等。

实务取向研究传媒业具体的操作。采访行为是什么？采访行为怎么做更有效率？写作行为是什么？它又怎么做才更有效率？传媒组织的经营业务，如内容产品的销售、广告经营、资本运作、活动营销等怎么运作更有效率？等等。它取向于研究传媒业的具体操作行为，重在给实践操作提供借鉴与参考。当然，这样的内容也为理论取向的研究即原理性内容的研究提供服务。

这三个取向都是在经济学的理论体系内展开的，因为传媒经济学本就是经济学内的一个领域。

二、传媒经济学研究的基本原则

从科学研究的基本原则以及传媒业自身的特性来看，传媒经济学研究的基本原则主要有四个，具体如下。

（一）传媒经济学属于应用研究，宗旨在于直接指导实践

如上所述，传媒经济学研究的宗旨是从经济学角度探究传媒业运作规律，是经济学研究的一个领域，也就是说做的是经济学研究。进一步地，在经济学研究中，传媒经济学更大程度上是应用研究，是经济学的应用，是用经济学理论来分析传媒业的实践，找出其规律，最终目的是指导传媒业的实践。它是用经济学来研究一个行业，而非从一个行业来研究经济学。

本着传媒经济学是应用研究、宗旨在于指导实践这一基本原则，在对传媒业运作规律的探悉上，应重在从实践中选题，解决实践中的问题，如对传媒业的认识与操作问题。本书的框架也是以此为基本原则确定的。

（二）传媒经济学研究应处理好共性与个性的关系

传媒业是一个行业，这个行业又分为多个类别，如报业、期刊业、

图书出版业、广播业、电视业、电影业、互联网业、通讯社行业、音像出版业、电子出版业等，既然同属一个行业，运作上肯定具有共性。

同时，由于各类别物理技术特性不同，它们的运作模式又有一定的区别，而且实际上每个类别之下又可以分成若干子类别，其运作模式又有不同，所以传媒业的研究必须深入地、分门别类地研究，这样对其才会有准确认识。而既然深入地、分门别类地研究才能获知准确结果，就必然涉及传媒业各类别以及其子类别的个性问题，总之，对传媒业各类别及其子类别的个性一定要高度重视，不能一上来就从宏观出发，总结传媒业的共性，这样很难涵盖传媒业所有类别，而结论一定是错误的。

我们研究传媒业的运作规律，也即研究传媒业的共性，但这一定是建立在对所有细小类别全部正确认知的基础上，这样有关传媒业共性的结论才会是正确的。所以，传媒经济学研究要先研究个性，再研究共性，这是两者关系的基本处理原则。

（三）传媒经济学研究要中观与微观两个层面相结合

这是研究传媒业运作规律的两个角度问题。中观层面即在行业层面对传媒业进行研究，研究其总体呈现的规律，如传媒业的产品是什么、特性是什么、行业的特性又是什么、对这个行业会产生重要影响的外界因素有哪些、上下游行业之间的关系怎样、内部市场结构及行为怎样、绩效如何等。微观层面即在行业中的个体层面上对构成传媒业的机构或个人，如报社、电台、电视台、网站等传媒组织或发行企业、广告企业乃至操作者个人等进行研究。

传媒经济学研究必须兼顾这两个层面，才能做到全面、整体方向正确，同时又深入、细致，也才能对传媒业的脉搏把握得更贴切。

（四）传媒经济学研究要处理好世界与具体国家或地区的关系

对传媒业研究还要注意全世界范畴与具体国家或地区的关系，传媒经济学研究出的传媒业的规律，应该是全世界范围内传媒业整体的规律，绝非一个具体的国家或地区的规律。而在当下，却存在着研究者研究传媒业规律时主观无意识地从个别国家（主要是本国）或地区出发、将个别国家传媒业规律当成全世界传媒业规律的情况——一说传媒业的运作规律就拿本国的情况来以偏概全，这明显是错误做法。所以，在传媒经济学研究中，一定要处理好全世界与具体国家或地区的关系，最终总结出来的传媒业的规律一定是全世界传媒业普遍存在的，而不能以特定国家或地区代替。

三、传媒经济学研究的理论工具

前已说明，传媒经济学是用经济学理论对传媒业进行解析。由于传媒业还有其本学科理论即新闻传播学，所以实际上传媒经济学是经济学与新闻传播学的交叉。

传媒经济学的理论工具是经济学，本部分将相对详细地介绍一下该理论体系。

简单来说，经济学包括西方经济学与政治经济学两大分支，其源头可以上溯至 17、18 世纪的欧洲重商学派和重农学派，到 1776 年，英国人亚当·斯密吸收了重商学派和重农学派的观点，出版了《国民财富的性质和原因的研究》（也称《国富论》）一书，标志着古典政治经济学理论体系建立，也是现在经济学的源头。此后，古典政治经济学继续发展，内部诸学派此起彼伏、各领风骚，逐渐形成了现在经济学的两大分支——西方经济学与政治经济学。

（一）西方经济学

1. 西方经济学的发展脉络

1890 年，英国剑桥大学教授阿尔弗雷德·马歇尔发表《经济学原理》一书，为微观经济学搭起了基本框架，塑造了现代西方经济学的前身，他的经济学理论体系被称为新古典经济学或新古典学派，马歇尔这一著作也完成了将西方经济学从古典政治经济学的剥离。而古典政治经济学剩下部分按其原有脉络继续发展，成长为现代政治经济学。由此，古典政治经济学形成了新古典经济学与政治经济学两大分支并一直延续到现在西方经济学与政治经济学分支的局面。

新古典经济学诞生后，长期以来在西方经济学界各流派中占据主流地位。这一理论体系着重研究个体经济行为，主张自由放任，其理论核心是均衡价格论，在均衡价格论中，用边际效用说明商品需求价格，以生产成本说明商品供给价格，再用需求与供给的均衡说明均衡价格与均衡产量的形成。[①]新古典经济学也就是现在西方经济学中微观经济学的前身。

到了1930年代，美国经济遭遇前所未有的大萧条，而马歇尔的新古典经济学理论不能有效解释与解决这个问题，此时，英国剑桥大学教授约翰·梅纳德·凯恩斯创立了宏观经济学理论。1936年，凯恩斯的《就业、利息和货币通论》出版，标志着西方经济学中宏观经济学的诞生，该理论体系着重研究宏观经济问题，主张国家干预经济运作。再细一点说，凯恩斯的理论核心在于：资本主义经济通常的状态是有效需求不足，是低于充分就业的均衡，而市场机制本身没有力量使总需求与总供给在充分就业水平上达到均衡，这样就不可避免地要出现经济萧条和失业，而必须靠国家干预。[②]该理论诞生后，逐渐取代了马歇尔的新古典经济学而在西方经济学中占据主流地位，而且在西方经济学内部引发了政府应否干预经济的争论。后来，美国麻省理工学院教授萨缪尔森等人认为，新古典经济学的微观经济学理论与凯恩斯的宏观经济学理论并非互相排斥，而是互相补充，两者结合能够有效地解释与解决西方社会经济发展问题。1948年，萨缪尔森出版《经济学》一书，将新古典经济学的微观经济学理论与凯恩斯的宏观经济学理论综合在一起，形成了新古典综合派。

新古典综合派出现后在西方经济学界各流派中长期占据主流地位，也被称为现代主流经济学派。到了1970年代，西方国家经济"滞胀"局

---

① 详见高鸿业编著《西方经济学》，中国经济出版社1996年版。
② 同上。

面出现，新古典综合派的理论开始陷入困境，但仍能维持其主流地位。[①]
这就是现在的西方经济学发展的基本历史脉络。

说到西方经济学的发展脉络，还要提到产业经济学。产业经济学发源于西方经济学中的微观经济学，它的出现可以上溯至1930年代。当时，生产要素的集中趋势日益增强，企业的规模日益扩大并在市场上形成垄断地位，开始控制产量与价格以获取垄断收益，企业的这种行为是以完全竞争为理论前提的微观经济学理论不能解释与解决的。鉴于此种情况，哈佛大学经济学教授张伯伦与剑桥大学经济学教授罗宾逊夫人于1930年代初分别出版了《垄断竞争理论》和《不完全竞争经济学》[②]，这标志着产业组织理论的萌芽。后来哈佛大学商学院的梅森教授以及贝恩等人继续沿着该理论的脉络研究，到1959年，贝恩出版了第一部系统论述产业理论的著作《产业组织》，标志着产业组织理论体系的形成，这也可以算作产业经济学理论体系创建的标志。[③] 此后，具有相同经济活动的企业形成的群体的经济活动以及这些群体之间的关系等问题，在社会经济运作中日益重要并受到学界的重视，而这些是研究个量和总量的微观与宏观经济学所不能解释清楚的，因此产业经济学理论体系也日益发展，并逐渐独立于微观经济学与宏观经济学两大理论体系。这就是产业经济学的发展脉络。

2. 现代主流经济学与产业经济学——目前传媒经济学的重要理论工具

由萨缪尔森开创的现代主流经济学，其理论体系包括微观经济学与宏观经济学两大部分。这两部分经由马歇尔与凯恩斯开创，加上萨缪尔森的整理，成为现在西方经济学的主体理论，再加上产业经济学，是在西方经济学体系中研究传媒经济学的主体理论。为此，现将微观、宏观与

---

① 以上论述中的资料性内容详见高鸿业编著《西方经济学》，中国经济出版社1996年版。

② 详见杨公朴、夏大慰《产业经济学教程》，上海财经大学出版社1998年版。

③ 于立、肖兴志主编：《产业经济学的学科定位与理论应用》，东北财经大学出版社2002年版。

产业经济学的核心内容作一系统介绍。

微观经济学的研究对象是单个经济主体，如企业、家庭或个人，研究这些经济个体在市场上的行为规律，考察它（他）们怎样分配稀缺的资源，以获得收益的最大化。

宏观经济学的研究对象是国民经济整体，研究其运行规律，其最终要解决三个问题，即失业、通货膨胀与经济增长。在对国民经济整体进行的研究中，要用到一些变量，如国民生产总值、国民收入、总投资、总消费与物价水平等。

现在，产业经济学的研究对象主要包括四方面内容，即产业结构、产业关联、产业组织和产业政策。产业结构主要从经济发展的角度研究产业间的资源占有关系，从而探讨产业结构的演化规律，重点是为现实中的产业结构演化提供理论指导；产业关联较产业结构理论色彩更浓，它更广泛、深入、细致、量化地分析产业间以各种投入与产出为联系纽带的技术经济联系，主要理论工具是投入—产出理论；产业组织主要研究产业内部各市场主体之间的关系，特别是各市场主体之间的交易关系、资源占有关系、利益关系与行为关系等，同时研究各种关系所导致的市场绩效，从而对产业内部市场主体间什么样的关系会导致什么样的绩效有一个正确了解，这样就为产业内部市场主体间形成有效的关系以获取最佳绩效提供理论参考，SCP框架是其重要内容；产业政策，是政府对全部产业的发展所做出的政策的总和，其内容涵盖了产业结构、产业组织、产业技术、产业布局等方面。

以上是西方经济学中微观经济学与宏观经济学以及由西方经济学发展而来的产业经济学的理论体系，这三大理论体系相对独立，但又有着千丝万缕的内部联系，它们是传媒经济学研究的理论基础。

另外，进一步还可以说，在上述三者中，微观经济学与产业经济学对传媒经济学研究能提供更直接的借鉴。微观经济学的价格、供求、边际效用等理论都是能够直接研究传媒业内的经济个体如传媒组织、个人等的生产、消费行为的，对研究传媒内容产品、广告资源的销售等都可以直接运用。

产业经济学是研究国民经济中所有产业形成的产业系统的发展规律的理论体系。应该说，对于传媒经济学这种以单个产业运作规律为研究对象的领域，产业经济学是能够提供相当程度的借鉴的，比如产业组织理论就可以直接用来研究传媒业的市场结构等问题，产业结构、产业关联、产业政策虽然是以整体产业系统为研究对象，但也都有助于给单个产业的研究提供视角与理论工具。

（二）政治经济学

1890 年后，由于新古典经济学的自我剥离，亚当·斯密创立的古典政治经济学完成了分野，它的另一分支仍留在古典政治经济学母体内并继续发展，形成了观点包罗万象的各种流派，但它们仍然保留古典政治经济学一贯的研究特色，所以仍称为政治经济学。

要对政治经济学理论体系有一个全面的认识，可以从它所保持的古典政治经济学一贯的研究特色进行。根据加拿大传播政治经济学者文森特·莫斯可的观点，政治经济学的研究特色主要有如下四个方面。

1. 注重研究社会发展历程

从亚当·斯密创立古典政治经济学开始，政治经济学就一直注重对社会发展历程进行研究，其目的无非是探寻社会发展规律，以指导人类实践，使人类的实践能够更加有效。在亚当·斯密以及其后的大卫·李嘉图、约翰·斯图亚特·穆勒和马克思等人的研究中，都可以看出这一特色，他们无一不是在对社会发展历程本身进行研究，分析社会现象，探寻社会发展的趋势、推动社会发展的动力等。

2. 将社会作为一个整体进行研究

政治经济学将社会作为一个整体进行研究，即它的研究对象不是社会中的某一事物或某一孤立领域，而是整个社会。政治经济学认为社会是一个由各方面力量以及其相互间关系构成的整体，不能割裂，只能统一进行研究。英格拉姆 1923 年对此曾有论述："谈到经济学（指政治经济学）在整个学科体系中的位置，我认为对财富的研究不能与其他社会现象割裂开来，除非只是对一些暂时性或假定性的情况进行分析。"①

3. 注重社会发展中的伦理道德

政治经济学者一直对社会发展中的伦理道德问题予以重视，并将其作为理论评判的重要标准。当代传播政治经济学者、英国的戈尔丁与默多克两人在论及传播政治经济学时，曾提到批判政治经济学的特色在于"也许最重要的是它超越了效率这一技术性议题，而专注于正义、公平和公共利益等道德问题"，他们认为这种特色也是贯穿于传播政治经济学的研究中的。

4. 注重实践

政治经济学的第四个研究特色是注重实践。广义上说，实践是人类的全部活动；狭义上说，实践是人类"能动地改造物质世界的对象化活动"②。此处的实践指前者。

政治经济学者注重实践体现在两个方面：第一，强调要注意研究实践。政治经济学者强调知识仅靠头脑思考得来远远不够，必须从实践中汲取养分才能完善自身。从政治经济学自身的发展历程看，它确实是从一直关注实践、研究实践的过程中逐渐形成并丰满自身的。第二，强调研究者本人应努力参与实践，这样才能使自己的理论更加正确，对实践更具有指导意义。

从以上有关政治经济学的理论体系和研究特色来说，其优点在于能从更宏观、更全面的角度对一个社会事物的本质形成更客观的认识。对于传媒业这样一个"社会事物"而言，政治经济学角度的研究也同样重要。

❖ 总　结

以上是对经济学理论体系的简要介绍，重点从两大分支的角度展开，笔者的观点是，在传媒经济学的研究中，两大分支都能起到重要作用，绝对不可偏废。政治经济学有更宏观的视野，更能帮我们看到传媒业本质性的东西与深层运作规律。西方经济学以及由其衍生出的产业经济学

---

① 转引自文森特·莫斯可著《传播政治经济学》，华夏出版社 2000 年版。

② 陈先达主编：《马克思主义哲学原理》，中国人民大学出版社 1999 年版，第 54 页。

等重在对传媒业的操作，尤其是直接获取收益的操作进行分析，其层面更为中微观、更为具体，能让我们对传媒业的操作尤其是直接获取收益的操作有本质性的认识。总之，两者都有助于我们了解这个行业的运作规律，都是重要的理论工具。

四、传媒经济学研究的主要方法

传媒经济学研究的方法当然来自经济学，涉及对传媒业这一行业的研究，主要有以下四种。

（一）实证研究与规范研究法

实证研究与规范研究是经济学尤其是西方经济学的两大基本研究方法，实证研究描述、解释社会的事实，而规范研究做出价值判断。

实证研究重在研究现象"是什么"，即考察人类社会中的经济活动实际是怎样运作的，但并不对其做出价值判断。例如，研究中国传媒业的基本盈利模式是什么，中国报业的市场集中度是怎样的，中国传媒业目前处在产业生命周期的哪一阶段，集团化提高了传媒业的经济效率吗，转型中的中国传媒业的属性是什么，等等，回答的全是"是什么"的问题，多针对经验事实，使用调查、统计分析等方法，对经济主体的行为进行客观描绘与本质性归纳。相对规范研究来说，实证研究是它的基础，因为总归在搞清"是什么"之后才有资格对其进行评判。实证研究应该成为现阶段传媒经济学研究的重点，因为从经济学角度对传媒业实践进行认识，目前学业两界还做得远远不够，传媒经济学研究目前及之后较长的时期都应是处在弄明白传媒业实践"是什么"的阶段。

规范研究重在研究主体的活动"应该是什么"，比如：一份传媒上所发布的广告总量应占多大比例以更好地保障消费者在传媒上的信息消费福利，报纸头版应不应该登广告、登什么样的广告，短视频平台的内容应符合怎样的道德规范，判定一个平台的内容低俗的标准是什么，等等。这些问题的答案没有对错之分，全靠依据一定的价值评判标准去判断。

应该说，规范研究对于传媒业同样不可缺失，传媒业是向大众传播信息的，其产品尤其是内容产品具有影响社会的强大功能，所以，这个行业的社会责任感一定要强，其运作要遵循一定的伦理法规，这包括其直接获取收益的行为，如内容产品销售、广告资源销售等，规范研究——对传媒业的运作进行价值评判、设定其运作原则的研究很重要。

综上，实证研究、规范研究对于传媒经济学都意义重大，同样不可或缺。但就目前中国传媒经济学研究的现状来说，可将重点放在实证研究上。

（二）动态考察与静态分析相结合

静态分析是指考察研究对象在某一时间点或横断面上的运作状况。一定时点或横断面上的静态分析，能揭示规律在特定条件下的表现，使人更准确地认识规律，更清楚地认知研究对象。静态分析是动态考察的起点和基础。

而更重要的是，运动变化是永恒不变的真理，事物发展规律必须也只能在运动中才能全面体现出来。所以，传媒经济学的研究，还必须在整体时段上对传媒业进行动态考察，发现其随着时间的推移显示出的各种变化，从而客观地总结归纳其规律，得出完整的认识。

（三）定量分析与定性分析相结合

定量分析与定性分析是经济学研究常用的方法，两者都是为了指出研究对象的本质。从方式上看，定性分析是直接研究"是什么"，定量分析是通过研究"是多少"而指出其"是什么"。两者各有其长短处。就定量分析而言，正如马克思所认为的，"一种科学只有在成功地运用数学时，才算达到了真正完善的程度"，运用数学方法的定量分析的优点在于：标准化和精确化程度较高、逻辑推理严谨、最大限度地排除了研究者的主观性，使研究结论更为客观，另外，应用数学模型表示可以使复杂关系清晰化。定性分析是质的分析，即在现象中抽象出结论。定量分析虽有准确客观等诸多优点，但是定性分析同样有其优点：第一，定性分析永远是定量分析的前提，定量分析其实永远有定性分析为其做前导，为其提供方向；第二，很多时候，许多因素或指标还不能定量或精确定量，这时，必须运用定性方法。[①]

（四）案例研究法

案例研究法是经济学中普遍应用的方法，其目的在于运用一般性规律对某特定现象集中、深入分析，以清楚认识该现象，而且，在深入分析并认识该现象的同时，也对一般规律进行检验，审视是否有对一般规律进行修正的可能性。鉴于当下传媒经济学研究普遍存在对实践了解不足的情况，能帮助人扎实了解传媒业实践的案例研究法是当下传媒经济学研究中应该广泛采用的方法。

第三节　传媒经济学研究的状况

要研究一个领域，对有关该领域研究的整体状况有所把握是必需的，这既使研究者能有既往成果做指导、受其启发，又可避免重复选题白费力气。在本节里，笔者将简要介绍当前传媒经济学的研究状况，主要分国外与中国两部分。

一、国外传媒经济学研究状况

有关国外传媒经济学的研究状况，应该是全世界每一个国家和地区的研究状况都全面介绍到，但限于笔者的研究能力，只能就世界上传媒经济学的英语文献进行阅读研究，所以就使本处的国外研究状况只是以英语国家为主，也包括少数其他国家如日本、瑞典等，但不占主要地位。

在传媒经济学研究上，一些英语国家如美、英、加拿大等开始得早，成就也高，在框架建设与理论的深入探索上比中国要更好一些。

---

① 详见苏东水主编《产业经济学》，高等教育出版社 2000 年版。

美、英、加拿大等国有关传媒经济学的研究，就像经济学研究分为西方经济学与政治经济学两大分支一样，也分为两块，即西方经济学领域的传媒经济学研究和政治经济学领域的传媒经济学研究，后者也被称为传播政治经济学。

这两个领域由于所依附的基础理论不同而不同。下面将分别展开介绍。

（一）西方经济学领域的传媒经济学研究

这一领域的取向在于运用西方经济学尤其是微观经济学与产业经济学对传媒业进行分析，探寻其运作规律。

就整个世界传媒业的发展来说，美国是最发达的国家之一，传媒业非常繁荣，其传媒经济学研究也处于前沿水平。美国一些著名经济学家中，就有不少人研究传媒业的问题，包括诺贝尔经济学奖获得者，比如萨缪尔森与科斯。

萨缪尔森（Paul A. Samuelson）在 1950 年代就研究了广播电视的公共品属性问题，其发表的论文还引发了一场较大范围内的学术争论。[①] 同样在 1950 年代，罗纳德·H. 科斯（Ronald H. Coase）对英美两国广播业、美国联邦通讯委员会进行研究，撰写了《美国广播业：垄断研究》《联邦通讯委员会》等著作与论文，其成果很大程度上丰富了经济学界对于市场交易、价格理论等的认识，正是在这些研究的基础上，他后来推出了成熟的交易成本理论、"科斯定理"等，而他本人也获得了 1991 年诺贝尔经济学奖。

另外，P.O. 斯坦纳（P.O.Steiner）等人提出节目选择模型，在研究深度与难度上都达到了较高水准。

还有，以欧文（B.M.Owen）、维尔德曼（S.S.Wildman）为代表的现代电视传媒经济学派，不仅其理论体系比较成熟，而且对欧洲、日本的传

---

① 详见昝廷全、程静薇、应思思撰《诺贝尔经济学奖获得者与传媒经济研究》，《现代传播》2008 年第 3 期。

媒经济学研究产生过重要影响。①另外，美国自 1988 年起出版《传媒经济学期刊》(*the Journal of Media Economics*)，被收入 SCI，目前是世界范围内比较有影响的有关传媒经济学研究的学术期刊。

在传媒经济学的基础理论建设方面，代表人物有罗伯特·G. 皮卡德（Robert G.Picard）、阿兰·B. 阿尔巴兰（Alan B.Alabarran）、爱里森·亚历山大（Alison Alexander）等人。

罗伯特·G. 皮卡德是较早对传媒经济学的基础理论体系进行构建的人之一，1989 年，他出版了《媒介经济学：概念与问题》(*Media Economics— Concepts and Issues*)，可以算是西方经济学体系中传媒经济学基础理论的开山之作，该书将传媒经济学定义为"研究传媒从业者，如何在资源稀缺的前提下，满足受众、广告业者与社会在信息与娱乐等方面的各种欲求（Wants）与需要（Needs）"②，2002 年之后，他又出版了《传媒公司的经济学与融资行为》(*the Economics and Financing of Media Companies*) 等。

阿兰·B. 阿尔巴兰 1996 年出版《传媒经济学——理解市场、行业与概念》一书，核心观点是"传媒经济学是指传媒产业使用稀缺资源来生产一定的内容以满足社会公众各种不同的需要与欲求"，他还另有一本《全球传媒经济学——世界传媒市场的商业化、集中与整合》，其内容特点是偏重于描写实务操作，轻于进行理论探讨。

之后有 1998 年爱里森·亚历山大（Alison Alexander）、奥威尔（Ower）和卡维斯（Carveth）合著的《传媒经济学——理论与实务》(*Media Economics—Theory and Practice*) 一书，书中界定的传媒经济学的内涵与皮卡德和阿尔巴兰的比较相似，如"传媒经济学关注的是传媒产业怎样分配资源生产信息和娱乐产品以适应观众、广告商及社会性机构的需求"③。

---

① 详见吴克宇著《电视媒介经济学》，华夏出版社 2004 年版。

② 详见罗伯特·G. 皮卡德著，赵丽颖译《媒介经济学：概念与问题》，中国人民大学出版社 2005 年版。

③ 详见程静薇撰《传媒经济研究的三种取向》，《中国传媒经济研究》（第一辑），科学出版社 2004 年版。

进入 1990 年代以来，日本一批学者在对本国电视业进行实证研究的基础上，借鉴欧美的研究成果，也推出了一系列论文与报告等。

（二）政治经济学领域的传播政治经济学研究

传播政治经济学的研究同属传媒经济学研究的领域之内，而且世界范围内受关注程度日益提高，在 2004 年 5 月的第六届世界传媒经济学大会上发表的近 60 篇论文中，有十几篇是从传播政治经济学角度切入的，如《金融机构和广告大户占据了报业上市公司的董事会》《定力：所有权不断变化对报纸内容的影响》《欧洲电视市场的公共服务与商业之争》等。

传播政治经济学继承了政治经济学的批判传统，所以理论具有批判色彩，它着力对资本主义社会市场中的传媒运作弊端进行分析与批判。如加拿大传播政治经济学者文森特·莫斯可（Vincent Mosco）就"将大量营销与更广泛的经济过程和社会过程联系起来，并从人文价值的角度批判这些过程"。

传播政治经济学秉承政治经济学的宗旨与理论体系对传媒业运作进行分析，正如本章第二节中所述，与西方经济学领域的传媒经济学研究不同的是，它是在更宽泛的基础上，即在注重历史、社会整体性、伦理道德以及实践的理念下对传媒业运作进行分析。

至于世界范围内传播政治经济学的研究现状，文森特·莫斯可所著的《传播政治经济学》做了比较好的概括。在书中，他将世界传播政治经济学研究基本以地域为维度进行了描绘，分为北美、欧洲和第三世界。

北美是世界传播政治经济学研究的发源地，达拉斯·斯密塞（Dallas Walker Smythe）和赫伯特·席勒（Herbert Schiller）是两大奠基人。1940 年代，达拉斯·斯密塞开始了传播政治经济学研究，他被称为该领域四代学者中的第一代。1948 年，他在美国伊利诺伊大学首先开设了传播政治经济学的课程；1957 年，他出版第一本有关电波传媒的政治经济学专著，并着手对受众进行研究；1977 年，他发表论文提出了在世界范围内有较大影响的"受众商品论"观点，指出传媒业的真正商品是受众，而新闻、娱乐、言论和信息等不过是传媒的"免费午餐"，其目的是把受众吸引到生产现场——电视机前，从而可使传媒将其打包出售，按数量和质量决定价格；1981 年，达拉斯·斯密塞又出版其主要学术著作《依附之路》。赫伯特·席勒在达拉斯·斯密塞离开伊利诺伊大学后接替其讲授传播政治经济学课程，1969 年出版专著《大众传播与美利坚帝国》，引起较大反响，其后陆续又有《文化，有限公司》《希望与愚昧》等专著与合著出版。达拉斯·斯密塞和赫伯特·席勒奠基了北美的传播政治经济学研究，以后逐渐有了三代学者并继续发展。

欧洲的传播政治经济学研究继承了马克思主义的理论传统，偏向于分析传播领域内的阶级以及阶级之间的关系等，同时对服务于公众的公共传播系统如公共服务广播电视持维护态度。欧洲地区比较著名的研究者有格雷厄姆·默多克（Graham Murdock）和彼得·戈尔丁（Peter Golding）等，两人 1974 年合著的《论大众传播政治经济学》可算欧洲该领域研究的奠基性成果，两人 1979 年合著的《资本主义，传播与阶级关系》，则提供了一个更为详尽的理论框架。另外，还有同为英国人的尼古拉斯·加汉姆（Nicholas Garnham），其重点研究兴趣在电影领域，其核心理念是强调用政治经济学的理论体系研究传媒业。

第三世界传播政治经济学研究的一个主要方向是反对、批判西方国家的一些观点，如他们对西方国家研究中忽视第一与第三世界之间实力差距的现象进行批判，认为正是这种实力差距形成了一直以来存在于两者之间以及各自内部的许多关系。

❖ 总 结

总的来说，国外尤其是发达国家这些传媒经济学研究的成果，代表了世界传媒经济学研究的最高成就，它们的共同特点是：都是在市场经济理念下、对处于市场经济环境中的传媒业的研究，其中有许多对传媒业运作规律的真知灼见，具有非常重要的参考价值。另外，国外的研究是西方经济学与传播政治经济学并举，这有助于对所研究对象即传媒业有一个全面、本质性的认识，这是非常值得中国传媒经济学研究者借鉴与学习的。

本书的传媒经济学研究，就是在政治经济学与西方经济学的领域内对传媒业进行分析，而非专门集中于国内一般会认为的西方经济学理论。

二、中国传媒经济学研究状况

我国的传媒经济学研究，在新中国成立前即存在，不过那时研究的人少，形成规范学术成果的更少。新中国成立后，传媒经济学研究比较密集展开是在 1978 年改革开放后。届时，由于中国传媒业重新开始基本停止了较长时间的经营业务，有关传媒经营的研究也重新开始并逐渐增多，到后来形成了一定热潮。不过，当时的研究基本上只在新闻传播学、业两界展开，极少有经济学专业的人参与。早期的成果只是少量的学术论文以及年鉴中的研究报告等，论文如：1985 年张达在《新闻知识》第 1 期上发表了题为《谈谈报社的企业化》的一文，分析了报业经营问题；1986 年，陈力丹在《新闻界》上发表论文《新闻是一种特殊商品》；1989 年，周鸿铎在《中国广播电视学刊》第 5 期上发表了《探讨广播电视事业的经济属性》一文，这些是比较早的传媒经济学研究的学术论文。

进入 1990 年代后，传媒经营实践在中国迅猛发展并逐渐形成热潮，传媒经济学的研究也随之兴起，形成了一定程度上的热潮，各高等院校建立了一批传媒经济学专业、研究团体，出现了一批研究人员，涌现了一批成果。

在基础理论体系的建构层面，有周鸿铎的《传媒经济导论》《广播电视经济学》、吴飞的《大众传媒经济学》、金碚的《报业经济学》、吴克宇的《电视媒介经济学》，还有赵曙光、史宇曙合著的《媒介经济学——一个急速变革行业的原理和实践》，吴信训、金冠军、李海林等合著的《现代传媒经济学》，喻国明等的《传媒经济学教程》等。

其他一些专著有黄升民、丁俊杰主编的《媒介经营与产业化研究》《国际化背景下的中国媒介产业化透视》、宋建武的《中国媒介经济与媒介运作》、陆地的《中国电视产业发展战略》、曹鹏的《中国报业集团发展研究》等，在国内都有一定影响，至于传媒经济学方面的学术论文，则为数更多。

应该说，目前中国传媒经济学的研究成果相比于 1970 年代末刚起步的阶段，已经有相当大的进步，对了解中国传媒业的发展、指导中国传媒业实践都起到了较好的作用，也为今后中国传媒经济学的进一步发展打下了较好的基础。

至于中国传媒经济学研究的特色，比较突出的有：首先，它更多地关注中国传媒业实践，从宗旨到问题框架就是针对中国传媒业实践而来，而较少站在整个世界传媒业的基础上构建传媒经济学一般理论体系；其次，由于研究者的原有知识结构大多是新闻传播学等人文学科，所以，造成包括传媒经济学基础理论在内的许多成果难免存在一定问题，比如难以用经济学理论与研究方法进行深入、专业化分析等；再次，有关传媒经济学的研究，国内的认识大都局限在西方经济学以及产业经济学框架内，较少将政治经济学视角的研究也算在传媒经济学领域内，而在国际上这已是传媒经济学领域的一个重要分支，这应该引起中国传媒经济学研究的充分重视；最后，在研究方法上，定量分析少，大部分还停留在定性描述方面，已有的一些定量分析，也基本停留在现状的梳理上，分析深度还有待加强。

三、结语

任何事物都有出生、成长、成熟等必然发展阶段，一个理论体系也不例外。在世界范围内，传媒经济学研究的历史不算短，较早的研究有1950年代经济学视角下有关广播电视业的分析，应该还有更早的，但传媒经济学作为一个专门的理论体系、一部分人展开系统性研究的历史还不长，在我国，得算1990年代及之后，因此，目前的传媒经济学还算初生的"婴幼儿"，"缺乏理论深度"、不够"理论化"等都是难免的。它应该会随着时间的推移而越来越成熟、越来越具有理论深度。至于研究者，目前要做的就是努力提高经济学理论水平，努力提高用经济学理论来分析传媒业的能力即可。

第二章
传媒业的内涵及特性

上一章对传媒经济学的基本问题如研究对象、内容、研究路径、国内外研究状况等做了介绍，本章将正式展开有关传媒业的分析。

第一节　传媒业的内涵

一、传媒业的定义

要知道什么是传媒业，得先知道什么是传媒。

（一）传媒的定义

传媒、媒介与媒体，各是什么含义？互相之间有区别吗？关于传媒与媒体的起源，作者没有找到考证。媒介一词，据传播学者邵培仁称，"最早见于《旧唐书·张行成传》"。不过不管它以及传媒、媒体在中国传统文化里何时出现、各自含义又是什么，在传播学里，它们都对应同一个英语单词"Medium"，"Medium"在英语里又有"媒质、媒介物、传导体、手段、工具乃至中间、中庸"等含义，但在传播学里，"Medium"一词一般被界定为信息的载体，而且是物质载体。但目前在国内，传媒、媒介与媒体又被人理解为若干种含义，主要有四种：其一，信息的实物载体[①]，如印制书、报、刊所用的印刷纸，以及收音机、电视机、手机这些电子设备等；其二，信息加实物载体，如书、报、刊、电子出版物、音像出版物等，这些也被人认定是传媒、媒介或媒体；其三，是提供书、报、刊、广播电视节目等信息的组织，如出版社、报社、期刊社、电台、电视台等；其四，是指行业，

---

① 此处的实物载体与物质载体不同，物质载体包括实物载体与空气。

所有报社组成的报业，所有电台组成的广播业，所有电视台组成的电视业，乃至所有书、报、刊、广播、电视等组成的大传媒行业等。

总之，目前在国内，传媒、媒介与媒体主要被人认定成实物载体、实物载体加信息、组织、行业四种含义。但它对应的英语单词"Medium"，在传播学里主要被认定为信息的物质载体这个含义，包括空气。

在传媒经济学里，"传媒经济学"中的传媒，则是指行业，即传媒业，实际是"传媒业"的缩略称呼。

（二）传媒业的定义

传媒业就是大众传媒业，简单说就是通过信息载体向不特定的、数量巨大的大众传播信息的行业。

从另一个角度说，传媒业是由从事大众传播活动的大众传媒组织组成的行业，这些大众传媒组织包括报社、期刊社、电台、电视台、互联网组织、音像出版社等，它们的共同点在于向大众传播信息。利用户外广告载体等向大众传播广告信息的组织不算。

二、中国传媒业是否为"产业"的辨析

传媒业是不是产业？本部分我们讨论这个问题。

在我国，有关传媒业的官方法规政策等文件从未将传媒业称为"产业"，而是将其分成两部分——传媒事业与传媒产业。由此造成一个学术问题或是理论问题：中国传媒业是否能称为"产业"？

有关该问题的讨论，在中国从 1970 年代末传媒业开始"事业单位实行企业化管理"之后就有了，直至今天，在用法上仍有分歧，有的说传媒业在中国是事业，而有的干脆在其论文或著作中直呼其为"产业"，还有一些人称其为"特殊身份的产业"。

那么中国传媒业到底是不是"产业"？笔者在此试着对此做一理论上的辨析。

我们先看一下学理层面对"产业"一词内涵的界定。

在中国的诸多学科领域，都用到"产业"一词，不过其含义在不同

学科是不同的。在历史学、政治经济学中，"产业"主要指"工业"，如"产业工人""产业行会""产业革命"等，另外，在政治经济学中，"产业"还指物质资料生产部门；在法学领域，主要指"不动产"，如针对私有制社会，产业一般指"私有的土地、房屋、工厂等财产"。那么，"产业"的含义到底是什么？

首先，一个术语的含义是什么，在社会科学领域是可以主观界定的，只要这个界定符合界定者构建理论体系的需要，当然，一个重要前提是不能过于主观任意、偏离其既有的社会共同认知，这样会增加受众的认知成本。其次，说起社会科学领域的术语，可以说绝大部分都来自西方，所以找一个术语的含义，最好回到西方即外语的理论体系中去。最后，即使在外语的理论体系中，仍有众多领域、众多学科，所以应以哪个学科为准？当然应以自己要构建的理论体系所属的学科为准。

在中国，"产业"作为一个学术概念，对应的是英语单词"Industry"，那么，传媒经济学这个理论体系的"Industry"在英语的理论体系中，应以哪个学科为准？当然是产业经济学，因为它是经济学领域，又是专门研究产业的，当然可能将"产业"一词研究得更全面。

在英语的产业经济学中，"Industry"指社会分工形成的行业门类，包括企业组成的门类，也包括非营利性组织组成的门类。也就是说，"产业"一词只是社会分工的结果，并非我们一般性的理解是企业的集合、以营利为唯一目标组织的集合，即"产业"可以称呼任何行业。

再看我国学术领域对"产业"含义的界定，国内比较权威的产业经济学著作有复旦大学苏东水教授主编的《产业经济学》，该书指出："产业"是"具有某种同类属性的具有相互作用的经济活动组成的集合或系统"；另外，还有上海财经大学杨公朴、夏大慰教授的《产业经济学教程》，该书指出："产业"是"具有某些相同特征的经济活动的集合或系统"。不过，在两本书中，有关社会上产业的分类，都将包括传媒业在内的文化行业列入其中，可以推断：实际两本书有关"产业"的界定就是社会分工形成的行业门类，而不"计较"其构成的成分是营利的企业或"经济活动的集合或系统"，还是非营利的组织或"非经济活动的集合或系统"。另外，中国人民大学李悦、李平教授主编的《产业经济学》，全书正文第一句话就是"产业是同类企业、事业的总和"，意即包括传媒业等在内的所有行业门类都是产业。

在实践中对"产业"一词的应用，比较高端的可见 1985 年国务院办公厅转发的《国家统计局关于建立第三产业统计的报告》，其按国际通行的三次产业分类法对我国的所有行业进行了划分。其中第三产业分为四个层次，第三层次是"为提高科学文化水平和居民素质服务的部门"，包括教育、文化、广播电视事业；第四层次有"国家机关、政党机关、社会团体以及军队和警察等"。也就是说，不仅"为提高科学文化水平和居民素质服务的部门"如广播电视事业是产业，连国家机关、政党机关、社会团体以及军队和警察也是产业。

从以上的学理以及实践的高端层面对"产业"的界定，可以看出，"产业"可以称呼任何行业门类。但在我国，针对传媒业而言，其是否能被称为"产业"呢？实际上，在中国有关传媒业的政策法规里，传媒业没有被称为"产业"。经检索，直到党的十六大报告里，始有文化领域分成"文化事业"与"文化产业"，并指出要"积极发展文化事业和文化产业"，指出"发展文化产业是市场经济条件下繁荣社会主义文化、满足人民群众精神文化需求的重要途径"，从报告的文字里可以看出文化领域是包括传媒业的，所以传媒业也分"传媒事业"与"传媒产业"。从那时开始直到现在，包括党的十七大、十八大、十九大报告等，政策法规里都是传媒业包括"传媒事业"与"传媒产业"，但从未说传媒业整体是产业。

政策法规这样界定的原因先不管，我们目前要得出的结论是：首先，"产业"一词在学理层面、实践的高端层面，应是社会分工形成的行业门类，只是社会分工的结果，不"在意"构成成分即组织的性质、从事活动的性质，它不只是企业的集合、以营利为唯一目的。但在我国传媒业的政策法规里，传媒业整体不称"产业"，产业是其中一部分，由企业组成。

至此，有关传媒业能否称"产业"、中国传媒业能否称"产业"的问题已得出结论。本书的传媒经济学理论体系按理应从学理层面、将全世界所有的传媒业包括中国传媒业在内都称"产业"，但是，本书还是从与实践保持一致的原则出发，使我们的理论体系与我国的传媒业实践一致，以免因称呼问题造成读者阅读上的困扰。所以，在遇到要指称传媒行业整体时，称"传媒业"；遇到企业部分，称"传媒产业"；其他事业单位，则称"传媒事业"。

第二节　传媒业的类别及运作模式

上节谈了传媒业的定义，那么，实践中，符合上述定义的传媒业包括哪些类别？各类别的运作模式又是怎样的？

一、传媒业的类别

传媒业按其物理技术特性不同，可以分成 11 个类别，即图书业、报业、期刊业、广播业、电影业、电视业、通讯社行业、互联网业、音像出版业、电子出版业以及新传媒行业。图书业、报业、期刊业传统上被称为印刷传媒，广播业、电影业、电视业传统上被称为电波传媒，新传媒行业指面向手机、笔记本电脑、平板电脑以及电纸书等为代表的一些新的移动终端传播信息的行业。这 11 个类别里，又可因物理技术特性上更小的不同而分成不同的子类别，如广播、电视可分无线、有线等。

另外，这个物理特性是传媒业的自然属性，是先天特性，传媒业各类别在后天的运作中，又由于各种限定条件而形成了不同的运作模式。这些限定条件包括空间、时间与运作目标等。先说空间，不同国家或地区的传媒由于政治、经济、历史、文化等因素的不同，会有不同的运作模式，比如英国广播公司（BBC）就是公共服务广播电视这种独特模式；再从时间上说，一个国家或地区的传媒在不同时期，也会因政治、经济等诸因素的不同而有不同的运作模式，比如在我国，新中国成立前有私有制传媒，新中国成立后私有制传媒则在一段时间内消失，形成只有国有制传媒的体系；还有运作目标，传媒会因目标不同而有不同的运作模式，比如营利性与非营利性的传媒运作目标不同，就会有不同的受众定位、内容定位、地理市场定位、发行模式等。

综上所述，由于物理技术特性以及后天所受限定条件的不同，整个传媒业呈现丰富、复杂的运作形态。也正由于此，研究传媒经济学时，要有"做理论研究想问题要想复杂一点"的意识，树立多样化的观念，对传媒业形成观点时要谨慎，不能简单归纳，导致对实践无法形成准确认知。

二、传媒业各类别的界定及运作模式

本处的类别只以物理技术特性划分大类，不细化到子类别。

（一）报业

报业简言之为出版报纸的行业。我国 2005 年 12 月 1 日起施行的《报纸出版管理规定》指出：报纸是"有固定名称、刊期、开版，以新闻与时事评论为主要内容，每周至少出版一期的散页连续出版物"。这只是我国报纸出版行政主管部门的界定，不能算通用的、学术上报纸的定义。实际上，从整个世界范围看，刊期超过一周，内容不以新闻与时事评论为主的散页连续出版物都存在。本书的界定为：有固定名称的连续但不一定按期出版的散页出版物都是报纸。

报业的运作模式先从物理技术特性上说，报纸是纸质印刷传媒，是以文字、图片、版面等符号和手段来传播信息的。再从流程上说，报纸工作的一次完整流程可分成采访、写作、编辑、排版、印刷、发行六个必要环节。现在的报社一般还有广告经营、多种经营等环节，但从本质上说，广告等不是必需环节，虽然目前它们对很多报纸的生存非常重要。

（二）期刊业

期刊即杂志。中国大百科全书认为，期刊就是"有固定刊名，以期、卷、号或年、月为序，定期或不定期连续出版的印刷出版读物"。本书也采用这个定义。

从运作模式上看，在物理技术特性上，与报纸相同，期刊是纸质印刷传媒，是以文字、图片、版面等符号和手段来传播信息的。期刊工作的一次完整流程可分成采访、写作、编辑、排版、印刷、发行六个必要环节，再加上广告经营、多种经营等环节。与报纸一样，广告非期刊工作必需环节，但比较重要。

期刊的出版周期一般比报纸长，通常为一周以上。期刊业工作节奏比报业慢，工作量比报业小。

(三) 广播业

广播业是通过无线电波或导线传送声音符号的行业。按传输方式，可分为无线广播与有线广播两大类。此处不包含互联网上的音频平台，如蜻蜓 FM 等，它们属于互联网行业。

就运作模式而言，在物理技术特性上，广播业是广播电台将声音符号编制成一个个节目，再通过发射装置传输到受众手中的收音机上的过程。其声音分为语言、音响和音乐三要素。广播业所传播的信息最终是以节目为基本单位组织起来的，节目是广播业内容产品最终实现形式和播出形式。其节目播出按时段划分，依次连续传播。广播业以制作、传输与接收的实物设备以及空气（无线广播需使用）为传播信息的物质载体。在运作流程上，广播业的一次完整流程可分为：采访——用录音设备录取声音、编辑——按一定构思进行剪辑组合制作成节目、将节目信号传输至接收终端三个环节。

(四) 电视业

电视业是通过无线电波或导线传输图像、声音和文字等符号的行业。按传输方式，可分为无线电视与有线电视两大类。

电视业的运作模式，从物理技术特性上看，是将图像、声音和文字等符号编制成节目，符号上呈多样性、综合性，故也被称为"视听媒介"。与广播业一样，电视业所传播的信息最终也是以节目为基本单位组织起来的，节目是电视内容产品的最终实现形式和播出形式。节目播出按时段划分，依次连续传播，同样以制作、传输、接收的实物设备以及空气（无线电视需使用）为传播信息的物质载体。在工作流程上，电视业的一次完整流程可分为：采访——运用摄像机摄取图像与伴音、编辑——按一定构思进行剪辑组合制作成节目、节目信号传输至接收终端，此为三个必要环节，再加上广告经营等非必要但重要的环节。电视业除了技术设备以及处理的信息"原材料"与广播业不尽相同，在工作流程等方面与广播业没有太大区别。

（五）互联网业

互联网业是以计算机网络为渠道传播信息的行业。其传播的信息以文字、图片、声音和活动影像等为符号，呈多样性与综合性。这种符号传播能力与影视传媒一样，但其在展示效果方面更好，即影视传媒也能传播"全媒体"符号，但有些符号如文字的传播受众接收时就不如在互联网渠道效果好，所以，影视传媒能传播"全媒体"符号，但互联网业能实现"全媒体"效果。也正由于此，互联网业对传统媒体的替代性强，发展迅速。

在运作模式上，互联网业以计算机等硬件为平台，在这个平台上生产与传输。互联网业的流程可分为：通过采访、编辑等各种形式制作成信息，然后将信息通过计算机平台、导线传输到各种接收终端上，同时还进行广告、多种经营等。

（六）图书业

图书业实践中也被称为图书出版业，它是运用文字、图片等符号，按一定主题和结构组成一个整体向大众传播的行业。它依靠纸媒介进行传播。图书业的一次完整流程可分为选题策划、组稿、审稿、编辑加工、装帧设计、印刷、发行七个环节。

（七）电影业

电影业是运用视听技巧将图像、声音、文字等符号组合起来，传递故事、情感和思想的行业。

电影业需要摄像、编辑制作等设备，还有银幕等一系列硬件，来完成内容产品的传播。电影业的一次完整流程可分为：前期筹备，含制作分镜头剧本、选演员、选场景等；拍摄；后期制作，含剪辑、混录、合成洗印等；发行；放映，此为五个必要环节。另外还有广告经营等非必要但重要的环节。

(八) 通讯社行业

通讯社行业是从事采集、加工与提供新闻等信息，为其他传媒以及各类组织服务的行业。简单说，通讯社是专门从事新闻等信息采集和发布的机构。它一般拥有较大规模的记者队伍、广泛的新闻来源、先进的通信技术，能够大量采集和制作新闻等信息。本处的通讯社是纯粹意义上的通讯社，不指实践中的新华社、中国新闻社等，它们都拥有自己的传媒，是典型的全媒体组织。

通讯社行业的工作流程可分为三个环节：新闻等信息的采集、编辑、向其他传媒与各类组织提供。

(九) 音像出版业

音像出版业是以录音带、录像带、光盘、唱片、激光唱盘、激光视盘等向大众传播音乐、影像等的行业。其运作流程简单讲就是制作或购买内容、录制与发行三个必要环节，另外也有广告经营等环节。

(十) 电子出版业

电子出版业简单讲是以光盘等向大众传播文字、图像、音频、视频、计算机软件等的行业。其运作模式与音像出版业基本一致。

(十一) 新传媒行业

新传媒行业也被称为新媒体行业，如前所述，它指面向手机、笔记本电脑、平板电脑以及电纸书等为代表的一些移动终端传播信息的行业，依靠的是移动传播技术，当下包括移动互联网技术与移动通信技术。

实践中，如一个传媒组织生产信息并向手机等移动终端传输以供大众接收，它就算一个新传媒组织；若向移动终端传输信息只是其业务之一，那它就属于有新传媒业务的传媒组织。新传媒组织以及传媒组织的新传媒业务组成的行业就是新传媒行业。

第三节　传媒业的隶属关系

在本节，笔者将界定传媒业在国民经济产业体系中的"位置"。要特别指明的是，本书中唯有此处，一定程度上刻意违背前文所述中国传媒业不能称"产业"的界定，会有"属于第三产业""属于信息产业"等说法。

在实践中，人们为了便于对产业活动进行管理和研究，很自然地对产业进行分类。由于分类者所面临的条件以及研究目的不同，对产业的分类不可避免地有不同的角度，从而使产业类别也有多种分法，这也使传媒业在产业隶属上呈现多样性。笔者在此将逐一列述，以使读者能对传媒业的本质有更清晰的认识。从目前来看，传媒业的归属有六种说法。

一、从三次产业分类法的角度，传媒业属于第三产业

三次产业分类法的思想最早由费希尔提出，他在 1935 年的一本著作里指出：与人类经济活动的发展阶段相对应，可以将人类的经济活动分为 3 个产业，其中与人类初级生产阶段相适应的农业和畜牧业为第一产业，与工业的大规模发展阶段相对应、对原材料进行加工并提供物质资料的制造业为第二产业，以提供非物质产品为主要特征、包括商业在内的服务业为第三产业。

后来，统计学家克拉克将该分类方法用在经济发展和产业结构变化之间关系的实证研究上，并获得西方某些国家的认可，于是该方法在这些国家被采用为对国民经济进行统计分析的分类方法，并最终流行于更多国家。

按照这种分类方法，传媒业生产的精神产品为非物质产品，而且也是提供信息服务的行业，这无疑使其位列第三产业之中。在中国，同样将

传媒业列为第三产业。图2-1是1985年中国公布的国民经济产业分类情况。

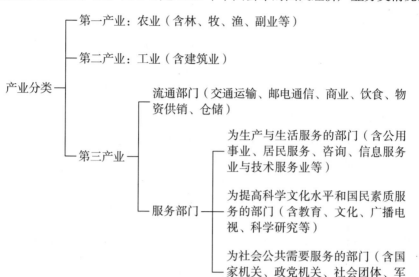

图2-1　中国国民经济产业分类情况（1985年公布）

从图2-1可看出，传媒业的运作方式，使其基本包含在第三产业的服务部门内，尤其是该部门的前两组。在第一组中，传媒业的本质功能包括传播信息、监测环境，就是为生产与生活服务的部门，而且具体可以隶属于该组中的信息服务业；在第二组中，大众传媒的涵化功能也使传媒业具有更广泛意义上的教育作用，完全可以隶属于为提高科学文化水平和国民素质服务的部门，而且该组中也明确列出了广播电视业。

二、按加工对象来分，传媒业属于信息产业

这是按加工对象不同来分类的一个角度。信息产业是直接进行信息以及相关设备与技术的生产、加工与分配，并以信息产品或服务等作为其产出的产业。当前，国际上有关传媒业分类的影响比较大的产业分类方法中，都将传媒业列入信息产业之中。

1962年，美国经济学家弗里茨·马克卢普第一次把知识的生产与传播作为产业进行系统研究，并提出了"知识产业"的概念。1977年，美国经济学家马克·尤里·波拉特在继承马克卢普研究成果的基础上，出版

了《信息经济：定义与测量》一书，他将信息产业从第一、二、三产业中分离出来，成为独立的第四产业，并系统地提出了一整套关于信息产业的基本概念与组成部分的理论体系。[①]1981 年，联合国经济合作与发展组织在《信息活动：电子和电讯技术》的报告中，将信息产业划分为信息生产、加工、传播和基础四个子行业，从此，信息产业这个概念逐渐被世界大多数国家所广泛接受。

当前，人们在对信息产业内部进行具体划分时，通常采用 1977 年马克·尤里·波拉特的著作《信息经济：定义与测量》里的框架（见图 2-2[②]）。

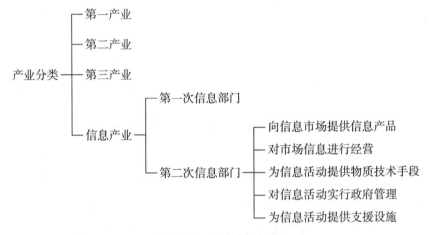

图 2-2　产业分类框架图

从图 2-2 中可以看出，波拉特将信息产业从第一、二、三产业中独立出来，成为第四产业，同时信息产业又分为第一次信息部门与第二次信息部门。第二次信息部门在国民经济体系中承担着上图所列的五方面信息经济职能。第一方面的信息经济职能即向信息市场提供信息产品，此项职能由知识生产与开发产业、信息流动与传播产业分担。[③]很明显，传媒业是属于信息流动与传播产业的，所以说传媒业属于信息产业。

---

① 资料详见金建著《信息产业经济学论纲》，北京出版社 1993 年版。

② 详见屠忠俊著《当代报业经营管理》，华中理工大学出版社 1999 年版。

③ 据波拉特书中内容。

　　而且波拉特在《信息经济：定义与测量》中认为，图书、报纸、期刊是符号信息的载体，都归入信息产业的第一次信息部门中。还有，波拉特在该书中，根据他对信息工作的定义，将从事各种职业的信息工作者分为3类5种（见表2-1①）。其中，第一类信息生产类的第二个子类即知识分配者中，就包括新闻工作者。这些也是传媒业归属于信息产业的明证。

表2-1　信息工作者分类

（一）信息生产类	（1）知识生产者： 科学技术提供者 私人信息服务工作者	（2）知识分配者： 教育工作者 公共传播工作者 新闻工作者
（二）信息市场类	（3）市场调查人员、经纪人： 信息收集人员 调查人员和经纪人 计划和管理人员	（4）信息处理人员： 非电子信息处理人员 电子信息处理人员
（三）信息基础设施类	（5）信息机械工作人员： 非电子机械操作人员 电子机械操作人员 电讯工作人员	

　　另外，1997年，美国沿用多年的"标准产业分类体系（SIC）"被新的"北美产业分类体系（NAICS）"所代替，新分类系统设立了一个全新的二级产业——信息产业。这个产业不包括我们通常会想到的计算机等，却包含了出版业、电影业、录音业、广播电视和传播业、信息服务和数据处理服务业等。②而这些都是传媒业内部的类别。

　　还有，日本科学技术与经济协会也对信息产业进行了分析，该协会将信息产业划分为信息技术产业与信息商品化产业两大类（见图2-3③）。

---

　　① 详见马克·尤里·波拉特著《信息经济：定义与测量》，中国展望出版社1987年版，第46页。

　　② 2001年9月4日《中华新闻报》。

　　③ 详见陆地著《中国电视产业发展战略研究》，新华出版社2000年版。

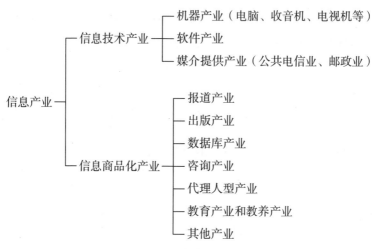

图 2-3　信息产业分类图

图 2-3 中的报道产业、出版产业就是传媒业内的类别。

可见，在国际上比较通用的信息产业分类中，传媒业是位列其中的。因此，可以下结论说，传媒业是信息产业的一种。

三、传媒业是文化行业的一部分

人类生存与发展主要有两大需求，即物质需求与精神需求。于是，人类社会就有满足物质需求与满足精神需求的生产，其中满足精神需求的生产的行业也就是文化行业。传媒业运作的核心目标是满足人类的精神需求，所以，它属于文化行业的一部分。

四、按生产要素的集约程度分，传媒业属于技术集约型产业

在产业经济学领域，有按在生产过程中生产要素的集约程度对产业进行分类的方法，其意义在于可以知道某产业最依赖什么资源或生产要素。任何产业的生产活动，都要投入多种生产要素，根据产业在生产过程中对相关生产要素的依赖程度，一般可将国民经济各产业划分为劳动集约型产业、资本集约型产业与技术集约型产业。劳动集约型产业是指在生产过程中所要消耗的各种生产要素里，劳动力所占的比重最大，也即对劳动力的依赖度最高；资本集约型产业就是在生产过程中对资本诸如

资金、原材料等依赖度最高；技术集约型产业也称为知识集约型产业，是指在生产过程中所要消耗的各种生产要素里，对技术、知识这种生产要素的依赖度最高。用杨公朴、夏大慰《产业经济学教程》中的话说，"一般地，在该类产业的生产过程中，有产品的物耗小而附加价值高（该类产业主要的消耗是大量的脑力劳动）的特点"，也即技术或知识集约。应该说，生产精神产品的传媒业属于这类产业。

这样对于我们的一个启示是：发展传媒业不需要一个国家有太优良的自然资源禀赋。对于中国这样一个自然资源禀赋一般但有深厚的文化底蕴的国家，是很有利的。

五、从收益看，传媒业在很多国家属于支柱产业 [①]

从传媒业的收益来说，它在许多国家已是当之无愧的支柱产业。在产业经济学中，支柱产业的定义是指在产业体系的总产出中占较大份额的产业。从以下资料中大家可以一窥端倪：在一些发达国家，传媒业早已成为收益巨大、份额可观的产业之一，有资料显示，西方发达国家文化产业的产值占到 GDP 的约 20%；加拿大传媒业的产值超过了农业、通信及信息技术等产业；日本 1993 年传媒娱乐业的年产值已超过了汽车工业的年产值，1995 年正式提出 21 世纪"文化立国"国策，其卡通、游戏、电影、电视、音乐、出版、主题公园等文化产业迅速成为仅次于制造业的第二大产业；韩国也于 1998 年提出"文化立国"国策，其文化产业总产值在 1998 年前后占到过 GDP 的 13%，在韩国当年排名第一；美国在 1998 年、2002 年的出口贸易中，广播影视节目出口超过了航空产业，成为第一大出口产业，而且根据美国传媒经济学者罗伯特·皮尔德的研究结果，1997 年美国仅报业营业额就达到了 450 亿美元，相当于纺织业和木材加工业的总和，相当于石油和煤炭工业的总和，超过了烟草业、家具制造业和炼油业，在美国《商业周刊》评选出的美国 500 家大企业中，仅传媒业就占据着 20 多个名额；英国《泰晤士报》1997 年统计出全英国

---

① 此部分中文化产业均指文化大行业，含我国意义上的事业与产业。

最富有的 100 人，其中涉足传媒业的老板就占了 84 人。根据我国《环球时报》2008 年 12 月 5 日刊出的数据：英国工贸部公布了一组数据，其中有"英国传媒业每年产值接近 300 亿英镑、产值占 GDP 的 5%"的内容，也就是说 20 个传媒业就是英国 GDP 的总量，而一个国家的产业数量当然远不止这个数，由此可见英国传媒业的实力；即使从 1979 年初才真正发展经营业务的中国传媒业，1998 年、2003 年的总收入也已排在电信、机械设备、旅游之后，为第四大产业。当下传媒业进入移动传播、社交平台成为主流的时代，其收入更为可观。

从以上数据可以看出，传媒业在很多国家是国民经济中的支柱产业，是当之无愧的。

六、从发展趋势看，传媒业在很多国家是主导产业

在很多国家，从传媒业的发展趋势看，它是主导产业。主导产业是指在一国国民经济产业体系中处于带头地位的产业，它在很大程度上决定了该国产业体系的发展方向。主导产业主要具有三个特征，即能引入创新并创造新的市场需求、具有持续的高增长率、对其他产业的增长有直接与间接的诱发作用。

从第一个特征看，传媒业由于技术的创新导致新的增长点不断出现，如数字技术的采用使广播电视传输能力提升，同样的信道传输的节目量大幅度增加，使广电传媒对节目形成更大需求，从而使节目市场空间大大增加；互联网 Web2.0 技术在内的一些新技术的出现导致社交平台等新的运作模式、盈利模式出现；移动传播技术出现后，包括手机在内的移动传媒所创造的包含短视频在内的巨大市场空间等，所有这些，都意味着传媒业能引入创新并创造新的市场需求。而且在未来，大数据、人工智能、VR、区块链、5G、元宇宙等技术不断发展，传媒业尤其在技术方面创新并创造新的市场需求的概率应该比其他产业大得多。

相比其他产业来讲，传媒业也将具有持续的高增长率。按照产业结构演变的一般规律，在三大产业中第三产业经济总量所占比重将越来越大，而从人们消费需求发展的一般规律来说，随着人们物质生活水平的

提高，对精神产品的需求数量与质量都将提高，这可以说是传媒业具有持续的高增长率的最基本保障。总之，传媒业具有持续的高增长率是一个大概率事件。

至于对其他产业的增长有直接与间接的诱发作用，则对于传媒业来说也在很多方面都有体现，像印刷传媒对其上游造纸业、下游印刷业与物流业，广播电视、互联网传媒对相关设备制造业、技术研发业，整个传媒业对调查咨询业、教育培训业等，都有带动作用。

综上所述，从很多国家的现实看，传媒业符合主导产业的三个主要特征，是当之无愧的主导产业。

第四节　传媒业的特性

一、传媒业的特性

传媒业与其他产业不同的一个重要特征是具有双重属性，这也是它所隶属的文化行业的本质特性。双重属性即意识形态属性与产业属性。

（一）意识形态属性

意识形态属性，是我国有关传媒业政策与学术领域的一个惯常表述，其内涵简单讲即传媒业生产精神产品，而精神产品就是意识形态要素，传媒业向社会提供意识形态要素，它就与其提供的产品一起属于意识形态范畴，就具有了意识形态属性。

精神产品能影响大众的思想，从而影响大众的行为，对社会有巨大的影响力，所以传媒业对社会就有巨大的影响力。在我国的政策话语与学术文献领域，说传媒业有意识形态属性，就等同于说传媒业有巨大的社会影响力。

（二）产业属性

产业属性是指传媒业本身具有盈利的功能，能通过生产、销售获得收入，这与其他产业是相同的。

二、中国传媒业的特性

本书的一个重要特点是内容上有较大的比例研究中国传媒业。此处先要对中国传媒业的特性进行分析。中国传媒业同样具有上述传媒业的一般特性即双重属性，同时，由于产生、发展环境等不同，它还有着自己的特性，具体有以下五点。

（一）性质："党和人民的喉舌"

20 世纪初中国共产党的传媒业诞生，1949 年新中国建立后一个时期非党的传媒相继消失，之后我国的传媒业统一由党来管理，其定性为"党和人民的喉舌"。什么是"党和人民的喉舌"？从以下运作原则可以清楚获知。

自 1921 年中国共产党"一大"发布有关宣传方面的政策到现在，党的传媒业运作的一个基本原则就是党性原则。李良荣在其基础理论著作《新闻学导论》中称："党性原则不但是中国共产党而且是整个国际无产阶级政党新闻事业的一个根本性原则。"党的新闻工作（也即现在中国传媒业的运作）的党性原则是："党的任何新闻媒介必须无条件地服从党中央和上级党委的领导。无条件地执行党中央和上级党委的决议、决定""党的任何新闻媒介必须把党的纲领作为自己总的宣传纲领，无条件地宣传党的基本理论、基本路线、方针政策；不得公开传播任何违背党纲、党章以及中央、上级党组织决议的文章；不得公开批评关系到全局性的重大理论问题以及重大方针、政策；对任何违背中央制订的路线、方针、政策的错误言行展开斗争，保证中央的政令畅通"。可以说，中国共产党的传媒业自诞生到现在的 100 年来，一直以党性原则为自己运作的基本原则。

总之，我国传媒业定性为"党和人民的喉舌"，其内涵就是要求传媒业要按上述的党性原则运作。

2001 年 8 月 20 日，国家又颁布了《中央宣传部、国家广电总局、新闻出版总署关于深化新闻出版广播影视业改革的若干意见》（简称"17

号文"），该文件在 21 世纪开局之年公布，体现了党在新的时期对传媒业发展基本方向的规定。该文件总则第三条中这样规定："改革必须坚持党性原则，团结稳定鼓劲、正面宣传为主，牢牢把握正确导向。新闻出版广播影视业既有一般行业属性，又有意识形态特殊性，既是大众传媒，又是党的宣传思想阵地，事关国家安全和政治稳定，负有重要社会责任。无论什么情况下，党和人民的喉舌性质不能变，党管媒体不能变，党管干部不能变，正确的舆论导向不能变。要确保党对新闻出版广播影视业的领导，确保宏观控制力……"从该条文可看出，中国传媒业"党和人民的喉舌"的性质会是长期不变的。

（二）运作方针："两为"方向

有关中国传媒业的运作方向，在 21 世纪后历届党的全国代表大会报告中，都指出我国的文化领域发展要坚持"为人民服务、为社会主义服务"的方向。另外，国家针对中国传媒业的主体即新闻出版、广播电视业发布的《出版管理条例》《广播电视管理条例》中，第一章总则第三条都有这样的明确规定："出版事业必须坚持为人民服务、为社会主义服务的方向""广播电视事业应当坚持为人民服务、为社会主义服务的方向"。这可以简称为我国传媒业运作的"两为"方向。

（三）双重属性的特殊内涵

中国传媒业同样具有意识形态属性与产业属性。但是这两种属性的内涵与其他国家尤其是西方国家传媒业有所不同。

从意识形态属性来看，一般国家尤其是西方国家就是要求传媒业要遵从社会正统的伦理道德与价值观，而我国传媒业由于"党和人民的喉舌"的性质，它的首要要求是必须宣传党的路线、方针、政策，或者说是更强调要宣传党的路线、方针、政策。

从产业属性来看，中国传媒业也具有产业属性，也可以开展经营活动、获取经济效益，但是要有尺度，这点与其他尤其是西方国家传媒业的产业属性的发挥又有所不同，其他国家传媒业发挥产业属性更多的是要在法律法规的范围内获取经济效益，但我国对传媒业产业属性的发挥有明确的限制，就是不能以经济效益为唯一或第一目标，而应该以社会效益为第一目标。有关这点，在双重目标及处理原则部分还会有更具体的论述。

（四）双重目标及处理原则

中国传媒业的运作目标是双重的，即获取社会效益与经济效益。其实，这个双重目标是由其双重属性决定的，是其具有双重属性同时又在我们国家的政治体制之中运作的必然结果。有关这两个效益在实践中的处理原则，国家最新的统一表述是"始终把社会效益放在首位，做到经济效益与社会效益相统一"，这一表述也被一些学者表述成"社会效益最大化、经济效益最佳化"或"社会效益第一、两个效益统一"。总之，这是中国传媒业有关其双重目标的处理原则。

（五）身份——核心部分为事业单位

本书所讲的传媒业，指的是那些向大众传播信息的组织，单纯传播广告信息的不算。在这些传媒组织里，其核心部分又是党委机关报、广播电台、电视台等，因为其受众数量大、时效性强、权威性强，所以影响力最大，因此才是核心。目前这些传媒组织，都是事业单位。事业单位与企业不同，企业是独立的市场主体，即使你是一个公司，有母公司，母公司也必须向你派驻股东大会、董事会等治理结构中权利主体的代表来实现其意志，而公司完全是自己在做决策，换言之它有自己的独立意志，只不过其中有母公司的意志的体现而已，但公司也有可能做出与母公司意志完全相反的决策。而事业单位是什么？事业单位一般要接受国家行政机关的领导[1]，即在人、财、物及运作上要受上级单位的支配与领导，简言之，事业单位就是被领导的下级单位，与上级是命令服从关系。核心部分为事业单位，这也是中国传媒业的一个特性。

---

[1] 黄恒学著《中国事业管理体制改革研究》，清华大学出版社 1998 年 11 月。

❖ 总　结

中国传媒业是一个有产业功能的宣传子系统

以上是中国传媒业的特性，而"党和人民的喉舌"、"两为"方向、双重属性的特殊内涵、双重目标及处理原则、核心部分为事业单位这五方面的内涵，决定了中国传媒业与其他国家的传媒业有很大不同。它的本质可以简单概括为：一个有产业功能的宣传子系统，它隶属于党组织，是受党组织领导的系统。

第三章
传媒业的产品及商业模式

在本章里，笔者将致力于分析传媒业的产品及商业模式。从目前看，这是传媒经济学理论体系的核心内容。

第一节　传媒业的产品

传媒经济学是在经济学领域内对传媒业进行研究，以经济学视角探究传媒业的运作规律。而这项工作的起点，就该是研究传媒业的产品，萨缪尔森的《经济学》开篇就明确指出经济组织的三个基本问题是"生产什么、如何生产和为谁生产"，所以，搞清"生产什么"，对一个经济组织、一个行业，是起点性、基础性的工作。研究产品是传媒经济学的研究起点。有关产品的透彻认识，也是传媒市场运作的知识起点。

一、传媒业的产品是什么

传媒业作为国民经济体系中的一个独立行业，作为有着特定功能的社会子系统，为这个社会提供什么？或者说，其之所以能存在于这个世界上，理由是什么？其存在的价值在哪里？结合本章论题，就是它给社会、给人类提供的产品是什么？

产品简单说就是生产出来向社会提供、能够满足社会需求的物品。笔者认为，传媒业生产出来满足社会需求且由传媒业自身物理技术特性决定的产品有多种，比如有品牌，它虽然无形但仍可通过交换获取收入，也属传媒业的产品，但目前在实践中，能体现传媒业特性的主要有两种，即内容产品与广告资源。品牌等确也是传媒业的产品，但这类产品别的行业也能提供。有着传媒业特色的产品其实主要就是内容产品与广告资源。

（一）内容产品

内容产品就是传媒业提供给大众的以信息为核心的产品。从实践中传媒实际提供给受众的客体的形态看，内容产品可以分两类，一类是信息加其所附着的实物媒介，一类是信息本身。[①]之所以这样归类，也是为了对应实践——这样分类符合传媒运作的实际，跟其运作成本也挂钩。

先不谈传媒业给大众最终提供的满足其需求的东西，那当然是信息，我们先看传媒业在日常运作中生产、提供的表现形态。一般来说，传媒业生产、提供的表现形态与文化行业其他子类别不同，比如戏剧、教学等，传媒业生产、提供的信息都是附着于实物媒介之上的，无论制作、储存、传输还是受众的接收环节，都要借助于实物媒介，而戏剧、教学等行业，信息的生产、提供可以直接通过空气这个物质媒介触达受众，不需要借助实物媒介。

有关这一论断，马克思主义政治经济学中有过其原理的论述，马克思在《剩余价值理论》一文中指出：非物质生产领域中的劳动成果也即精神产品有两种形式，一种是"具有离开生产者和消费者而独立的形式，……，如书、画以及一切脱离艺术家的艺术活动而单独存在的艺术作品"，即"物化劳动形态"；另一种则表现为"产品同生产行为不能分离，如一切表演艺术家、演说家、演员、教员、医生、教师等的情况"，即"活劳动形态"。马克思所说的第一种"物化劳动形态"，就包括了传媒业，传媒业生产的信息都是附着于"物"的，此"物"就是笔者所说的实物媒介，附着于"物"后，信息也具有了"离开生产者和消费者而独立的形式"。所以，传媒业是生产信息提供给大众以满足大众的精神需求的，但是它生产的信息是附着于实物媒介的。

总之，传媒业就是传播媒介业，就是要靠传播媒介，这里尤指实物传播媒介。

---

① 此处是从研究传媒经济学的角度、从研究传媒市场营销行为的角度进行界定的，此界定仅限于本书理论体系，其他理论体系完全可以从另外的角度界定。

下面，我们再看在传播过程中，传媒实际提供给受众的是什么？之前已说过，传媒提供给受众的，有些是信息加其所附着的实物媒介，有些则是信息本身。下面具体分析。

1. 内容产品的第一类：信息及其实物媒介的集成物

内容产品的第一类即信息加其实物媒介的集成物，这一类有图书、报纸、期刊、音像出版物、电子出版物、通讯社的部分产品和电影。就图书、报纸、期刊来说，是由信息加印刷纸构成，其信息是印刷在纸上的文字、图片等视觉符号及其所包含的意义，图书、报纸、期刊是将信息加印刷纸都提供给受众，音像出版物、电子出版物也同理。再看通讯社，传统意义上的通讯社是向其他传媒等组织提供信息的，它提供的信息如果是附着于实物媒介之上的，比如印刷纸、光盘等，就是信息加实物媒介的集成物；如果是通过电子设备如早期的电报机、现在的互联网等提供，则属于后文要说的第二类——直接提供信息，所以说通讯社的部分产品是信息及其实物媒介的集成物。还有一个就是电影，电影的内容产品也是信息及其所附着的实物媒介，这个实物媒介是电影院的整套放映设备体系，电影机构将这个"全套媒介"与电影信息一起提供给受众，给受众提供了观影服务，满足了受众的精神需求，只不过电影院的整套设备体系不像图书、报纸、期刊等全部出售给受众而已。

总之，图书、报纸、期刊、音像出版物、电子出版物、电影等，都是提供信息及其实物媒介的集成物给受众，只不过前五者的实物媒介转换为受众所有了，而电影的实物媒介受众算是"租用了一次"而已。

总之，内容产品的第一类，是传媒提供给大众的信息及其实物媒介的集成物。

2. 内容产品的第二类：信息

这一类包括广播、电视、互联网以及通讯社的部分产品。这一类，信息由传媒提供，作为中间传输渠道的传播媒介也一般由传媒提供（如有线电视网络、互联网的导线等），而受众一般自备接收终端，如广播、电视、互联网都是受众自己持有终端，总之，受众从传媒处接受的就是信息。这与第一类，受众连信息带实物媒介一起从传媒处接受、传媒还要支出实物媒介的成本不一样。

❖ **总 结**

以上就是从实践中的表现形态看传媒业的内容产品，是传媒日常运作中给受众提供的东西。

应该说，内容产品是传媒业的本质产品，没有它就不是传媒业，它是判别一个行业是否为传媒业的标志。

需要补充说明的是，内容产品是传媒业的本质产品，而信息是内容产品的内核。因为受众的真正需求是信息，而传媒的行为动机也是提供给受众信息，实物媒介不过是不得不用的借助物而已。信息是由意义加符号构成的，意义又是信息的内核。所以，意义是内容产品的真正内核，是传媒真正要提供给大众的东西，是最有价值的东西，是内容产品真正价值之所在。意义是传媒作为文化行业的一个子类别，满足大众精神需求的真正的东西。意义是传媒业运作的核心所在，向大众提供意义是大众传媒的本质功能。

另外，在满足人类需求的所有信息中，从某种角度可以分为两类，一类是偏实用性信息，一类是偏娱乐性信息。也即有些信息实用性更强、娱乐性偏弱，比如天气信息、交通路况等；而有些信息实用性偏弱、娱乐性更强，比如明星逸事乃至体育赛事信息等。实践中，所有信息都可说是实用性与娱乐性兼有的，很难说哪个信息只有一种属性，只能说一个具体信息哪种属性更强、哪种属性更弱而已。所有信息中，由于类别不同，其市场需求也不一样，生产的规律自然也不同。

(二) *广告资源*

广告资源是传媒业提供给社会的第二种主要产品。

广告资源即印刷传媒、互联网、电子出版物的广告空间和广播影视传媒、音像出版物的广告时间等。具体点说，它是印刷传媒、电子出版物的实物媒介上的空间、互联网上的空间以及广播影视传媒内容产品（此处内容产品包括单个节目和由节目构成的频率、频道）和音像出版物中的时间。

空间和时间本身是空白的、无内容的，但是它们是传媒与广告主实际的交易物。一旦交易达成，它们被销售出去，则就被填充产品等信息，成为广告信息，与新闻等其他信息合成为传媒的全部信息，从而变成作为内容产品的信息的一部分。

实质上，广告资源是未来内容产品上附着的空间与时间。传媒向社会提供广告资源，实际提供的是未来内容产品上的空间与时间，已经生产出来的内容产品，则无广告资源可以提供。

这种广告资源，在传媒与广告主的交易中，不存在实物形态——双方就未来内容产品上的空间与时间展开谈判，如"要购买某报纸未来三个月每天的头版通栏"等，如果谈判成功、交易达成，则广告主的广告信息就会出现在未来一定时期内的内容产品上，但是交易的对象广告资源却没有实物形态，不会像实物交易中那样付出货币就能拿回实物。不过，虽然无实物形态，但它毕竟是一个客观存在，是传媒业向广告主提供的产品，所以，我们认为它是传媒业的又一种产品。

当然，说它是传媒业的产品是从一个行业整体的角度出发，实际上传媒业的 11 个类别中，有的在实践中并不提供广告资源，比如通讯社，纯粹意义上的通讯社只给传媒等组织提供内容产品，而不向大众提供内容产品，所以，它就没有面向大众的物化载体，自然也就没有广告资源这个产品。还有就是图书，图书在物理技术特性上当然能够提供广告资源，实践中图书也难说一点广告资源销售行为没有，但是在实践中，图书一般不做广告资源的销售，至于有时在封三或封底等处罗列与本书有关的系列图书的信息，那不过是出版社自身促销自己的相关图书，与其他传媒销售广告资源给市场上的广告主以营利不同，所以，图书也并不算有广告资源这个产品。但是从传媒业整体来说，广告资源仍是它的一大类产品。

❖ 总　结

内容产品与广告资源，是传媒业的主要产品。内容产品是传媒业的本质性的产品，没有它就不是传媒业；广告资源是传媒业的重要产品，可以说没有它就没有现在的传媒业，它是塑造、形成现在传媒业的很重要的因素。在整个国民经济体系中，从整体上说，没有一个行业像传媒业一样同时提供这两种产品，即又提供内容产品又提供广告资源，没有一个行业像传媒业这样大规模地、占总收入比这么高地、这么有效地提供这两种产品。所以，我们认为传媒业的主要产品是以上两个。

二、有关传媒业产品的三种说法

另外，在当前传媒业界以及学界部分人中，对传媒业产品还有其他看法，有些还有一定影响，作者在此对目前三种比较流行的说法进行辨析。它们分别是广告服务、注意力资源和影响力。

（一）广告服务

持这种观点的人认为，对于报纸、期刊、广播、电视、互联网等传媒而言，内容产品的销售不足以弥补其生产成本。比如，现在的报纸，定价低于其平均生产成本，即所谓"负定价"，报社的总成本主要靠广告收入来弥补；商营无线广播、电视则自20世纪早期诞生以来，其节目一直免费播出，完全靠广告及其他经营收入弥补成本。从这点看，传媒业更应该说是一种靠提供广告服务盈利的行业，而内容产品的"负定价"销售也是"广告服务"这个产品的一个生产环节，"负定价"所造成的传媒亏损其实是"广告服务"这个产品的生产成本。

该观点当然是偏颇了，实际上，就整个传媒业而言，有一部分类别内容产品收入是占唯一或不小比例的。

比如电视行业的付费电视、通讯社、图书出版业，基本上就是只靠内容产品销售获取收入，电影产业也一般是以内容产品销售收入即"票房"为主要收入。

再拿容易被人看成"靠广告盈利"的报纸、期刊来说，实际上，报纸、期刊的内容产品收入即使不能弥补总成本，但其数额也不可小觑，在总收入中总归占重要地位，比如中国的《南方日报》，该报 1999 年订阅费用是 1.5 亿元人民币左右，虽然不能弥补总成本，但也是很可观的。而且，有不少报纸还是内容产品收入就能弥补总成本的，比如日本的《读卖新闻》《朝日新闻》，其发行量很长时期内每日超过千万，靠销售内容产品就可以盈利。日本报业主要报纸的收入构成中，发行收入普遍高于广告收入。日本新闻协会对 2001 年日本报业收入构成做了统计，固定的 42 个样本报社，发行收入占 50.8%，广告收入占 35.1%。另外，对于期刊而言，靠发行实现盈利的则更多。根据国际期刊联盟的统计，1999 年英法两国的消费类期刊中，发行与广告收入的比重分别为 69.6%：30.4% 和 62.1%：37.9%。可见，内容产品即使在报纸、期刊中也是一项重要收入。

所以，就整个传媒业来说，称其产品只是广告服务，这肯定是不对的，完全是以偏概全。

（二）注意力资源

有关传媒业的产品是受众注意力资源的说法，目前发现的最早提出者是加拿大传播政治经济学者达拉斯·斯密塞，其早在 1951 年瓦萨学院消费者联盟研究所的一次会议上就提出商营传媒的主要产品是受众的注意力[1]。另外还有麦克卢汉，斯密塞与他在 1970 年代前后推出"受众商品论"等观点，核心是认为传媒业的产品实质上是凝聚在其内容产品上的受众注意力资源。于是，在目前的学、业两界，就有传媒业产品是"注意力资源"的说法。

该观点认为：传媒在日常运作中主要靠向广告主销售广告资源盈利，而销售广告版面、时段这些广告资源，实际上是销售凝聚在这些广告资源上的受众的注意力，传媒将内容产品这个"免费午餐"提供给受众，受众在消费这些内容产品的过程中付出了注意力，于是传媒就拥有了这些注意力，而这些注意力被认为对广告主的产品有促销作用，即如果针

---

① 彭晶晶：《受众：商品的发现与人的忽视——"受众商品论"的一种解读》，《新闻世界》2009 年第 4 期。

对受众的注意力投放某产品的广告信息，则对该产品的促销有一定作用，所以，受众注意力资源是有价值的、会被购买的。

因此，该观点认为传媒业的产品实际上是受众的注意力资源。

这种说法实际上与第一种"异曲同工"，都是认为传媒业的收入来自其广告服务或广告资源的销售，只不过这种说法更有深度而已。但针对传媒业整体来说，这一观点还是不正确，还是以偏概全。

（三）影响力

该观点最早由国内学者提出时并非针对传媒业的产品进行专门界定与论证，但其在传媒经济的本质上提出"影响力"的概念，其后业界、学界有的人开始提出传媒业的产品是"影响力"。这种提法可以算是在第二种观点即"传媒业产品是注意力资源"的基础上的进一步深入，总体意思即对于整个传媒业来说，与其说产品是注意力资源，不如说是对受众的影响力，广告主买的更应该是传媒对受众的影响力。

同样，这仍是只认定传媒业产品是广告资源的观点，是偏颇的。

三、内容产品与广告资源之间的关系

传媒业有内容产品与广告资源这两种主要产品。在实践中，这两种产品绝非互不相干，而是有着极其紧密的互相影响关系，即前者的质量对后者的销售有着关键性的影响。

从传媒业的生产流程看，一个传媒从创办伊始，内容产品与广告资源都可以出现，都可以同时销售。

但是，内容产品的传播状况最终决定广告资源的价值大小，决定广告资源的价格以及销售数量。内容产品传播的数量即接触的受众数量越多、传播到的受众消费能力越强，则广告资源价值越大，价格越高，销售数量也往往越大。

诚然，实践中不少类别的传媒绝大部分甚至全部收入都来自广告资源的销售，但是一定要认清，广告资源的价值取决于内容产品的传播状况，最终取决于内容产品的质量。对于一个传媒而言，要想获得好的广告资源销售成绩，内容产品是最基础的、最应该重视的东西，最应该"好好打造"，它是一个传媒盈利流程的起点。

当然，内容产品决定广告资源，但是广告资源对内容产品同样影响重大，它能带来更可观的收入，支撑一个传媒组织的经济基础，从而为更好地生产内容产品提供保障。

第二节　传媒业产品的特性

下面将分别对传媒业两种主要产品的特性进行探析。笔者将分两个层面：其一，产品的共性，即传媒业所有类别内容产品的共性、所有类别广告资源的共性；其二，产品的个性，即传媒业各类别因其各自的物理技术特性不同而具有的个性。

一、产品的共性

（一）内容产品的共性

内容产品是传媒业的本质性产品，没有它就不是传媒业。从传媒提供给受众的客体角度看，内容产品是信息与实物媒介的集成物或信息本身，那么内容产品有何特性？笔者认为，其特性有如下六点。

1. 能很大程度影响社会

在第二章中谈到传媒业的特性时，我们已说过传媒业生产精神产品，本章我们说得更准确一点——传媒业提供的是内容产品，但内容产品本质上仍是精神产品。要对这一点有所认识，可以借助于马克思主义政治经济学理论。

按马克思主义政治经济学的观点，人类社会的生产可分为物质生产与精神生产两大类。物质生产是人和自然之间的物质变换过程，它的产品即物质产品是有形的，会因被使用或消费而损耗或消失，导致人们不能再消费；精神生产是人对自然和社会的认识、反映和互动过程，它的产品即精神产品不因人们的使用或消费而损耗或消失。[①]内容产品本质上是通过精神生产而获得的精神产品。当然，我们说过，内容产品也有"物化劳动形态"的精神产品，有实物的"外壳"，但"外壳"仅是一种借助形式，其真正提供的是精神生产创造出来的用以满足消费者精神需求的非物质性的信息。

那么精神产品的特性是什么？针对传媒业这一社会存在来讲，精神产品最重要的特性是意识形态属性。在第二章中同样说过，意识形态属性就是对社会有强大影响，所以，作为精神产品的内容产品就具有影响社会的强大功能。

再补充一点，内容产品本质上是精神产品，精神产品就是意识形态，实际上是其生产者的意识形态，是其生产者的所想所求，反映了其生产者的经济基础，决定于其生产者的经济基础，也反作用于其生产者的经济基础。另一方面，从本质上说，它也是服务于其生产者的经济基础。

2. 可被重复消费

内容产品之所以可被重复消费是由于其内核的非损耗性，内容产品的内核归根结底是意义，而意义是精神层面的存在，是非损耗的。一种意义，无论被多少人消费、无论被一个人消费多少次，也即无论被怎样重复消费，其本身不会损耗。

对于内容产品来说，是信息的话就可以被重复消费，如果是信息与实物媒介的集成物，则只要实物媒介不被损坏至信息的符号无法辨认，就可以被重复消费。

所以，简单讲可以说内容产品有可被重复消费的特点。

3. 较难被同一消费者重复消费

内容产品可被重复消费，但它又较难被同一消费者重复消费。内容产品是满足大众精神需求的，其信息可简单地分为两类，一是偏实用类，二是偏娱乐类。偏实用类信息受众基本上获知后就不会再消费，如天气

[①]　详见中共中央马克思恩格斯列宁斯大林著作编译局编译《马克思恩格斯全集》，人民出版社 2001 年版。

情况、交通路况等；偏娱乐类信息即使会被重复消费，如电影、名著等，也比物质产品重复消费的概率低得多，比如一部精彩的电影、一部名著与苹果、面包等物质产品相比，后者可以天天吃、百吃不厌，而精彩的电影、名著短期内看几遍则容易产生厌倦感。

正因为内容产品较难被同一消费者重复消费，所以内容产品的生产最要求创新。不论哪种传媒，对同一消费者，不管是提供偏实用类还是偏娱乐类信息，都最好是新的。这与提供苹果、面包的实体产业就不一样了。

就此，"新"闻、"创意产业"的叫法就显出其道理来了。

4. 物化及物化复制成本较低

内容产品的物化即将信息附着于实物媒介上，比如报社将信息印刷到印刷纸上，音像出版组织将节目刻录到光盘上。一份报纸每天生产几十个版的信息，这需要耗费该报社一天的运作成本，包括报社的房屋费用（租金或物业费等）、水电费、员工薪酬、通信费、差旅费、设备折旧费等，数额是比较巨大的，但是这些信息的物化成本，即印刷到印刷纸上的成本，目前看一份也不过两三元，与前者比是相差巨大的。一部电视剧、一部电影，其成本都非常高，一部好莱坞商业大片，其成本动辄上亿乃至几亿美元，但刻录到一个光盘上，其成本在国内 2010 年前后约五角左右。印刷纸与光盘的成本相对都不高，再加上"物化"工作的人工成本等，最终高不到哪里去。

以上是物化成本，再说复制成本，一份报纸被复制、一张节目光盘被复制，成本也是实物媒介的成本加其中的人工成本等，总额并不高。

所以，内容产品的物化及复制成本是较低的。这与物质产品如食品、服装、汽车等是非常不同的。

实践中，也正由于内容产品的物化及复制成本不高，导致出现了盗版现象。

5. 作为商品，其价值比物质商品难衡量

从马克思主义政治经济学角度看，商品均有使用价值与价值。使用价值是商品的有用性，能满足人们的某种需要；价值是商品使用价值的衡

量结果，是衡量人们生产这个商品（核心为使用价值）付出了多少社会必要劳动时间的一般人类劳动，这个一般人类劳动，实质上是生理学意义上的劳动力，包括体力与脑力。应该说，衡量体力劳动相对容易，衡量脑力劳动就比较难。衡量以体力为主的物质产品的价值，同等时间长度大家的体力不会相差太大，商品的价值就差不多，这个好衡量。但衡量同等时间的脑力则困难得多，不能说大家花的时间一样其效果就一样。所以，以脑力为主的内容产品的价值基本上很难以社会必要劳动时间衡量一般人类劳动的方法来衡量。所以，虽然它是商品，但是它的价值难衡量。

实践中的实际情况也印证了这一点，内容产品的合理定价确实比较难，比较突出的如影视剧的价格等，而这个问题虽然业界学界一直在努力解决，却至今没有什么进展。市场上不时出现的收视率对赌、票房对赌等就是例证。

6. 成本的弱相关性

成本的弱相关性，即内容产品的最终收益与成本大小的关系相对不大。内容产品作为精神产品，生产出来后可能质量很高，由此获得巨大收益，如小成本、高票房的电影，又为《哈利·波特》系列小说——作者J.K.罗琳创作时不会有太大的成本投入，但最终阶段性收入为几亿英镑，使J.K.罗琳的财富一度超过了英国女王，不能不说其生产具有明显的成本弱相关性。当然，也有巨额投入"打了水漂"、最后损失巨大的情况，尤其在电影业这种情况比较多见，比如不少大片投资巨大，然而票房惨淡。总之，内容产品生产具有成本的弱相关性，或说价值生产的较大弹性。这给这个行业带来了高风险，当然，也带来了获得高收益的机会。

（二）传媒业内容产品是否为公共品的辨析

1. 传媒业内容产品是否为公共品

在这里，笔者还准备对有关内容产品属性的一种说法进行辨析，即"传媒业的内容产品是公共品"，这种说法目前在国内传媒学、业两界都有不小的影响，被广泛地接受，也被很多人认为理所当然从而经常提及。

　　实际上，传媒业内容产品是否为公共品的问题在整个世界传媒经济学领域也是一个比较受重视的问题，哈尔·R. 瓦里安（Hal R. Varian）、罗伯特·G. 皮卡德（Robert G. Picard）和瑞恩·比尔（Ryan Bill）等人都对此问题进行过专门探讨，但意见并不统一。

　　实际上，要研究内容产品是否为公共品，研究方法是看什么是公共品，再拿公共品的定义来"卡"内容产品，则是非立判。

　　有关公共品，经济学中主流的定义是在消费上具有非竞争性和非排他性的一类物品或服务。

　　非竞争性也称非占有性，是指对某一物品或服务，张三消费了但不影响或减少李四对其的消费，比如国防和灯塔，它们在消费上并不具有"我消费了你就不能再消费或我消费多了你就要消费少了"的情况。这类物品或服务与苹果、面包等"我消费了你就不能再消费、我消费多了你就要消费少了"的物品或服务不同。即在这类物品或服务的消费中，消费者彼此之间不存在竞争关系。

　　非排他性是指对于某一物品或服务，提供者很难将"搭便车"（不付费而参与消费）的人排除出去，从而使提供者不能获得全部应得收益。比如说，国防、灯塔，即使有的使用者不为此付费，提供者仍很难将这些人排除出去不让他们消费，或者说排除这些人的成本太高从而不值得做，这样一来，提供者拿不到全部应得收益，于是没有私人愿意做。而如果这些具有非竞争性、非排他性的物品或服务又是当前社会不可缺少的，那就只能由政府提供，政府通过强制征税等方式获取收入，此时也即市场体制失灵，即市场体制自动产生不了这种提供者。

　　以上这一在国内比较主流的观点由 1954 年萨缪尔森在《公共支出的纯粹理论》一文中首先提出，他认为满足了消费时的非竞争性与非排他性两个特点的物品或服务就是公共品，此观点一经提出便风靡世界，成为关于公共品的经典定义一直沿用至今。

　　该概念体系的价值在于：对某个产品的性质了解清楚后，可以对政府、市场进行分工——如果发现一种物品或服务是公共品，则就知道它应该由政府提供，没有必要让私人提供了，因为私人提供肯定没有效率。

后来该概念体系进一步发展，把社会生活中的所有物品和服务分为三大类，完全满足上述条件的为公共品，如国防、灯塔等；完全不满足上述条件的为私人品，如苹果、面包等；只具有非竞争性、非排他性两者之一的则是准公共品。

那么传媒业的内容产品是否为公共品呢？下面我们来做分析。

首先，非竞争性。传媒业内容产品有可被重复消费的特点，所以它具有非竞争性，即消费者消费它们时彼此不是竞争关系。这说明内容产品有公共品的一个特性。

其次，非排他性。这就要对传媒业内容产品进行分类，分成付费内容产品与免费内容产品进行分析。

付费内容产品如报纸、期刊、图书、音像出版物等，是具有排他性的，也即能将不付费想"搭便车"的人排除出去。至于有些人从购买者手中又能免费借阅，那也是购买者被人"搭了便车"，而提供者拿到了应得的全部收入。从这一点理解，付费内容产品是具有排他性的。

那么，付费内容产品具有非竞争性与排他性，也即具有公共品的一个特性，因此属于准公共品。

那么免费内容产品呢？免费内容产品包括无线广播电视的节目和免费报纸等，传媒业向受众免费提供，这些产品是公共品吗？

如果按公共品的两个特性来分析，则首先免费内容产品具有非竞争性，那么非排他性呢？这是本问题的关键。而这需要仔细考虑。在学、业两界，持传媒业内容产品是公共品观点的人的重要理由之一就是无线广播电视节目一经提供，只要有收音机、电视机等接收终端的，就可以免费消费，提供者根本排除不了他们，所以免费内容产品具有非排他性。既有非竞争性又有非排他性，那么它就是公共品。

这个论断对吗？先看实践层面，公共品首先由于提供者不能获得全部收益，所以私人是不愿意提供的，从这一点讲，实践中就不可能存在私人愿意提供公共品的情况（出于慈善等动机的不算），但在实践领域，私人提供免费广播电视的不少，可以说在全球广播电视业内实力较强的无线广播电视组织大都是私人运营的，比如美国三大电视网、英国 BskyB 等，由此，实践中私人愿意提供无线广播电视，而由此无线广播电视就不是公共品。

那么前面所讲的推断是公共品的问题出在哪？

问题出在我们的推理过程中，而且是推理过程中对无线也即免费广播电视业商业模式的认识。实际上，无线广播电视业提供内容产品是免费的，而提供者并不靠内容产品盈利，提供者将内容产品免费提供，是为了获取受众的注意力资源，然后销售这些注意力资源或称广告资源来获取收入。从这一点看，内容产品是产品，但不是商品——生产出来只是产品，进行销售才是商品。从公共品的概念体系看，公共品是那些要销售并获得收益的产品，比如国防、灯塔等——即使不能获取全部收益。公共品分析的实际是商品，如果不是销售获得回报的物品，就不是商品，则就不是公共品理论体系讨论的范畴，则就不用讨论其是否为公共品了。至此我们可以得出结论，免费的内容产品不用讨论其是否为公共品，其也不是公共品，当然，其不是公共品不是因为不符合非竞争性、非排他性这个条件，而是不符合公共品理论体系的假设条件——得是商品。

另外，从另一个角度还可以这样看，讨论其是否为公共品归根结底是因为在市场经济体制下，大众需要的东西不能被有效提供——市场失灵了，所以得研究其是否为公共品，如果是就让政府来提供，所以，公共品研究归根结底是为了解决市场经济体制下、市场经济环境中被需求又不能被有效提供的窘境，而一个产品如果能被有效地提供，就无须研究其是否为公共品。

最后，我们总结一下传媒业内容产品是否为公共品这个问题。在内容产品里，只要是付费的内容产品，则都具有非竞争性与排他性，是准公共品，而免费的内容产品不是公共品。至此，传媒业的内容产品里就没有公共品，也可以说，传媒业的内容产品不是公共品。

2. 两个补充

需要补充的第一点是，其实判断一个物品是否为公共品可以从几个角度出发，其一，是否具有非竞争性与非排他性两性，具有则是公共品，不具有则不是；其二，是否为商品，生产出来用于销售（或交换）的是商品，不用于销售，自己消费或免费送人，则不是商品，则不必讨论是否为公共品，因为公共品属于商品的范畴，不是商品根本不会是公共品，从这一点讲，免费提供的无线广播电视内容产品肯定不是公共品；其三，判断是否为公共品可以看在市场经济环境中，该产品能否被有效提供，若该产品在市场中紧缺，或云大家都"嗷嗷待哺"而就是得不到满足，则很有必要分析一下其是否为公共品，一种物品市场上根本没有紧缺、不足的现象，则根本不需要研究其是否为公共品。

需要补充的第二点已与判断物品是否为公共品隔得有点远，即公共品的概念还可以再修正。这指的是非排他性，比如说，物业公司在提供物业服务时，会遇到有的业主不交物业费的情况，此时，物业公司很难收到物业费或说要收物业费需要花费较高成本所以已不值得收，则此时物业服务就具有非排他性，同时，物业服务也具有非竞争性（其原理与国防一样），按理说此时物业服务该是公共品了，该是私人不愿提供了，但是物业服务在实践中还是有私人愿意提供，则此时物业服务到底是不是公共品？它确实具有非竞争性与非排他性，但同时，也确实有私人愿意提供。笔者对此种悖论的看法是，只能说公共品的概念需要变动了，即非排他性不是说绝对的非排他，而是非排他致使提供者达不到自己的目标利润率时，才会导致私人不愿意提供，此时，它就成了公共品。所以，公共品的概念中，非排他性应该改为非排他至提供者达不到目标利润率时更为稳妥。所以，公共品的两性应该是非竞争性、非排他以致提供者达不到目标利润率这两性。

（三）广告资源的共性

在实践中，传媒业向市场提供的第二种产品是广告资源。当然，之前我们已说过，通讯社与图书是没有广告资源销售的。那么，报纸、期刊、广播、电视、电影、互联网、音像出版物、电子出版物乃至新传媒的广告资源的共性是什么？笔者认为，主要有以下两条。

1.广告资源在消费上具有竞争性，与内容产品不同

相较于内容产品的可被重复消费所导致的消费上的非竞争性而言，

广告资源在消费上具有竞争性，即消费者（广告主）在对其消费时存在竞争关系，"你消费了我就不能再消费、你消费多了我就消费少了"。

2. 广告资源的实质是注意力资源

广告资源表象上是印刷传媒的版面、电台电视台的时段、互联网的网络空间等，但它为什么能成为一种商品？为什么广告主对其青睐有加？

这就要看广告资源的实质是什么，由此涉及传播政治经济学等文献中有关传媒受众注意力资源方面的探讨。有关受众注意力资源的最早论述据可查文献，是美国传播政治经济学者达拉斯·斯密塞的著述，他指出：传媒提供给观众电视节目时，同时也获取了观众的注意力，而这种注意力成为电视台下一次销售的对象。其后也较有影响的是加拿大学者麦克卢汉的论述，他指出：传媒所获得的最大经济回报来自第二次销售——将凝聚在自己版面或时段上的受众销售给广告商或一切对于这些受众的媒介关注感兴趣的政治宣传者、宗教宣传者等。[①]

从上边两位学者的论断可以看出，广告资源实质上是受众的注意力资源。

这里要解析一下注意力资源的概念，在"注意力经济"这块尚不成熟的理论体系中，存在一个重要观点：在当前社会中，相较于信息的极大丰富来说，对信息的关注即社会大众的注意力资源更为稀缺，谁拥有了社会上的较大量注意力资源，谁就能实现可观的收益。

由此可推知，传媒向社会提供内容产品，这些产品被受众投注注意力资源消费，由此传媒聚拢了社会的注意力资源，而传媒再向广告主销售这些注意力资源。这些注意力资源是以内容产品上的广告空间与时间为表现形式的，所以说，广告资源的实质是注意力资源。

注意力资源既然被当成商品销售，其一定具有使用价值与价值，则注意力资源即广告资源的使用价值与价值分别又是怎样的？

注意力资源的使用价值简单说就是对广告主产品的促销作用。"注意

---

① 详见喻国明著《传媒影响力》，南方日报出版社 2003 年版。

力之所以具有重要性是因为它引导行动"[1]，"注意力可以优化社会的资源配置，也可以使获得注意的厂家财源广进"[2]，即最终可以引导消费者去消费广告主的产品。

从当前的市场经济实践可以看出，对于商品生产者、提供者而言，其商品在众多商品汇成的海洋里要想最终被消费，首先必须努力获得潜在消费者的注意力资源，即获得他们的关注，只有这样，才可能被消费。而当前市场上铺天盖地的广告传播就是一个明证。

至此，我们回答了广告资源为什么能成为一种商品、为什么广告主对其青睐有加的问题。它是连接生产者、消费者的重要桥梁。

以上我们谈了注意力资源的使用价值，那么注意力资源的价值又如何衡定？

本处不在马克思主义政治经济学的价值衡定层面分析，只从操作层面看，注意力资源的价值大小可以通过量化来衡定。注意力资源量化实质就是受众的人数，有多少受众就有多少注意力资源，而受众人数自然是发行量、视听率、点击率等所代表的。

二、产品的个性

传媒业产品的个性是指传媒业各类别由于其物理技术特性不同所具有的个性。本处仍把内容产品、广告资源分开谈。

（一）内容产品的个性

对内容产品个性的分析，笔者主要是从优缺点的角度进行阐述。

1. 报纸

1.1 报纸的优点

（1）给受众的自由度大

首先，报纸便携。由此它可以被消费者随身携带，而消费者在获取

---

① 李理：《浅析受众注意力——受众研究的一种媒介经济学视角》，中国新闻研究中心。
② 陆群：《注意力经济时代的ICP命运》，《中华读书报》1999年9月1日。

信息时，在空间上就有更大的自由度，可以到很多地方去。这是报纸作为商品的消费者价值之一，电视、电影、传统有线互联网等就不具备这项价值。其次，消费者在阅读报纸时的自由度也大。比如消费者可以选择阅读内容，想读什么就读什么；可以选择阅读时机，随时去读；可以选择阅读时间长短，读多长时间都可以。广播电视等传媒按时间线性提供节目，受众必须顺着时间接收、错过某时间段则不能接收某节目等，受众在接受时要受更多的限制，自由度更小一些。总之，通过报纸获取信息，受众的自由度更大一些。而这种特性消费者从本能上就会喜欢，是重要的消费者价值。

（2）可保存，使读者能事后查阅

报纸可保存，不像广播、电视等播放完就没有了或者要录存，报纸可以让人事后查阅。这样作为商品，报纸提供了更多的消费者价值——不但可以在当下满足消费者的信息需求，还可以帮人储存信息。

（3）可以有深度

报纸由于其符号特性以及被接受时的相关特性，使其可以将内容做得有深度一些。首先从符号来说，其以文字符号为主，文字符号是抽象符号，可以直接把受众的思维带入直观感觉之下的理性思索层面，由此可以理解一些更深入的意义；其次，它的接受状态允许它更有深度些，因为它的阅读自由度大，可阅读时间更长一些，这就给人留下深入理性思考的时间，从而可以理解更深入的意义。所以，报纸可以将内容产品做得更深入一些。这是广播、电视、电影等电波传媒无法做到的。

1.2 报纸的缺点

（1）时效性差

如果要通过报纸获取信息或者说只能通过报纸获取信息，从物理技术特性上说，一件事情发生，要靠报纸印刷出来传播，其环节众多，时效性是比较差的。而在实践中，报纸的日报主要有早报、晚报两种形态，所以，要靠报纸获取信息，最短的时间就是早报读完后看晚报，这中间一般会隔12个小时左右。这是目前实践中只通过报纸获取信息的最短时间间隔。也即，早报付印后发生了一件事，而要通过报纸了解这件事，最快是 12 个小时左右之后的晚报了。所以，报纸的时效性比较差。

（2）受众面不如广播、电视等广

报纸的受众须有一个限制就是必须识字，这就比广播、电视、电影等限制了受众数量。

（3）形式不如广播影视生动

这是指报纸的符号过于单一，以文字符号为主，图片等符号毕竟占更小比例，而且所有这些符号又不像影视那样是动态的，所以，它的内容产品就不够生动。

2. 期刊

对于上述报纸的优缺点，期刊都有，而且部分比报纸更甚。比如，期刊的优点是可以比报纸更有深度，因为期刊的出版周期更长，一般为一周及以上，所以可对内容进行更细致的加工，让其更有深度。相对报纸而言，期刊的缺点则是时效性更差。

另外，期刊内容产品还有一些自己的特点，比如：

其一，内容专门性强。

实践中的期刊，绝大部分是专于一方面的内容，即使是国内的《三联生活周刊》《中国新闻周刊》等内容相对综合的期刊，也是专注于时政内容、专注于新闻等。简单地说，期刊更是满足大众的专门性阅读偏好的，期刊业在大众传媒市场上能有目前的市场份额，主要是因为它满足了大众的专门性阅读需求。从这一点看，期刊业也是主要满足大众的趣味性阅读需求的，期刊的阅读更是一种趣味性的阅读，而较少获取偏实用性信息的那种阅读状态。

其二，可有典藏性。

当然图书更有典藏性。但是相比于报纸等传媒而言，期刊有一个比较突出的特性就是可有典藏性，因为它能承载更有深度的内容，能在视觉设计以及印制上更精美，就某一方面内容或某一个人物能有更全面、系统的报道从而引得读者"爱不释手"，所以，受众容易阅读完后还保留着，而不是随手一扔，这一点就是典藏性，而这一点也是消费者价值，也增加了期刊的受众数量。

其三，普遍制作精美。

目前很多期刊在印制即印刷纸质和印刷品质上都比较高，使其比较精美。期刊发行量较报纸一般低得多，所以可以适当提高印制成本让其更精美一些，报纸每期发行量大、发行周期又短，一旦提高印制品质则总成本会高很多，所以不适宜做此事，而期刊则不同。精美一是能吸引受众订阅与购买，还有一个重要原因就是能吸引更强实力的广告主在本刊投放广告。

3. 广播

3.1 广播的优点

（1）时效性强

这一特性的原因主要有四个：其一，广播的制作、播出程序简单，这保证它能迅速传播信息；其二，广播信息传输速度快，无论通过有线还是无线传输，信号传输速度都接近于光速，这比印刷传媒内容产品制作出来后通过交通工具等发行到受众手中要快得多，所以通过广播传播信息能保证时效性；其三，广播的技术特点决定它能插入播出，这保证信息可以第一时间传播给受众；其四，广播可以直播，这在传播上实现了与事件发生、发展同步。以上四点决定了广播的时效性强。

（2）渗透性强

广播的信号尤其是无线广播，决定其传播不受地理因素限制，这比印刷传媒传播对地理交通条件高度依赖就具有了很大优势。

（3）覆盖面广

广播尤其是无线广播，其信号可以覆盖广大区域，所以它的覆盖面比较广。

（4）有亲和力

因为其符号是声音符号，可以感性表达，从而以亲切感形成对受众的亲和力，达到吸引受众的目的。而文字符号发挥余地小，给人感觉"冷冰冰"的。

（5）接受私密性

广播可以个人收听，这样个人可以收听一些不愿被别人知晓的节目，如心理情感类、医药健康类节目等。鉴于此，实践中它也被称为"心灵旅伴""情感沟通工具"等。私密性使广播也能吸引一部分受众。

（6）比较便携

当下的收音机比较便携，这也使它可以吸引一部分受众，如跑步者等。

（7）接受门槛低

广播的接受条件不高，只要有听力就可以，这比印刷传媒需要识字、电视电影还需要视力的条件低得多。可以说，目前广播是接受门槛最低的传媒。

（8）可伴随性收听，从而可增加受众

广播可伴随性收听，这会使它增加一部分受众。在所有传媒中，只有单一声音符号传播的广播可以做到伴随性接收。先不谈接收效果，仅从吸引受众角度来看，这一点可以让它增加一部分受众。比如它比别的传媒增加了开车时的受众、做家务或健身时的受众。

3.2 广播的缺点

（1）接收自由度较低

广播尤其是传统广播，受众必须按电台节目的排定顺序收听，即要在特定时间收听特定节目。受众要受制于它的安排，其自由度就降低了。

（2）不利于传播有深度或复杂的信息

广播的节目过耳不留，没有给受众留下思考辨析的时间，所以不适合传播有深度或复杂的信息。

（3）信息辨别力差

广播的符号只有声音一种，不利于多种符号共同印证一个信息，所以辨别力差。比如：同音异义字易生歧义等，这会给受众带来接收焦虑。

4. 电视

4.1 电视的优点

（1）生动

电视内容产品的符号是"全媒体化"的，所有传媒的符号如文字、声音、图像等都能呈现，而且是动态的，所以比较生动，能吸引受众。

（2）接受门槛低

受众接受电视内容产品只需有听、视能力即可，不受文化水平等限制。

（3）信息量大

实际上，电视的画面信息量是很大的，一个简单的画面，要用报纸、期刊的文字符号或广播的声音符号传播，需要很大的量，而通过电视画面就一目了然。

4.2 电视的缺点

其一，接受自由度低。此理由与广播相同。

其二，不利于传播有深度或复杂的信息。此理由与广播相同。

其三，接收需有一定经济基础，限制受众数量。电视内容产品要被接收，受众需有电视机，这要求受众有一定的经济基础，而不像报纸等可以随机购买，对经济基础要求不高，所以电视的这种特性也限制了受众的数量。

5. 互联网

5.1 互联网的优点

（1）传播效果全面

如果说电视可以呈现"全媒体化"符号，则互联网可以实现"全媒体化"效果，传统传媒的传播方式基本能"不打折扣"地实现其效果，即通过互联网，受众能实现纸媒的阅读、广播的收听与电影电视的收看，而效果差距不大，由此，它对既有的传媒替代性很强，因此，它的受众很多。

（2）信息种类多、数量大

互联网上有各种符号、各种题材的信息，由于其空间"无限"，所以数量庞大。

（3）时效性强

互联网传播信息时效性强的原因与广播等一致，也是制作发布程序简单、可随时插入播出、可直播、传输速度快。

（4）互动性强

互动性强是互联网相对于传统传媒比较大的优势。传统传媒也可以互动，如拨打热线电话、上门造访等形式，但是互联网的互动是最便捷的、实时的，只需点击即可实现。

（5）针对性强

随着大数据等技术的发展，互联网能通过消费者画像与场景分析，实现信息的精准推送，使得信息对于消费者而言针对性很强。

（6）可保存性强

互联网的内容产品可以下载保存，这使它与印刷传媒一样可以保存，以供读者事后查阅。这一点与印刷传媒相同，在给受众提供信息时除了满足需求之外还多了一个好处，帮受众储存信息。

5.2 互联网的缺点

其缺点主要是使用互联网有一定的技术门槛，这会限制受众的数量。

6. 图书

图书的传播内容与报刊等不同，如不传播新闻类信息等，所以不能与报刊等传媒简单对比。一般来说，图书可以更有深度、内容专门性与典藏性更强。

7. 电影

电影与图书乃至其他传媒更不一样，它主要是一种艺术品，重在利用各种符号进行创造，以传递一定的情感与思想。所以它也不能与其他传媒简单地比。

一般来说，电影内容产品特性主要如下：

其一，生动。其生动的原因与电视相同。

其二，呈现效果好。相对于其他传媒来说，电影内容产品的呈现效果是最好的。首先，电影银幕面积大，视觉等感官冲击力强；其次，电影中运用的胶片技术比较多，而胶片技术呈现的影像分辨率、还原度更高，一般情况下比数字电影还高。所以电影的呈现效果最好。

其三，感染力强。电影由于生动及呈现效果好等原因，它的感染力是最强的，能通过感性打动人。

从缺点来说，相比于其他传媒，电影难以进行深度诉求。

8. 通讯社

传统意义上的通讯社其内容产品面向传媒等组织，而非直接面向受众，所以其内容产品也不能直接与其他传媒比较。简单而言，其内容产品一般比较注重时效性等。

9. 音像出版物

音像出版物的内容产品在实践中不以新闻等时效性信息为主，偏娱乐性信息多一些；另外，它在意义之外还比较讲求符号的质量，如音质、画质等。

10. 电子出版物

电子出版物的内容产品中既有偏实用性信息也有偏娱乐性信息，前者如电脑软件、教材等，后者如小说等，它也不以新闻等时效性信息为主。

11. 新传媒

笔者之前曾界定过新传媒是以移动传播为技术特点的传媒，如手机等，所以，其内容产品特点如下。

其一，给人的自由度大。因其移动传播的特性，受众在空间上的自由度大，也可在任何时间通过终端获取信息。

其二，时效性强。新传媒或靠移动通信技术，或靠移动互联网技术，发布信息的时效性强。

其三，触达快。新传媒的终端如手机等往往随身携带，所以信息发布后往往能尽快被受众接收到。所以这也是它相比于其他传媒的优势，广播电视传媒发布信息时效性强，但苦于终端不能随身携带，受众不能很快接收到。

其四，能满足碎片化阅读的需求。新传媒的终端往往可以随身携带，所以最容易满足受众碎片化阅读的需求。

（二）广告资源的个性

下面笔者探讨各类传媒广告资源的个性。

1. 报纸

报纸广告资源的特性主要如下。

一是广告接受不具强制性，往往被"跳读"，这使报纸广告的接触率往往少于报纸受众人数。

二是只要阅读广告，则信息接受较深入，可对广告有较完整深入的理解，这使其适合高关心度产品或信息量大而复杂等的广告。高关心度产品是指价格高昂的产品、高科技产品或对人的健康有影响的产品，如汽车、住房、家电、保健品、化妆品、隐形眼镜等，其购买决策周期较长，这些产品的目标消费者在决策时往往更愿意参照广告去分析判断。

三是受众具有一定的文化水平。这就使其广告投放具有一定程度的精准性，比如图书产品的广告适合投放在报纸上，这样不用将广告费浪费在一些不识字的受众身上。

四是覆盖城市的报纸，一般情况下受众消费能力较强。报纸有的覆盖城乡，有的主要针对城市发行，而城市受众的消费能力更强一些，这就使广告主的广告投放可能有更高的收入回报。而广播、电视等相对来说覆盖地区城乡兼有，就不具备这种特性。

五是在受众心目中权威性较高。在实践中，报纸一般在各传媒中权威性最高，尤其相对于互联网、手机等新传媒，而这对其版面上的广告资源有一定"背书"作用。

六是制作简便，能在短时间内调整内容，给广告主较大灵活性。报纸广告作品的调整比较简单，如在日报投放的广告，当日调整一下广告设计，次日就可以以新的内容印刷面世，这比电视、电影等需重新拍摄制作要快得多。这样广告主在市场营销中就更为灵活，能更好地应对市场变化。

七是报纸的受众中有一部分是订阅用户，该部分广告效果更好。

因为订阅往往意味着该部分报纸的传阅率高、接触关注度高、背后的消费量大。

首先，订阅报纸一般以家庭为单位，而家庭有更多的人口，报纸的传阅率高，则广告的曝光率更高。

其次，订阅意味着要提前支付一笔较大款项以保证之后一个较长时期都能看到该报纸，这往往意味着受众对这份报纸更感兴趣，也会阅读得更仔细，从而接触关注度高，而广告业的一个共识是，传媒的接触关注度高，则广告效果更好；同时，订阅的报纸一般情况下会在家中阅读，阅读环境好，接触关注度也会高，从而广告效果更好。

最后，订阅意味着背后的消费量大，因为订阅报纸一般以家庭为单位，而家庭的消费需求类别以及消费量一般都比单身者要高。而订阅报纸背后的消费量大，意味着广告主的产品更可能大量销售。

订阅有以下这些特点，所以订阅率高的报纸更易获得广告主的青睐。

一是能延续广告效果。因为报纸广告可以反复观看，还可以保存以供查阅，这样能延续广告传播的效果。

二是创意表现能力差。报纸的符号比较单一，又不能活动，同时报纸一般不会用太好的印刷纸，因为其发行量大，若采用高品质纸成本会太高，所以报纸的广告创意表现能力较差。

三是报纸能实现对特定市场的有效覆盖，对于广告主而言有时也是性价比较高的一种选择。发行聚焦于城市甚至主城区的报纸如社区报，还有专业报，在其上投放广告也能有效覆盖特定市场。

2. 期刊

期刊广告资源的特性主要如下。

一是接触关注度高。期刊的单价较高，所以受众购买后会更认真地阅读。同时，期刊更多是"满足专门性阅读偏好"，受众更属"趣味性阅读"，会阅读得更仔细，所以接触关注度高，这样广告效果会更好。

二是受众清晰。期刊内容专门性强，这使其受众一般比较清晰，有利于广告投放。

三是制作精美，可承载视觉形象要求较高的广告。期刊的纸质可用得好一些，印刷品质可有更高的要求，使其能实现制作精美，可承载视觉形象要求较高的广告。

四是可运用连页、折页等特殊形式，增强冲击力。期刊主要是满足"趣味性阅读"需求的，所以产品风格可以更活泼一些，不必像报纸那样为保持权威性而最好严肃庄重，由此期刊可以在版式上更灵活一些，如用连页、折页等新颖的形式形成冲击力。

五是能延续广告效果。这与报纸一样，因其可保存以供查阅。

六是单价较高，可提纯读者。这使得期刊的读者的消费能力更强。

七是出版周期长，使广告出现周期较长。这使得期刊更适合刊登形象广告，不适合刊登促销广告。

3. 广播

广播广告资源的特性主要如下。

（1）接收有强制性

首先，在听广播的时候突然出现广告，来不及拒斥，不得不听；其次，广播按时间线性播放，这段时间就是广告，不能跳过。

（2）接触关注度不高

广播广告的接触关注度不高，因为在实践中，广播的接收行为有"伴随性收听"的现象，一般是受众边从事其他活动边收听，如边做家务边听、边健身边听、边开车边听等，所以，其广告的接触关注度不高。

（3）可使受众产生"无意注意"，增强广告效果

前述"伴随性收听"是广播的劣势，但其在"伴随性收听"中也会产生一个好的效果，即"无意注意"。这是广播广告的一个重要特点，也是它的一个优点。"无意注意"是指在广播被"伴随性收听"的过程中，受众没有全身心投入收听之中，心理状态是"有一搭没一搭"的，而这时突然有广告信息进入他的注意之中，反而能给他留下更深的印象。实际上，夜幕中耀眼的霓虹灯广告、户外广告等也有这种效果。

（4）冲击力较弱

广播广告的符号比较单一，所以冲击力较弱。由此它不容易形成印象，而要使广告致效需多几个接触频次。

（5）适合感性诉求力强的广告

广播的声音符号可感性表达，这使它可以传播感性诉求力强的广告，以感性来打动人。比如某饮料广告的"今天你喝了没有？"，带有感性诉求，从关心的角度打动听众。

（6）由于无图像，易出现听众收听后对产品印象与现实差距过大现象

广播广告播出时受众看不到产品的实物，所以要注意不要说得太过，

若受众听着觉得很好，但去实地购买时发现样子与在广告中听到的差距过大，会影响其购买意愿。

（7）实践中，电视收视高峰，往往是广播收听低潮

这也是广播广告的一个特点，广播与电视的接收往往是互斥的，看电视时一般就不能听广播。由此，广播广告的投放可以注意避开电视收视高峰时段等。

（8）可作电视广告的有益补充

这是指在实践中，如果把电视广告的声音拿到广播上播放，这样看过该电视广告的人在收听到该声音时，会记起在电视上收看过，由此能加深对电视广告的印象。这是一种印证效果。

（9）制作较简单，成本低

广播广告制作较简单，只是声音的录制、编辑、播放，与电视广告等拍摄制作要花较长时间不同，其成本也较低。

（10）未来有市场空间

这是因为车载广播的存在，同时世界上汽车、火车等交通工具大量存在并将长期保有，这就使广播广告在未来仍有较大市场空间。而且有汽车的人一般消费能力较强，车载广播广告的投放效果也较好。

（11）当前更大程度属个人化接收

广播当前更多的是个人化接收，不像电影、电视等多为大家一起观看，这使它的受众群体、接收状态等与前两者不太一样。

（12）广告信息量较少

广播不像印刷传媒、互联网等在理论上广告空间、广告信息容量无限制，广播的播出时间最长为24小时，所以广告的容量也是受限的；同时，广播的符号比较单一，难以传播更大量的信息，这就使广播广告的信息量不大，可以说，它一般适宜信息量不大且简单的广告。

（13）私密性强

广播的收听更大程度属于个人化接收，这使它可以传播一些私密性要求程度高的广告，比如药品类、医疗类广告等。

4. 电视

电视广告资源的特性主要如下。

（1）创意表现能力、冲击力较强

电视的符号多样，而且内容是动态的，所以创意表现能力比较强；同时，电视屏幕的尺寸比较大，所以广告的冲击力会比较强。

（2）适合高价商品

电视的一个接收状态是家庭成员共同观看，而高价商品如住房、汽车、家电等往往需要家庭成员共同决策，所以高价商品广告投放到电视上更易促成购买行为。

（3）制作复杂，成本一般较高

电视广告一般需要组织演职员团队，需要找场地、拍摄团队、后期制作等，制作复杂，成本一般较高。

（4）实践中价格较高

在实践中，电视广告资源的价格相对较高，尤其是在传统传媒内部。

（5）受众收视要有一定物质基础（设备），可"提纯"受众

受众收视要有一定的物质基础，即必须有电视机，甚或要有放置电视机的空间——房子，这使电视受众相对来说经济情况较好，消费能力一般也就较强。这样投放电视广告就会接触消费能力比较强的受众。

（6）强制接收，但观众遇到广告换频道概率比较大

电视与广播一样，也是强制接收，广告出来了不能马上"躲避"。但是实践中，一般电视广告播出后换频道概率比广播广告大，并且因为有数字电视遥控器的存在，加重了这种现象。

5. 互联网

互联网广告资源的特点主要如下。

（1）创意表现能力强，但冲击力较弱

互联网广告的特性与电视广告有共同点，也是创意表现能力强，但是受限于电脑屏幕尺寸、浏览环境复杂等因素，所以它的冲击力较弱。

（2）发布快捷，可随时上传至网上

印刷传媒有出版周期，广播、电视广告可以"随时"发布，因为实

践中广播、电视的广告资源是时间，一天只有 24 小时，可以在其间投放的一定量的广告时段一般都会被占用，难以随来随发。而互联网由于容量无限大，能实现即时发布，即使有些门户网站的"醒目"位置已被占用，也可以先在其他位置发布，更可通过搜索引擎广告即时出现在用户面前。综上所述，互联网广告发布快捷。

（3）信息量大

互联网的空间可以说是无限的，因此广告信息量也大一些。

（4）与消费者互动性强

互联网广告投放后与消费者的互动性强，消费者想进一步了解，只需点击即可，这样消费者更易做出购买决策。这也是互联网广告资源的一个突出优点。

（5）广告效果好统计

广告主在投放广告时非常关注效果，如到达情况、转换率等，因为这涉及所付广告费的回报情况，互联网比其他传媒更好统计效果，实践中可以通过点击率（Hit）、页面访问数（Page-view）、页面下载数（Page-download）、页面停留时长、下单率等准确统计，这也是它的一个突出优点。

（6）制作成本低

除视频类广告外，互联网广告的制作成本一般情况下不太高，比如大量存在的动画广告等。

（7）能延续广告效果

这一点与印刷传媒的特性一样，其广告能反复浏览，还可下载保存以供以后查阅。

（8）接收需有一定物质基础（设备）及技术水平，可"提纯"受众

受众使用互联网需有一定的物质基础，比如你得买得起电脑等，还要懂上网技术，这样互联网广告的受众就被"提纯"了——受众都是有较好经济基础及懂电脑、上网技术的人。这样广告主的广告投放会相对有针对性。

（9）投放精准

由于大数据、算法、人工智能等技术的存在，互联网广告投放可以实

现精准：首先，在目标消费者方面实现精准——其可以通过消费者画像、场景追踪等实现基于消费者个性化需求、基于场景的推送，能直达最有可能购买的消费者，能使信息从内容到形式更针对场景而制造；其次，由于其能跟踪消费者行为，所以能更准确地评估广告效果，从而控制广告的投放量，使广告投放量也就是广告主的广告费投入实现精准。

6. 电影

本处所指的电影是电影院里放映的电影，电视、互联网、音像出版物上的不算。电影广告资源目前可简单地分成正片前、植入式两大类。本文先介绍它们的共性，再分别谈它们的个性。

6.1 共性

（1）创意表现能力、冲击力强

电影往往是胶片电影，其效果比电视等画面好，所以创意表现能力更强；同时，电影银幕的尺寸更大，所以，电影广告的冲击力更强。

（2）受众消费能力较强

目前电影门票的价格较高，这可以"提纯"受众；同时，其受众又以年轻人居多，消费需求旺盛，这样电影的受众大都是消费能力较强的人。这使其对广告主而言比较有吸引力。

（3）就一部电影而言，有时受众数量有限

由于排片问题，一部电影的放映档期有限，一天的放映次数有限，每场的人数也有限，这使其受众数量不像有的传媒那么大。

（4）针对同一受众很难重复触达

对报、刊、广播、电视等传媒来说，受众消费其偏实用性信息后是很难再去重复消费的。电影是偏娱乐性信息，但重复消费的可能性还是很小——实践中去电影院重复看同一部电影的人很少，所以在电影上针对同一受众投放广告很难重复触达。

（5）制作成本高

制作电影广告资源的成本较高，涉及组织演职员团队、拍摄、后期制作、胶片成本、演员成本等。

6.2 个性

（1）正片前广告的个性

一是广告可稍长。正片前广告只要不影响电影正片的按时播放，则可以稍长，一般不受读秒限制。

二是效果较好。正片前一般受众接受状态较好，因为环境较舒适、受众心情较松弛，对广告排斥较少，所以广告效果较好。

（2）植入式广告的个性

一是强制性接收。其强制性接收的原因首先有与广播、电视一样的，一是出现的突然性——未及提防已经接收，二是时间的占有性——这段时间就是它，不看也得看；其次，情节的融入性，这段情节有它，不看就损失了情节。也正由于此，植入式广告的强制性要更强一些。

二是易致效。由于植入式广告隐蔽性的特点，更容易使受众在无拒斥心理的情况下接收信息，由此易致效。所谓"润物细无声"。

三是难充分介绍产品。因为它必须服从于影片情节，较难针对性地、细致地展示产品特点等，所以往往只起到"露脸"的效果。

7. 音像出版物

音像出版物的广告资源是其时间，其容量较有弹性，实践中正式内容之前的广告时长长短不一。

8. 电子出版物

电子出版物的广告资源是其空间，其容量也较有弹性。

9. 新传媒

新传媒是手机等以移动传播为技术特点的传媒，要讨论其广告资源，可以分成互联网传播技术与移动通信传播技术两种。这两种传播技术的传媒广告资源的共性为：

一是受众数量大。

二是发布快捷。新传媒可以即时发布信息，又不受广告空间容量限制，所以发布快捷。

三是可及时触达消费者。由于新传媒的终端可随身携带，所以一般可及时触达。

另外，依托互联网传播技术的新传媒广告资源还有前述互联网广告资源的除（3）、（8）两项之外的特性。

第三节 传媒业的商业模式

商业模式简单说就是获取收益的途径。商业模式是建基于产品之上的，是一个行业围绕其产品形成的获取收益的途径。

一、传媒业的基本商业模式

实际上，传媒业可以采用很多商业模式，除了提供内容产品之外，也可以提供房地产、餐饮乃至其他物质产品获取收益，但要讨论传媒业的商业模式，最有意义的是讨论其基本商业模式，即基于其自身物理技术特性能提供的，人无我有、人有我优的商业模式。这种商业模式，传媒业提供最有优势，能比其他行业更有效率地做到。

从物理技术特性上看，传媒业主要能提供两种产品——内容产品与广告资源。其提供这两种产品的效率比其他行业更高。所以，其基本商业模式就围绕这两种产品展开。在实践中，传媒业围绕这两种产品的基本商业模式有三种，即只销售内容产品、只销售广告资源、既销售内容产品又销售广告资源。

需要说明的是，既销售内容产品又销售广告资源的商业模式，内部还可以分成三种。第一种是内容产品销售能对广告资源的销售起基础性影响，如报纸、期刊，其内容产品销售状况即销量以及消费者的消费能力，基础性地影响了广告资源的销售，所谓报纸、期刊发行量越大，读者的消费能力越强，其广告资源销售得越多、价格越高。这种模式也就是经常被提及的、标准的"二次销售"。第二种是既销售内容产品又销售广告资源，但以广告资源销售为基础，内容产品销售只是附带性的、可有可无的，对广告资源销售没有影响，比如有的广播电台，在销售广告资源的基础上附带性地销售一些自己有销售权的内容产品，如向其他广播电台或网站销售自己做得较好的专题节目等。第三种是内容产品销售对广告资源销售只起到一定程度的影响，比如电影。电影广告资源的销售可以在内容产品未完成之前就进行，所谓其植入式广告与正片前广告可以由广告主提前来接洽从而销售出去，此时尚无内容产品，遑论其销售，所以此时内容产品销售对广告资源销售可以说没什么影响。但要说没影响，广告主还是要评估其内容产品的未来销售到底会怎样。比如名导演的片子可能销售有保障，其广告资源销售就会更"火"，所以，内容产品销售对广告资源销售还是有影响。鉴于此，电影内容产品销售可以说对广告资源的销售有一定程度的影响，不过其很难像第一种那样有基础性影响。

二、传媒业各类别的基本商业模式

具体到传媒业的每一个类别，由于物理技术特性不同，其基本商业模式则有不同的表现。下面要讨论传媒业各类别的基本商业模式，要首先说明的是，由于整个世界范围内传媒业各类别运作比较复杂，笔者没有能力对实际情况进行全面调查，所以，在分析各类别基本商业模式时，采取的是应然而不是实然的维度，即应该采取什么基本商业模式，而不是实践中实际有什么基本商业模式。

（一）报纸的基本商业模式

从报纸的物理技术特性来看，报纸的基本商业模式应该有两种，即只销售广告资源和既销售内容产品又销售广告资源。

只销售广告资源、内容产品免费这种模式，在世界范围内广泛存在，其又分为两类：一类是长期存在的，比如日本的免费信息纸、美国包括部分社区报在内的报纸等；还有一类是以 1995 年才出现的瑞典《地铁报》为代表的报纸。两类的商业模式都一样，但后者相比前者而言是高度市场化、极度追求经济效益的运作，而不像前者那样相对平稳地、长期持之以恒地运作。它是在报业内部竞争以及与其他传媒的外部竞争日趋激烈的形势下出现的，其运作特点是极力压低成本、极力获取广告收益，比如在地铁系统早高峰时段向乘客发行，以较低的成本获得较大数量、有较强消费能力的在职受众，而这些受众正是广告主青睐的，从而可以实现报纸尽力追求收益的目标。

既销售内容产品又销售广告资源这种模式，就报纸而言，属于内容产品销售对广告资源销售起基础性影响的那一种。从实践来看，目前世界上发行量大、影响力大、收益高的报纸，大都属于该种模式。

至于只销售内容产品这种商业模式，一般情况下报纸是不应该采取的，这意味着有人买你的广告资源你不出售。从基本商业模式这个角度看，这种商业模式是不明智的。

（二）期刊的基本商业模式

期刊的基本商业模式应为既销售内容产品又销售广告资源。就传媒业的三种基本商业模式而言，第一种只销售内容产品的模式对期刊而言意味着有人来购买广告资源你不卖，这肯定是不合适的；第二种只销售广告资源的模式意味着内容产品免费，实际上，期刊的内容产品生产成本更高，比如其印刷制作费相对不低等，所以一旦免费，则损失更大，同时，其内容产品需付费获取当下市场还是接受的，所以，期刊的内容产品还是可以销售的，因此第二种只销售广告资源的模式也可不必；第三种既销售内容产品又销售广告资源的模式对于期刊来讲更合理一些，而且这种模式属于内容产品销售对广告资源销售起基础性影响的那一种。

（三）广播的基本商业模式

此处只讨论无线广播。具体而言，广播的基本商业模式应有只销售广告资源以及既销售内容产品又销售广告资源两种。

只销售广告资源的模式是指广播免费播放内容产品，然后向广告主销售广告资源获取收益。广播只以这种模式就可以生存发展。

既销售内容产品又销售广告资源的模式具体说是其中的第二种——内容产品只是附带性、补充性销售，对广告资源销售没有影响，该种模式以广告资源销售为基础。

（四）电视的基本商业模式

电视由于物理技术特性不同而分多种运作模式，当前主要有无线、有线以及付费频道三种，其基本商业模式也不尽相同，具体如下。

1. 无线电视

无线电视的基本商业模式应为只销售广告资源以及既销售内容产品又销售广告资源两种，后者的内涵与广播的第二种相同。

2. 有线电视

有线电视的基本商业模式应为既销售内容产品又销售广告资源再加收取提供网络服务的费用。

有线电视销售内容产品即向用户定期收取费用，比如北京广播电视集团下属有线电视业务运营商歌华有线公司向其用户每月收取18元服务费，这是针对用户获取内容产品所收的费用。

另外，需要解释的是向其他主要是电视节目拥有方收取网络服务费，比如，向其他电视台就卫星电视频道"入网"收费，因为在我国，卫星电视频道的节目要想被用户接收到，除了特殊地区、特殊人群等，一般需要进入当地的有线电视网络系统，被有线电视用户接收，其他用户未经允许是不能安装接收装置进行无线接收的。而这些卫星电视频道要想被用户接收到，即要想覆盖某一地区市场，从而提高自己作为广告平台的价值，就得进入当地的有线电视网络，而这就要向当地有线电视运营机构交"入网费"或称"落地费"。2010年前后，一个省级卫视频道要想在全国大面积"落地"覆盖，得向各省甚或各地、各县有线电视运营机构交费，其总额可以达到1亿多元。这是向有线电视运营机构交费的一种主体——需要下属卫星电视频道"入网"的电视台，还有就是各付费频道运营机构，如拥有"高尔夫球网球频道""钓鱼频道""棋牌频道""体育频道""国家地理频道"等的运营机构，它们需要将频道在有线电视网络系统播放以向订阅者征订，所以也得向有线电视运营机构交费。

3. 付费频道

付费频道的基本商业模式应该有两种，即只销售内容产品或既销售内容产品又销售广告资源。既销售内容产品又销售广告资源的模式具体属于内容产品销售对广告资源销售起基础性影响的那种，内容产品销售量大，广告资源销售量就会大，价格就会高。付费频道采取这种模式一般需要内容产品特别过硬以至播放广告不太影响用户订阅。

（五）互联网的基本商业模式

互联网的基本商业模式应是两种，即只销售广告资源或既销售内容产品又销售广告资源。

只销售广告资源的模式指门户网站、微信公众号或 APP，其内容产品免费，只对广告主收费。

既销售内容产品又销售广告资源的模式具体与广播的第二种一样，在销售广告资源的基础上附带性地销售内容产品。比如提供短信服务收费，打赏收费，知识付费产品的零售、订阅收费，用户注册收费等。

实际上，互联网还能有电子商务、电子游戏等商业模式，但这些与互联网作为一种提供信息的传媒的关系不大，故不算在传媒业的商业模式之内。

（六）图书的基本商业模式

图书的基本商业模式是只销售内容产品。

从物理技术特性看，图书能够提供广告资源，但是在实践中，图书行业没有广告经营业务。图书实践中也有广告行为，但往往仅限于在封底推介与其有关的其他图书，如其所属系列的其他图书等，这并不给其带来收益，所以不算其商业模式。

（七）电影的基本商业模式

本书中电影的基本商业模式是从电影制作方的角度来说的。作为电影制作方，其商业模式主要有两种——只销售内容产品和既销售内容产品又销售广告资源，后者具体说属于既销售内容产品又销售广告资源的第二种——内容产品销售对广告资源销售有一定程度的影响。

（八）通讯社的基本商业模式

通讯社的基本商业模式是只销售内容产品。纯粹的通讯社由于没有自己的传媒，因此也没有广告资源可以销售。

（九）音像出版物的基本商业模式

音像出版物的基本商业模式是只销售内容产品与既销售内容产品又销售广告资源。其具体内容、原理与电影的一样。

（十）电子出版物的基本商业模式

电子出版物的基本商业模式、原理也与电影的一样。

（十一）新传媒的基本商业模式

新传媒是以移动传播为主要形态的传媒，其移动传播有两种技术。一种依赖于移动互联网技术，则其基本商业模式与互联网的一样。另一种依赖于移动通信技术，则其基本商业模式应该有三种：只销售内容产品——移动通信机构靠发送短信收费，比如可以按月收费等；只销售广告资源，比如一般短信不收费，因发送广告类短信向广告主收费；既销售内容产品又销售广告资源，即因发短信向每位用户收费，同时也因其中发送了广告类短信向广告主收费，而且这属于内容产品销售对广告资源销售起基础性影响的那种。

第四章
传媒经济发展历程

第一章已讲过，传媒经济学的研究有三个取向，即历史、理论与实务。本书是传媒经济学基础理论，理应兼顾，本章就是历史取向，要描绘、分析传媒业发展历程，主要针对的是传媒业直接获取经济效益的行为。要对传媒经济的运作规律有准确的把握，必须对传媒经济的历史有一个通透的了解与深刻的认识。

本章将从世界与中国两个角度来梳理传媒经济的发展历程，并力求从中总结出传媒经济发展规律，真正体现史学研究中以史为鉴的宗旨。

第一节　世界传媒经济发展历程

世界传媒经济的发展历程，按不同时期凸显的特色可以简单分为三个阶段：传媒经济发端时期，传媒经济短暂萎缩时期，最后是传媒经济勃兴并迅速发展至今时期。

形成这三个阶段的两个时间分界点为：17 与 18 世纪欧美资产阶级革命、1833 年纽约《太阳报》创办并运作成功。

一、传媒经济发端时期

本书的传媒业指的是现代的大众传媒业，即专业化的传媒组织运用先进的传播技术和产业化手段、以社会上一般大众为对象而进行的大规模的信息生产与传播活动。

现代传媒业的发端应是从印刷传媒——图书开始。从世界新闻传播史料可以看出，图书一出现就具有为出版商盈利的目的。早在 15 世纪 50 年代，谷登堡发明了金属活字印刷技术后，"从 15 世纪末叶起，一些印刷商已经开始印刷某些记事性的小册子，……通常在大城市的书店里出售，或者由小贩沿街兜售"[①]。再从报业来说，报纸可说是图书出版业出现后最早出现并最早发展成熟的传媒，现代报业在历史上经历了手抄小报、新闻书形态后，到定期报刊的形式发展成熟，而这三个时期都是以盈利为主要目的的。

手抄小报又称手抄新闻或威尼斯公报，产生于15世纪的威尼斯，到16世纪兴盛并扩展至德、英、法等欧洲国家。手抄小报的产生源自威尼斯资本主义商品经济的发展对各方面信息的需求，当时，威尼斯几乎垄断了与近东的贸易，成为繁荣的贸易中心，当地云集的大量商业人士需要对各方面信息进行了解，比如商品销路、各地物价、来往船期等，另外还有各地政局变化、战争消息与灾祸事件等，这种信息需求形成一定规模后，就出现了专门提供这些信息来盈利的人。这些人通过手抄新闻发行盈利，从而催生了现代报纸的萌芽。

16世纪，"在手抄小报盛行的同时，西欧等地陆续出现了一些不定期的新闻印刷品，……多为书本样式，被称为新闻书，也有单页的新闻传单，通常在书店、集市或街头出售"[②]。

进入17世纪，社会信息需求量进一步增长，物质技术条件进一步改善，邮政事业进一步稳定可靠，不定期的新闻书逐渐发展成定期报刊，到17世纪下半期，又出现了日报。

从世界传媒业早期的发展历程看，传媒业的出现主要就是为了盈利。但当时，由于市场需求、物质技术条件等都有限，传媒经济还处在初级的、零散的状态，有明确的盈利意识，但还未到产业化程度，未形成大规模的盈利的传媒经济，这毕竟是传媒经济的发端阶段。

从传媒业产生的这一时期的表现我们可以知道，大众传媒出现在这个世界上就是为了获取经济效益的。

---

① 张允若编著：《外国新闻事业发展教程》，高等教育出版社2003年版。

② 同上。

二、传媒经济短暂萎缩时期

17—18 世纪英、美、法三国资产阶级革命后，三国报业都先后进入了政党报刊时代。

资产阶级上台后，原来在反对封建势力中形成的资产阶级各利益集团的联盟瓦解，不同利益集团之间矛盾激化，并驱使代表他们的政党争权夺利，当时的一个主要工具就是报纸。

政党报刊时期，报纸的功能被单一界定为党争工具，盈利不是其目标，在经济上主要依靠政党的津贴，读者对象是政党的成员以及政党能够产生影响的少数群众，而且定价高昂，年订费在 5 到 10 美元，大致相当于当时一个工人月薪的 1/4，这是一般工人难以承受的，所以政党报刊并没有大量销售以谋利的企图。可以说，在政党报刊时代，传媒的经济功能是萎缩的。当然，这个时期相较于其前后两个时期都比较短暂，但特色是比较鲜明的。

三、传媒经济勃兴并迅速发展至今时期

政党报刊时代并没有持续很久，18 世纪后半叶起，欧美国家先后兴起了工业革命，导致社会各方面发生了更大变化：城市的兴起聚集了大量人口，形成了更大的信息需求，提供了报纸运作如生产销售等的便利条件；经济繁荣导致广告投放增多，给报纸提供了收入；工业革命使报纸运作的物质、技术条件进一步改善；人们的文化素质进一步提高，阅读能力增强，对报纸等有了更大的需求；政治宽松度进一步提高，新闻出版自由度更高，传媒可以自由探索运作模式；等等。所有这些，都使报业的发展面临着更优越的条件。

也就是在这样的社会环境下，传媒经济开始勃兴。历史地看，传媒经济勃兴又可以说发端于 1833 年《太阳报》的创办并运作成功这一具体事件。

1833 年 9 月 3 日，本杰明·戴在美国纽约创办《太阳报》，采取新的模式运作，并最终成功。这是全世界传媒经济勃兴的开端，也可以说是

它促成了传媒经济的勃兴。

之所以说《太阳报》的创办并运作成功促成了世界传媒经济的勃兴，主要有以下几点原因。

第一，正是由于该报的创办并运作成功，传媒业的产业属性才被社会发现、产业身份才被正式确立。

我们说过，传媒业一产生，传媒经济就开始了，因为其产生就是为了获取经济效益。不过虽然传媒经济运作已经开始，但由于社会各方面条件的限制，并没有发展起来，传媒作为一个行业有巨大盈利能力的事实也没有被发现，就在《太阳报》的创办并运作成功后，传媒业巨大的盈利能力才被发现，整个社会忽然认识到：这原来是一个可以"挣大钱"的行业，是一个有利可图的行业，于是它获得了社会各界新的审视和更高关注，资本追踪而来，传媒业的大规模产业化运作开始。这是对传媒业认识的一次全社会层面的革命，从而促成了传媒经济大发展的局面。

第二，《太阳报》创造了现代传媒业的基本盈利模式——既销售内容产品又销售广告资源。

既销售内容产品又销售广告资源，是现代传媒业的一种基本盈利模式。《太阳报》率先采用了这种盈利模式，并获得了成功。《太阳报》的创刊词称："本报的目的是办一份人人都买得起的报纸，为公众报道当天的新闻，同时提供有利的广告媒介。""人人都买得起"表明其销售内容产品，"提供有利的广告媒介"则表明其销售广告资源。所以，它是既销售内容产品又销售广告资源。

第三，在内容产品的生产上有所创新。

《太阳报》在内容产品的生产上，与以往有所不同。主要表现在两个方面。

一是受众定位的创新。其发刊词宣称"人人都买得起"，这与政党报刊时期受众是政党成员以及受政党影响的少数群众不同，政党及其外围群众，实际上是社会精英的概念，而《太阳报》喊出的口号则是"人人都买得起"，这是满足社会上最大多数人即大众的需求的概念，所以，《太阳报》在受众定位上的创新，是目标受众从精英向大众的转型。

二是内容定位的创新。以前政党报刊时期，报纸以政论为主，主要宣传本政党的观点，是观点纸，《太阳报》则实现了从观点纸向新闻纸的转变。据新闻史研究者称，全报无一篇评论，全部是新闻，而且多为社会新闻，包括大量的黄色新闻，形式上简短、通俗，不少带有故事情节，被新闻史研究者称为"故事新闻"。

《太阳报》在受众定位上从少数的精英转变为大量的大众，内容上从政党观点的宣传转变为客观的新闻，这都反映了其运作理念的改变，从向少数人宣传到向尽量大多数人、尽最大量销售的转变，是从政治宣传向大规模盈利的转变。

第四，经营业务的创新。

《太阳报》经营业务的创新，在发行、广告、印刷上都有所体现。

在发行上的创新主要表现为廉价，这也是《太阳报》非常突出的一个特征，一份报纸只售1便士，也即1美分，是美元最小币值，社会上大部分人都能接受；对发行商打折，折扣率为33%，此折扣率延续至今，成为美国报业发行的一个传统，这样就调动了发行商的积极性；发行商如果没有卖完还可以退报，这样也增加了发行商的积极性，使其更愿意发这种报纸，更愿意多进这种报纸（反正卖不完可以退回），从而就使报纸有可能更大量销售；另外，《太阳报》在发行形式上还采用当时美国较少采用的街头零售形式。

《太阳报》在经营业务上的一个重大创新是高度重视广告，其在发刊词中开头就宣称"提供有利的广告媒介"，意味着高度重视销售广告资源获利。

在印刷上，《太阳报》重视引进新型设备，以提高印刷效率。

由上述内容可以看出，《太阳报》的运作模式是崭新的，与政党报刊时期报纸运作模式是迥然不同的，其盈利目的明确，是产业化的运作模式。

《太阳报》运作成功后，在全世界范围内引起巨大反响，各国和地区纷纷效仿，由此产生了世界范围内轰轰烈烈的"便士报运动"。从那时起到现在的近两百年中，报业的运作模式没有任何实质性变化，其后出现的广播、电视、互联网等也都遵循着这样的运作模式。所以，现代传媒经济的主要运作模式是由《太阳报》开始的，也可以说，传媒经济的勃兴是从《太阳报》开始的，是《太阳报》促成了世界范围内传媒经济的勃兴。

自《太阳报》创办并运作成功后，世界传媒经济开始勃兴并迅速发展至今。

第二节　中国传媒经济发展历程

一、新中国成立前传媒经济发展概况

新中国成立前的传媒经济，也是从较早的古代图书出版业开始萌芽，但真正有所发展，还是在近代商业报刊诞生以后。据新闻史料记载，中国第一份商业性报纸是1827年11月在广州创刊的《广州记录报》，这可以算是近代中国传媒经济发展的开端。

应该说，不管是古代的图书出版，还是1827年的近代商业报刊，要从它们开始全面描述中国传媒经济发展历程，都是很困难的一件事。本书也只能择其要者重点论述。笔者此处重点描述从1827年开始到新中国成立前传媒经济的发展。

从1827年开始，中国传媒业的主体可以说是由两大阵营构成，即资产阶级传媒业与中国共产党领导下的传媒业。本书将以此为框架分别分析中国传媒经济的发展。

（一）资产阶级传媒业

从资本隶属背景来讲，资产阶级传媒业又可分成民族资本、官僚垄断资本与国外资本三部分。

从实践来看，资产阶级传媒业可以分成商业性与非商业性的，本书只分析商业性传媒。

另外，新中国成立前中国传媒业是以报业为主体的，所以在下面具体论述时，重在论述报业的情况。

1. 民族资本报业——新中国成立前传媒经济的最高峰

民族资本报业从产生开始，逐渐走向资本主义企业化经营与管理，出现了经济实力雄厚、有相当社会影响力乃至获得国际性声誉的大报。可以说，就民族资本的报业来说，发行量、报馆建筑、设备、经济收入等在新中国成立前相比其他资本背景的传媒是最强的，达到了当时中国传媒经济的最高峰，如《申报》《大公报》《世界日报》《新民报》等。本节所论述的内容将以此为重点。

中国的民族资本报业于19世纪后期至20世纪早期发端，如1874年1月创刊的《循环日报》、1902年6月英敛之创办的《大公报》、1907年由席子佩收回经营的《申报》、1925年2月创刊的成舍我的《世界日报》报系等，其后在发展中，这些报纸大都在传媒经济上有所建树，有新闻史研究者评价《申报》："其半个多世纪的发展历程则开创了中国民营报业经营史多项纪录。"

下面将就《申报》与新记《大公报》进行重点分析，使读者了解到新中国成立前传媒经济的发展水平。应该说，新中国成立前传媒经济的表现，主要在办报理念、发行、广告、组织制度建设、财务管理、人事管理、技术设备更新与多种经营等方面。

先说申报社的经营与管理，其主要特点如下。

（1）办报理念上

《申报》自1872年创办起就有明确的盈利理念，1907年以后，《申报》所有权转手给中国人，其盈利的办报理念仍然未变。

（2）内容生产上

《申报》为避免因言论"惹祸"而危及报社的正常运作，一改以往重视言论的作风，开始对社会上的重大事件尽量少评论或不评论，平时重视报道动态新闻，以新闻补评论上的欠缺。为了密切与实业界的联系，该报还不定期增创版面，从1919年开始到1924年，先后创办《星期增刊》《常识增刊》《汽车增刊》《本埠增刊》等。

（3）发行上

《申报》对发行业务十分重视。1912年史量才接办《申报》不久，就专门设立了一个发行推广科，大力开展发行工作；为扩大发行量，史量才将视野放宽，除着力开拓上海本地市场外，还将发行视角向外延伸，努力争取外地读者。他派人到全国各地征求机关、团体与个人订户，同时提高对外地的发行时效，为此，《申报》专门配备汽车送报，使上海周边地区能够收到当天的报纸。采取这一系列措施后，该报发行量直线上升，到1935年已达到15.59万份。

（4）广告上

在广告业务方面，史量才也是着力开拓。1913年，他聘请素有广告经营能力的张竹平为经理，同时，专门设立了广告推广科，并在科内进一步分工，设立外勤组与设计组，分别负责广告承揽与设计工作，从而加强了广告经营的专业化程度。由于措施得力，该报广告投放量增长很快，一年多后，广告在报纸上所占比超过其他内容。另据戈公振《中国报学史》记载，1925年4月，《申报》的广告占报纸版面比例达59.8%。而且由于重视美术设计等，版面上的广告形式也丰富多样。

（5）期刊与图书出版业务上

申报社重视开发期刊与图书出版业务，因为此举可以扩大报社影响，还可以获得收入。从1922年到1934年，该社先后编辑出版了《最近之五十年》《申报月刊》《申报周刊》《申报年鉴》《申报月刊丛书》《申报丛书》《中华民国新地图》《图画特刊》《儿童之友》等。

（6）重视内部组织制度优化

《申报》也很重视内部组织制度的优化以提高运作效率。1932年1月，史量才设立总管理处，将日常运作的各项权力统一归其所有，由此理顺整个报社的领导机制。同时，在日常运作中还注意根据需要及时调整内部结构，从而使整个报社运作效率得以不断提高。

（7）重视人事管理

史量才对人事管理很重视，并形成了一些较有成效、有着独特风格的用人理念。比如：一是尽量选用自己了解、关系接近的人；二是能打破常规，将一些表现优秀、有发展前途的工人直接提升为职员；三是采取公开招考的办法，将社外的一些人才直接招进报社；等等。

在人员的薪酬待遇方面，史量才采取了一系列措施，其主要意图在于激发员工的工作积极性。比如，申报社一般让员工承担更大的工作量，同时发给他们更高的薪水；每年年终，还根据表现发给每个人金额不等的红包；在日常，报社给员工提供多方面的福利，如给工作人员提供免费膳宿、创办职工子弟学校以减轻职工的子女教育开支等，以增强员工对报社的归属感，最终激发他们的工作热情。

（8）技术设备更新上

申报社一直重视技术设备更新。1918年前后，《申报》在制版、印刷、运输等方面都投入巨资营建，成为当时全国设备最新、最完备的报纸，到1934年，该社每小时已可以印4张一份的4.8万份报纸，且可套印颜色。用一些新闻史研究者的话说，申报社"成为当时全国设备最新最完善的报业企业"。

就这样，由于重视经营管理，《申报》在经济上发展很快，创刊仅8个月就击败竞争对手，史量才接手后更是一直积极发展经济，最终取得了很大成就。新闻史研究者评价称："《申报》成为全国首屈一指的大报，而史量才本人也成为当时全国报界的领袖人物"，《申报》是"中国近代报纸迈向现代化的开端"。

说完《申报》，下面再说说新中国成立前与《申报》驰名的报纸——新记《大公报》的经营与管理，其主要特点如下。

（1）办报理念上

1926年9月1日，新记公司接办的《大公报》创刊，"复刊号"发表的《本社同人之旨趣》，提出"不党、不私、不卖、不盲"，该报主笔兼副经理张季鸾对"不卖"的解释是："曰不卖：欲言论自由，贵经济自存。"从"贵经济自存"中可见新记《大公报》从诞生之日起即有"经济独立"的明确理念，重视经济运作自是理所应当。

（2）财务制度上

新记《大公报》对财务运作严格控制。在发行方面，为防止各处分销点拖欠报费，只要缴款延误就停止供应报纸，以此促使各分销点按时缴款，以保证报费的回收；再如广告收费方面，报社规定即使社内人员刊登广告也要按相同价格收费，总经理、总编辑也不例外；1942 年 4 月 6 日，《大公报》公布《大公报社各馆采购材料规则》，主旨在于在采购方面严格开支、杜绝浪费。财务制度的严格，也体现了该报对经济效益的重视。

（3）内部组织制度上

《大公报》在长期发展过程中，一直注重内部组织制度改革，其目的就是保证报馆运作的效率。

1926 年 6 月，新记大公报社成立时，属于合伙制企业，资金由吴鼎昌一人筹措，胡政之、张季鸾二人以劳力入股。1937 年，新记大公报社依照当时国家《公司法》规定转制成为股份有限公司，完成由合伙制向规范公司制转变。在此后的运作中，《大公报》时刻注意根据形势的变化改革、调整组织制度，以确保组织运作的有效性。1941 年 9 月，为应对张季鸾的去世给报社管理上带来的冲击，报社成立了公司董监联合办事处，并制定了《办事处规程》，规定由董监联合办事处对渝、港、桂三馆实行"集体领导"；1946 年 7 月，为应对抗战胜利后报社有所发展的新形势，又成立了大公报社总管理处，同时，对主报社及其下属的上海、天津、重庆三馆以及国内外各直辖办事处的机构设置、人员任用等做了调整。

（4）人事管理上

新记大公报社的人事管理一直有其特色，比如选拔人才不拘一格、不养"圣"（剩）人"贤"（闲）人、不论资排辈、注意教育与培养以及注意保护人才等，这些特色使其在人才队伍建设上收到了很大成效，为新记大公报社在各方面的成功做出了贡献。

还有比较突出的是，新记大公报社十分注重员工的薪酬制度建设，在工资、福利金、临时奖金的设立上都颇费心思，种类、层次多而细密，而且还推行员工持股制度，最终目的都是鼓励员工更好地为公司服务。

❖ 总　结

总之，从《申报》《大公报》的经营、管理活动可以看出，新中国成立前民族资本的报业经济活动是活跃的，在发行、广告、组织制度建设、财务管理、人事管理等方面，都达到了比较先进的水平。

另外，民族资本报业在传媒经济史上还有一个值得关注之处，在于出现了早期报业集团，《申报》《大公报》都在各地有分馆；成舍我主办的《世界日报》在 1925 年 2 月前后先后办有《世界日报》《世界晚报》与《世界画报》，报纸总日销量达到四五万份，成为北方著名的报系；陈铭德、邓季惺主办的《新民报》战后发展成包括南京分社、上海分社等 5 个分社以及 8 种日、晚刊的报团组织，总发行量达到了 12 万。

民族资本报业由于以"盈利"为运作理念，在发行、广告、组织制度建设、财务管理、人事管理、技术设备更新、多种经营等方面都积极开拓，所以在经济上取得了较大成绩。可以说，就民族资本的报业来说，经济实力方面在新中国成立前相比其他资本背景的传媒是最强的，达到了当时中国传媒经济的最高峰。

2. 官僚垄断资本报业

官僚垄断资本报业以《中央日报》报系为代表，其在传媒经济史上值得一书的是从党营报纸向企业型报纸的转型。

作为官僚垄断资本的报纸，在新中国成立前传媒经济中比较突出的是《中央日报》。《中央日报》是国民党党报，在 1943 年至 1944 年间，形成了由国民党中央宣传部直辖的党报共 18 家，由于其经费由国民党中央实行财政拨款，所以成为巨大财政负担，于是，国民党中宣部决定在 1946 年 7 月 1 日起，对所有 18 家直辖党报实行企业化转型。

实行企业化的一个重要举措就是将报社改组成股份有限公司。

南京中央日报社最先启动，1947 年 5 月，该社依计划正式完成公司化改制，形成了包括股东会、董事会、监事会、社长在内的比较规范的公司治理结构，并制定了《南京日报社股份有限公司章程》，对公司各方面运作规则进行了规定。

与此同时，南京中央日报社还采取了其他企业化管理措施，具体如下。

（1）严格成本控制

在严格成本控制方面，主要表现在专、附刊的删汰和人员编制的控制上。该社原有专刊和附刊 16 种，为节省运作成本，将《文史》《食货》《书林评话》山水等 6 个附刊停掉；在人员编制上则严格控制名额，并逐渐减少人数，以尽量控制在编制以内。

（2）健全财务制度

该社在健全财务制度方面采取的措施有：按银行收支系统的管理模式，使业务、会计、稽核、出纳四个系统互为制衡；动用资金须按一定手续进行，而且之前之后都要进行审计；等等。

（3）改进发行工作

南京中央日报社改组成公司后，在发行工作上也着力开拓，采取了一些较有成效的措施：吸收中小学生从事送报、征订工作；同时，在南京以外地区设立分销处，并时常派人下去指导、协助分销处工作。有关发行的财务方面也严格控制，杜绝免费赠阅行为，同时规定报贩子在批发报纸时要当时付款，不许赊欠。

（4）改进广告工作

南京中央日报社在改进广告工作方面主要采取了三条措施，一是严禁免费刊登广告，二是缩小广告大小规格以降低价格达到更大量销售，三是给中介人较高的折扣以刺激他们的积极性。

在南京中央日报社采取这一系列措施后不久，上海的中央日报社也进行了类似的企业化改革。

3. 国外资本的报业

国外资本背景的报业在新中国成立前也是努力发展经济，并取得了不小的成效，是当时传媒经济的一股活跃力量。这方面，以 1907 年以前的《申报》以及《新闻报》等为代表。

1872 年 4 月 30 日到 1907 年之间，《申报》属于国外资本的报纸。英国商人安纳斯脱·美查投资创办《申报》，其目的就是赚钱。当时，申报社在经营方面的开拓比较突出的表现是在发行、广告以及期刊、图书的出版上。

（1）在发行上

该时期的《申报》在初创刊时，即以降低印刷成本从而降低售价的方式，挤垮竞争对手《上海新报》，后来又同《汇报》《沪报》等展开市场竞争。

（2）在广告上

《申报》对广告经营高度重视，创刊之后，《申报》就瞅准市场机会，努力吸引上海中小华商广告客户。当时上海中小华商一般本着"货真价实"的传统观念，较少进行广告宣传，《申报》对此针对洋商与华商采取不同的价格策略，辅及其他各种优惠条件，专门招揽这些客户，并获得成功，由此打开了局面。到1874年，该报要缩小广告字号以增加承载量。

（3）在期刊、图书出版上

除了办报，申报社在期刊、图书出版方面也表现不俗。期刊有我国最早的文艺期刊《瀛寰琐记》《瀛寰画报》《点石斋画报》等，其中《点石斋画报》在当时有较大影响；在图书出版方面，从1875年到1895年先后出版了160余种各类书籍，而且绝大部分是孤本名著，从1885年到1888年还出版了1628册《古今图书集成》。这些工作都具有很高的文化价值。

说完《申报》，我们再来介绍一下《新闻报》。《新闻报》创刊于1893年2月17日，不久，英国商人丹福士实现了个人全资控股，所以它是一份国外资本背景的报纸。

早期该报为促进发行，采取低于《申报》的价格与赠送石印画报的形式促销，发行量很快提高，在上海与《申报》《字林沪报》一时形成三足鼎立格局。该报在运作上的一些特色如下。

（1）在内容上

该报更多适应工商界人士与市民的兴趣，更多刊发适合他们口味的稿件；在评论上标榜"无党无偏"，平时多以短评代替郑重严肃的社论，以免惹麻烦，影响运作。

（2）在广告上

该报勤于招揽，广告版面时时挤占新闻版面。据新闻史学者的论述，该报也刊登一些低俗的广告。

（3）在技术设备上

该报勤于革新。1922年，该报在报馆内设置无线电收报台，以加快信息传递速度，这在当时国内报界是开先河的。

由于《新闻报》一直着力于经营，所以在此方面卓有成效，这使它在实力上很长一个时期一直与《申报》并驾齐驱。1926 年，《新闻报》与《申报》发行量均突破 10 万份，创全国报纸发行的新纪录。

（二）中国共产党的传媒业

下面论述中国共产党的传媒业，仍以报业为论述对象。

新中国成立前，中国共产党的报纸事业有经济活动，但不以其为核心，实践中也不活跃。

新中国成立前，政治形势严峻、战争频繁，为适应革命斗争的需要，党的报纸工作的核心理念就是宣传党的路线、方针、政策，经营谋利虽有运作，但不是目标或说不是重要目标。现有资料可查的党领导下的第一张全国性工人报纸、1921 年 8 月在上海创刊的《劳动周刊》就在发刊词中宣布："我们的周刊不是营业的性质，是专门本着中国劳动组合书记部的宗旨，为劳动者说话，并鼓吹劳动组合主义。"

另外，还有一个比较重要的因素是党的报纸事业的生存环境，这也决定了党的报纸事业的经营业务不够发达。从 1927 年开始建立革命根据地后，党的报纸绝大多数都在根据地内开办、发行，根据地多位于偏远的山区和农村，以小农经济为主，不存在活跃的商品经济，所以，报纸通过经营来获得收益的条件也不够有利。

由此，当时的状态是：在宣传是核心任务的理念下，报纸发行主要针对下级单位与部队，发行上免费；报纸作为党和政府的一个工作部门，由财政拨款维持运作，凡运作所需的资金、设备等资源，都由党和政府从财政上统一供给，不必自谋生路。在这种形势下，不重视经营业务是自然而然的事情。

这样，受以上的主客观条件限制，报业的经济发展肯定是不会活跃的。

不过，当时党的报纸事业还是进行了一定程度的经营活动。

当时在陕甘宁边区的中共中央机关报《解放日报》从 1941 年 5 月

16 日创刊第一天，就登出了广告刊例，在第二期上明确刊登了"本报广告科启事"，表示"本报报头两旁广告地位，欢迎各界刊登长短期广告"，并刊出了报眼处广告与一般小广告的价格。据有关人士提供的资料，该报创刊后每天都登有广告，当时该报刊登的广告在量上是中国共产党党报有史以来最多的，其内容大致可分成两大类：一是声明启事，诸如与解放区个人、集体单位有关的通告；二是商业信息，比如与解放区人民生产、生活有关的服务业的信息等。

同一时期我党在国统区公开发行的唯一一份大型机关报《新华日报》，其 1938 年 1 月 11 日创刊号上也刊有《本报招登广告启事》，公开招揽广告。

1938 年下半年，新华日报社迁至重庆后，在经营、管理方面也很重视，在发行、广告、内部组织制度、原材料生产、多种经营等方面都采取了积极举措，取得了较好的成绩。其主要内容如下。

（1）重视发行

新华日报社重庆时期的积极扩大发行虽然更多是为宣传考虑，但毕竟是经营业务。在此要介绍一下。当时，发行工作主要有两个有力举措，一是自己组建发行队伍，二是建立分馆。当时国民党当局对《新华日报》采取"准印不准发"的手段，切断《新华日报》的发行渠道。新华日报社遂组建了由报童为主的发行队伍，报社为他们提供饭食等生活保障，还注重提高他们的政治觉悟与革命热情。几年下来有了几百人，这支队伍十分过硬，为《新华日报》在当时恶劣的环境下发行做出了很大贡献。另外，《新华日报》为扩大报纸发行范围，还在外地设立了为数不少的分馆、发行站，如西安、成都、桂林、昆明等地。

（2）重视广告业务

新华日报社迁往重庆后，广告业务开展条件极为恶劣。国民党报纸几乎包揽了当时所有大广告客户的广告，同时，一些广告客户还受到当局威胁，不敢在《新华日报》上刊登广告。面对这种情况，新华日报社主动出击，先是在四川地方广告客户上打开局面，并用打折等灵活手段拉住电影院等广告客户。另外，在广告设计上还针对不同地区广告客户的喜好不同而进行有针对性的设计。这些举措使《新华日报》的广告量比较可观，与当时重庆的其他大报不相上下。

（3）改善内部运行机制以提高效率

1942年，新华日报社为提高出报效率，制定《工作人员奖励条例》《编印时间表》等相应规章制度。其中，《编印时间表》将报纸运作各环节的时间进行规定，在实践中要求尽量提前。实践后，新华日报社各环节效率提高很快，全部流程运作时间比设备优良的新记大公报社还要短。

（4）自办地下纸厂，解决用纸问题

抗战时期物资匮乏，印报的白报纸供应严重不足。新华日报社自力更生，自己投资，并向当地商人招募股份，共同经营造纸厂与纸号，当时合股经营的有川东纸厂、正大纸厂、正大纸号、正升纸号等。这些活动使《新华日报》一直有着充足的纸张供应，而且还能用富余的纸与别的报社交换印刷设备。

（5）经营其他业务

据资料显示，新华日报社还创办或与他人合办了糖厂、酒精厂等工厂，用利润来补贴报社的发展。

从以上论述可以看出，新中国成立前党的报纸事业是有经济活动的，而且取得了一定成效。但由于革命战争时期的生存环境，报纸的经济活动只是自发进行的，而且主要是以针对报社的"自养""自救"为目的，而不是作为报社工作目标之一去积极开展的。

由于当时党的报纸事业规模有限（种数、规模、从业人员等都不多），所以财政供给制并未造成严重的财政负担，而且，由于革命斗争的需要，宣传被置于唯一重要的地位，即便有一定程度的财政负担，也视为正常。所有这些因素，使新中国成立前党的报纸事业经济功能并未获得很好发挥。

二、新中国成立后传媒经济发展历程

（一）新中国成立后传媒经济发展的四个阶段

从运作特色看，新中国成立后传媒经济整个发展历程可分四个阶段，其三个时间分界点为：1949年12月（17日至26日）全国报纸经理会议结束、1956年社会主义计划经济体制改造完成、1978年"事业单位实行企业化管理"体制实施。

下面是具体情况。

第一阶段：1949 年 10 月 1 日—12 月全国报纸经理会议结束——新中国成立前传媒经济模式的延续

新中国成立到 12 月全国报纸经理会议结束这两个多月的时间里，新中国百废待兴，新的传媒经济模式还在规划、酝酿阶段，尚未起步，这一阶段最大的特色就是新中国成立前传媒经济模式的延续。此时，传媒经济的变化就是量的变动，比如没收国民党以及一些反动集团的传媒组织、党新办了一些传媒等，只有量的增减的变动，但未有新的经济模式。此时旧社会的传媒经济与党的传媒事业都按其原有模式发展。

第二阶段：1949 年 12 月全国报纸经理会议结束—1956 年社会主义计划经济体制改造完成——新的传媒经济模式开始发展

1949 年新中国成立后，全国各省、市、行政区都相继建立了以党报为核心、包括广播电台等在内的传媒体系，报纸等的数量与规模都有所扩大，而此时这些传媒都沿袭新中国成立前的财政供给体制。

新中国成立伊始，百废待兴，各行各业都需要大量资金，对传媒的财政补贴给国家造成不小的负担。为使传媒通过自身经营获得经济收益，改变单纯依靠国家定期定额补贴的状况，以减轻国家财政负担，国家开始对传媒业运作模式进行调整，这首先出现在报业方面。1949 年 12 月 17 日至 26 日，中央人民政府政务院新闻总署在北京召开了全国报纸经理会议，该会议的一个主要内容就是确定了报社"企业化经营"的方针。该会议标志着新中国新的传媒经济模式的发端。

该会议做出《全国报纸经理会议的决议》，相关内容有：

一是"全国一切公私营报纸的经营，必须采取与贯彻企业化的方针，即公营报纸必须把报社真正作为生产事业来经营，逐步实行经济核算制。私营报纸亦应在已有基础上进一步改善经营办法。条件较好的公营报纸应争取全部或大部自给，条件较差者亦应在政府定期定额的补贴下，争取最大可能的自给程度"，这是明确提出了要发展报业经济的口号。

二是"对纸张消耗力求节约"。

三是"报纸销售价格，一般应以稍高于报纸成本为原则"。

四是"报纸发行工作……逐步全部移交邮局办理。在邮局尚不能担负报纸发行任务的地区……各报社应力求报纸发行面扩大，批发折扣一般应不低于7折。……报费以预收为原则"。

五是"广告在目前的城市报纸上是必要的。城市报纸应当以适当地位主动地刊登有益于国计民生的广告，以推进生产和文化事业，并服务于人民群众的日常需要，同时也由此增加报社的财政收入"。

六是"公营报纸的编制应本着企业化方针，根据具体情况拟定适当标准……工作人员费用应与事业费用同样作为报纸成本计算。暂不能安置的人员应作特别预算，不应列在企业预算之中"，"废除予取予求的单纯报销制"。

七是"实行企业化必须做好会计工作。公营报纸必须首先清理资产，规定材料消耗标准，逐步统一会计科目，实行成本计算，并建立各种必要的报表制度"。

仅隔4天，中共中央就批准了《全国报纸经理会议的决议》。

1950年，配合《全国报纸经理会议的决议》的精神，新闻总署发布《关于省市区新闻机关员额暂行编制的决定》，规定各大报的编辑部保持100人左右的编制，希望通过控制人员编制来减轻财政供给负担。

在此期间，各报社响应国家号召，在接受国家财政拨款之外，开始开展经营活动，当时主要采取了以下做法：一是调整报价。在照顾到读者购买力的同时，又考虑到报纸的成本，适当提高报价。二是开展广告经营。在广告必须具有"政策性、思想性、真实性、艺术性"的方针指导下，各报社积极开展广告业务。三是实行精简节约。注意紧缩编制，节省材料与印刷费用，从而降低报纸生产成本。四是建立各种必要的规章制度。例如登记、统计、月结、预算决算，以及按期总结经营情况等，这对于各报提高生产、克服浪费、根据实际情况及时研究改进工作起了较好作用。五是采用国产纸张。这样做既有益于国家造纸工业的发展，也保证了报社纸张的供应。六是提早出版时间。这对于争取读者、扩大和巩固订户，起了重要保障作用。七是发行上实行"邮发合一"方针。这在当时便利了发行工作，扩大了发行覆盖率，也保证了报社能够及时收到报费。八是实行民主管理。激发职工的积极性、创造性，提高各项工作效率。九是适当组织报社人力，从事副业经营。这在相当程度上增加了各报的经济收入。

从所搜集到的资料看，实行以上措施后，报业在经济上收到了较好成效。1950 年 9 月，《全国报纸经理会议的决议》实行不到一年，中宣部发布《关于报纸实行企业化经营情况通报》，该文件明确指出："去年十二月新闻总署召开的全国报纸经理会议决定的企业化经营报纸的方针是完全正确的，可以实现的。"该文件还对不了解、不重视企业化经营的报社提出了批评："有些报纸的工作同志还不了解和不重视企业化的方针，他们以为报纸是文化企业，不能当作生产事业来经营，甚至个别报社的工作同志还残留着'赔多少向国家报销多少'的错误思想，他们缺乏精打细算的经济核算思想。"由此，国家对报社企业化经营的方针给予了明确肯定。

为了进一步推动报业企业化经营，新闻总署采取措施健全报社的财务管理制度。经中央财政部初步审查同意，新闻总署于 1952 年 1 月 1 日起试行《公营报社暂行统一会计制度》。这一会计制度总则中，称其目的是"为促进报社集中力量于企业化管理，逐步实行经济核算制"。

由于从上到下各方面的一致推动，从 1949 年末开始的报业企业化经营的举措收到了较好成效。资料表明，到 1953 年，中央和省级报纸都相继扭转了亏损局面。其中人民日报社 1950 年代初年均广告收入为 33 万元，这在当时是一个不小的数目。鉴于此，1954 年 8 月，中宣部又下达《关于统一和加强国营、地方国营、公私合营报社、期刊社、出版社企业管理的指示》，决定新闻出版单位要加强企业经营管理，指出"加强新闻出版单位的企业经营管理的目的，在于保证这些单位完成自己的政治任务，同时，在于使这些企业能够尽可能地为国家节省和积累建设资金"。

在广播领域，也在同时期开展企业化经营，在紧缩成本、实行经济核算、开展广告经营等方面都采取了相关举措。1951 年，天津、北京等地广播电台的广告收入大增，除了留足自用外，还能向国家上缴利润。

从这次经营改革中可以看出，传媒业不仅仅具有宣传属性，如果给予一定条件，还可以将产业属性发挥出来，而且传媒业产业属性发挥出来后，会在一定程度上减轻国家的财政负担，同时给自身发展奠定经济基础。

第三阶段：1956 年社会主义计划经济体制改造完成—1978 年——传媒经济极度萎缩

传媒经济开始于 1949 年底的经营改革的良好势头并没有持续很久，到 1956 年，国家对农业、手工业、资本主义工商业实行了彻底的社会主义改造，中国基本完成了经济国有化，开始实行计划经济体制①。计划经济体制的施行，使很多行业获得了超常的大发展，如一些重工业、国防工业等，但使传媒业遭受了前所未有的打击，使传媒经济萎缩得十分厉害。

我们以报社为例来谈一下，计划经济体制一实施，报社的"产、供、销"都由国家统一调配：办报所需的物资，由国家按计划拨给；日常运作所需的资金，由国家制定预算拨给；报纸的发行全部交给邮局。这就几乎同时消除了报社通过经营获利的压力与动力。而更为致命的是，由于各行各业的"产、供、销"都由国家统一调配，不由市场调节，这样，以经济信息的大规模横向交流为特征的广告活动也失去用武之地，报纸的广告功能萎缩殆尽。报社是这样，其他传媒也基本如此。所以说，施行计划经济体制对传媒经济打击极大。

在经济体制上实行计划经济的同时，政治形势的变化又使传媒业的经营遭遇严重的打击。1957 年，"反右"运动开始，传媒进行经营活动往往被加以混淆党的传媒与追逐利润的资本主义传媒的区别等类似罪名，政治形势的压力又严重阻碍了传媒对经济效益的追求。

由此，传媒经济从起步发展到迅速夭折，进入极度萎缩时期。

应该指出的是，这个时期并非传媒经济行为完全消失，像各报的印刷厂以印报为主，但也兼印其他，以赚取费用，形成"以厂养报"现象；当时国内一些中心大城市的报纸仍然刊登广告，但数量极少，人民日

---

① 在此之前新中国计划经济体制尚未建立，经济领域仍是原有经济体制起主导作用。

报社到"文革"前广告年均收入下降到只有 13 万元。"文革"开始后的 1967 年 7 月 29 日，人民日报社广告科的电话号码从报纸版面上消失了。1970 年 1 月 19 日，《人民日报》在刊登了最后三条广告后，便不再刊登广告。另外，传媒还有一块收入就是报纸的发行收入。

当然，传媒业这段时期残留的一点经营收入对维持其自身运转无异于杯水车薪，从此以后直至 1978 年底，传媒业都基本靠领取政府的事业单位经费进行运作，国家出钱被视为天经地义，经营业务极度萎缩，各界的认识也仅在于完成报纸等本身的发行、印刷以及一点点广告经营上。

传媒业的这种情况，给政府带来沉重的财政负担，而且传媒业在资金上受到束缚，也严重限制了自身发展，比如与同期西方国家相比，报纸版面数量少得可怜。当然，这与当时传媒业所处的环境有关，但不能说与整个行业经济实力弱没有一定关系。

第四阶段：1978 年"事业单位实行企业化管理"体制实施至今——市场导入、传媒经济走上正轨并日益繁荣

该时期按特色具体又可分成三个阶段，其时间分界点为 1988 年、1992 年。

（1）1978 年"事业单位实行企业化管理"体制实施—1988 年——"事业单位实行企业化管理"为特色

这一阶段中国传媒经济运作最大的特色就是"事业单位实行企业化管理"。

从 1978 年开始，国家将社会发展转到"以经济建设为中心"上来，经济体制商品化、市场化开始抬头并日益形成潮流，传媒业面临着经济上的生存压力，同时又感受到盈利的诱惑。

1957 年"反右"到 1978 年"事业单位实行企业化管理"体制实施之前，传媒业规模不大，在"以阶级斗争为纲"的政治形势下，传媒业不获取经济收益被视为天经地义；在计划经济体制下，传媒业营运所需的经费、物资等都由政府计划调配，价格长期不变，日常运作上并没有经济压力，人们对传媒业这样运作的副作用的认识仅在于给政府带来一定财政负担，

其余如限制自身规模发展、最终妨碍传播信息本职功能的发挥等副作用也只有到了后来我国经济体制向市场经济转轨、传媒业进行经营取得重大成绩以后才被人认识到。

1978 年党的十一届三中全会召开后，"以阶级斗争为纲"的政治路线被摒弃，传媒业所处的政策环境开始变得宽松，对经营业务的限制开始松动；与此同时，传媒自身发展需要大量资金等资源，而国家财政经费有限，这就使一些传媒组织又欲通过经营获得收入以缓解资金压力、获取发展动力。1978 年，人民日报社等 8 家中央新闻单位提出报告，欲重新开展经营活动。财政部批准了这个报告，允许它们"企业化管理"，即允许它们发展经营业务，从经营收入中提取一定比例资金用于增加员工收入，并改善自身的工作条件。此后许多报社、期刊社乃至广播机构等也开始进行"企业化管理"，当时一些具体的做法是："企业经营，独立核算，盈余留用""包干上交，结余留用""企业化经营所需流动资金（通常称周转金）从事业费中拨付"①，等等。这是改革开放后我国传媒业又"大搞"经济运作的发端。

发布广告是当时传媒组织企业化经营的基本方式，也是最主要的收入来源。1979 年 1 月 4 日，《天津日报》首家刊登商业性广告；1 月 28 日，上海《解放日报》刊登了两条通栏广告；1 月 28 日，上海电视台播出了中国大陆电视史上第一条电视广告；3 月 15 日，《文汇报》首家刊登了外商广告——瑞士雷达表广告；4 月，财政部颁发《关于报社试行企业基金的实施办法》，重申 1949 年经理会议提出的"企业化经营"的方针；5 月 14 日，中宣部发文正式认可传媒开展广告业务。从此，传媒业广告经营全面起步。新闻传媒的内容产品市场和广告市场逐渐显现，传媒业由此逐渐开始恢复"文革"中几乎全部被废止的经营活动。

从人民日报社来看，资料表明，该社 1979 年以后开始恢复广告经营，广告收入稳步上升，利润逐步占到报社总利润的 50% 以上；报社印刷厂过去只承担本社的印刷业务，1980 年以后，大力挖潜，除完成印刷本社 4 种报纸与 1 份期刊外，还开始承印社外印刷业务。从 1980 年开始，报

---

① 详见屠忠俊著《当代报业经营管理》，华中理工大学出版社 1999 年版，第 29 页。

社年年都能完成上缴国家利税的任务。

广电业也积极发展经营业务。1983 年 4 月，广播电视部召开第十一次全国广播电视工作会议，会上对开展经营业务又做了强调，该会议指出："我们不能只依靠国家投资，还应采取措施开源节流，以便有更多的资金加快广播电视业的发展。"10 月 26 日，中共中央对该会议汇报提纲的批复中也称："应采取措施，广辟财源，增加收入。"1984 年，全国广播电视系统收入增长了 35.64%，1985 年增长了 32.2%，1986 年增长了 25.87%。

党的十一届三中全会后，由于国家主要任务变成发展经济，传媒业的经营业务获得一定程度的解缚，传媒生产力获得一定程度的解放，在经济收益上有了一定改善，但与此同时，整体外部经济形势也发生了变化，传媒业在经济上面临的生存压力也开始变大。1984 年 10 月，党的十二届三中全会通过了《关于经济体制改革的决定》，提出社会主义经济是有计划的商品经济。1985 年起，以城市为重点的整个经济体制改革全面铺开，传媒业运作所需的原材料、设备等的价格开始逐渐由市场决定，报业新闻纸价格 1980 年为每吨 730 元，此后节节攀升，1985 年到 1988 年分别是每吨 1100、1400、1600、2800 元（见图 4-1）[①]。

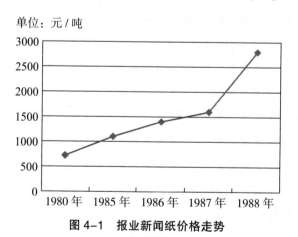

单位：元/吨

图 4-1　报业新闻纸价格走势

---

① 详见裴正义撰《新闻业市场行为的发展与基本观念的确立》，《新闻大学》1993 年第 3 期。

20 世纪 80 年代末，邮局开始提高报纸发行费率，规定除党报继续享受 25% 的发行费率外，其他报纸发行费率提高为报纸定价的 35%—40%；除了原材料价格、发行费用等提高外，传媒业其他开支也开始上涨，像员工薪酬、传媒日常采编等工作费用以及技术设备更新等，所有这些方面都大大提高了传媒业的运作成本，靠自身的经营收入以及国家的财政补贴已入不敷出。

与此同时，从 20 世纪 80 年代中期开始，国家开始逐步对传媒业减少财政补贴，对有些传媒甚至实行"独立核算、自负盈亏、照章纳税、财政不给补贴"的新体制，由此，绝大多数传媒从国家获得的财政补贴越来越少，传媒业的"日子"也越来越难。据华中科技大学屠忠俊教授提供的资料，"七五""八五"期间，中国报业进行技术改造需要资金 10 亿元，而国家财政拨款总额仅有 5000 万元，1987 年 1 月底前创刊的定期出版并公开发行和内部发行的报纸共有 2578 家，"七五""八五"这 10 年期间，平均每家可分得的技术改造拨款不足 2 万元，而当时报社进口一套美国莱诺公司的激光照排设备就得花费 200 万元。

就这样，一方面传媒运作需要更多资金，另一方面国家财政拨款逐渐减少，于是传媒业开始出现大面积亏损，如 1987 年全国发行量最大、原来尚能自负盈亏的人民日报社亏损了 600 万元。

鉴于此，传媒业的发展再次面临瓶颈，需要外部的解缚与内部的突破，这样，通过体现产业属性、发挥产业功能来获得自身发展的经济基础，已成了传媒业发展的一个重要选择。1988 年 3 月，在北京成立的我国报业第一个全国性行业组织——中华全国报纸行业经营管理协会，其宗旨之一就是要加快我国报业"参与市场的力度和深度"[1]。这也是我国传媒业将加快发挥产业属性的重要标志，也成了今后传媒业充分体现其产业属性的一个促动因素。

（2）1988—1992 年——"多种经营"为特色

这一阶段中国传媒经济发展最大的特色就是"多种经营"。

---

[1]　详见周茂军撰《我国传媒产业经营政策及其影响》，《武汉大学学报》2001 年第 2 期。

1988 年，国家新闻出版总署与国家工商行政管理总局发布《关于报社、期刊社、出版社开展有偿服务和经营活动的暂行办法》，规定从 1988 年 4 月 1 日起，"报社、期刊社、出版社可以根据有关规定和本身的条件，发挥其联系面广以及信息、人才、技术、知识、设备器材等方面的优势，开展国家政策允许的、与本身业务有关的有偿服务和经营活动"。"报社、期刊社经主管机关批准，可以结合本身业务和社会需要，举办经济实体（如造纸厂、印刷厂等）。经工商行政管理机关核准登记后，依法从事经营活动"。但也指出："报社、期刊社举办的公司、企业，均不得从事与本身业务无关的纯商业经营。"

应该说，从总体上看，传媒业在此一时期从事"多种经营"过程中，成功的在少数，但不应该简单说传媒业不适合开展"多种经营"，这跟传媒工作人员一上来不熟悉经济运作规律、缺乏市场运作经验是有关的。

国外传媒业以及中国传媒业当前实践越来越多地证明，传媒业从事"多种经营"是可以成功的。

（3）1992 年至今——市场化步伐加快、经济收入迅速提高

1992 年后，小平同志南方谈话以及中共十四大明确提出建立社会主义市场经济体制的目标，中国市场经济体制改革步伐加快，各行各业加速市场化进程，传媒业也在其中走向市场，努力获取经济效益，如面向市场办报办台、开拓广告市场、兴办相关经济实体、进行资本运作等，显示了前所未有的经济活力。

在这一时期，传媒业产业属性日益凸显是一个重要特色。这当然是与国家主动对此放松限制同时主动鼓励有关。

1993 年，报社与其他企业一样开始执行财政部同年颁布的《企业财务通则》和《企业会计准则》。该年 6 月，中共中央、国务院又发布《关于加速发展第三产业的决定》，正式将"报刊经营管理"列入第三产业。

2001 年 4 月，中国证监会发布的新版《上市公司行业分类指引》中，将传播与文化产业定为上市公司 13 个基本产业门类之一，其中，传播与文化产业又主要分为出版、声像、广播电影电视、艺术、信息传播业等几个大类。

2002 年中共十六大后，对传媒业具有产业属性给予正式、明确的承认。2002 年 11 月 8 日公开发布的中共十六大报告第六部分"文化建设和文化体制改革"中的第五条，主题是"积极发展文化事业和文化产业"，这是在党的很高级别的文献中，首次充分肯定发展文化产业并对发展文化产业提出明确要求，这就对文化大行业的产业属性进行了明确，而根据报告中的文字，传媒业是包含在文化大行业之中的。

对于中国传媒业的发展方向有重大影响的就是"继续深化文化体制改革"，其结果影响中国传媒业的双重属性，使传媒业的产业属性进一步突出。2003 年是"文化体制改革年"，党的十六大提出的"继续深化文化体制改革"的要求进入实质性操作阶段。6 月 27 日，中宣部召开文化体制改革试点工作会议。7 月，中办、国办转发《中共中央宣传部、文化部、国家广电总局、新闻出版总署关于文化体制改革试点工作的意见》，《意见》确定了 35 个试点单位，其中中国证券报与电脑报被确定为企业转制试点。

在深化文化体制改革中，还有值得关注的是：

第一，在党的十六大报告中提出的"公益性文化事业与经营性文化产业"并非以往采编、经营两项业务分开后形成，此处经营性文化产业包括部分出版社整体，包括了大量的报纸与期刊。

第二，李长春同志在 2003 年 6 月 27 日至 28 日《在全国文化体制改革试点工作会议上的讲话》中指出："在社会主义市场经济条件下，文化产品的生产和传播，绝大部分都要进入市场，遵循市场规则，通过商品交换，转化为群众的消费。也就是说，只有把文化产品变成商品，变为广大群众的消费，才能最大限度地实现文化的宣传教育功能，强化它的意识形态属性，达到以优秀作品鼓舞人的目的。就这个意义讲，文化产品的意识形态属性与产业属性是紧密相连的，占领市场和占领意识形态阵地是统一的，社会效益和经济效益是一致的。"从李长春同志的讲话中可以看出：首先，这是对传媒业产业属性存在且意义重大的一次很高级别的承认；其次，对传媒业产业属性的评价很高——中共十六大报告中只是提到发展文化产业是市场经济条件下繁荣社会主义文化、满足人民群众精神文化需求的重要途径，实践中公认的不过是获取收入弥补自身经费等短缺、增强发展动力等，而这次讲话指出产业属性的发挥是实现宣教功能、强化意识形态属性的重要途径，也即发挥产业属性是实现其"党和人民喉舌"功能的重要途径。

也正是随着国家对传媒业产业属性的一步步放松限制与确认，我国传媒经济的发展获得了越来越大的空间，传媒业获取了可观的经济收益。

总之，从1992年至今，中国传媒经济发展速度、经济成就受到国内外广泛瞩目。据有关方面统计，到1998年，传媒业的利税总额已超过烟草业，成为排名第四的国家支柱产业。到2003年，传媒业的营业额仍稳居国民经济各行各业的第四位。到2010年，仅传媒业的一类、新闻出版业总产值就达到13000亿元，占当年GDP的3.27%，也即不到31个新闻出版业就是中国GDP的总量。正是有了雄厚的经济基础的支撑，中国传媒业相较以往在各方面都获得了长足发展，种类增多、受众数量扩大、地域覆盖面更加广泛、内容产品质量更高，呈现出前所未有的繁荣局面。

（二）结论

从新中国成立后传媒经济的发展历程看，尤其是1978年"事业单位实行企业化管理"后的发展历程更能让我们得出结论：

其一，传媒业确实具有产业属性，而且就中国的现状看，传媒业的盈利能力很强。

其二，传媒业是典型的政策主导型行业，传媒经济发展历程中的每一个变动，都与政策的变动有关，所以，对中国传媒业影响很大的一个因素是政策，这在以后的发展中要注意。

其三，传媒经济发达，则传媒业就发达；传媒经济低迷萎缩，则传媒业也会受很大影响。所以，传媒经济是传媒业发展的基础，对传媒经济的发展任何时候也不能忽视。

第五章
传媒组织制度

第一节 组织制度的基本概念

一、组织的内涵

所谓组织，是两个或两个以上的个人为了实现共同的目标组合而成的有机整体。所谓有机整体，即内部各要素产生联系、发生作用的一个整体。

组织是两个或两个以上的人组成，还会有一些财、物等有形与无形资源。为了让这些要素更好地结合起来，以使组织实现目标的行为更有效，组织必须有好的制度。

二、组织制度研究的意义

组织理论日益成为管理学与经济学研究的重点。

在管理学领域，高程德在其著作《现代公司理论》中提出："企业不管是被看作两个以上个体实现共同目标的组合体，还是被看作价格机制的替代物，都必须形成一定的组织形态。而且，这种组织形态必然是动态的，需要不断地创新，因为企业所面对的环境是动态的、不断变化的。这也就给开展企业组织制度的研究提供了现实必要性。"

从产业经济学领域看，自1930年代初产业组织理论出现开始，该理论体系主要是研究产业内各市场主体间的相互关系以及由此对市场运行效率的影响，也即研究者大都把注意力放在企业与企业之间的关系等方面的问题上，而把企业本身忽略掉了。在这种研究思路下，企业被当成一个简单的"黑箱"，没有人对其行为以及内部运作等情况进行分析，当然也谈不上对其内部组织制度进行研究。后来，这种情况发生了变化。

1994 年，英国的卡布尔教授主编出版了《产业经济学前沿问题》一书，其中列出的前沿问题有企业经济学、各种生产企业形式等[①]，这两个问题就是研究企业本身以及其内部运作情况的，这也说明到了 1990 年代，产业经济学研究进一步深化，开始研究企业本身了。这方面的理论如"委托—代理"理论（Principal-agent Theory）、公司治理结构等，都是研究企业的组织制度的。

从以上管理学与经济学的研究中均可看出，有关企业内部组织制度的研究越来越重要，在属于经济学的一个研究领域的传媒经济学中，同样要重视传媒组织的组织制度研究。

就当前中国传媒业而言，由于处在市场经济环境中，市场化运作已成为影响其发展的最大的外在因素之一，其原有计划经济体制下形成的事业单位组织制度已越来越不适应现实运作的需要，在日常运作的许多方面如人力资源管理、资本运作等都遇到了许许多多新的问题，可以说，外界生存环境的改变对组织制度转型的要求已成为中国传媒单位面临的重要问题之一。从 1990 年代中期至今的传媒业集团化行为、从 2000 年后开始的新闻出版机构大规模转企改制、构建现代法人治理结构等，就是中国传媒业在组织制度方面的变革行为，也反映了传媒业在发展过程中对优化自身组织制度的一种求索，这也使研究中国传媒组织制度具有了更大的现实意义。

根据高程德教授的观点，对企业组织制度的研究大体上可以分为两个角度，即法律形态的角度和管理形态的角度。从法律形态的角度看，法律形态即企业的所有制在法律上的表现形式，企业组织形态的主体经历了从业主制、合伙制、合作制到公司制的变迁，这种变迁集中体现在企业法人治理结构的变迁上；从管理形态的角度看，企业组织的显著形态就是层级制（Hierarchy）。其实，这两个角度的内容加到一起，就是一个组织制度研究的整体框架。

---

① 详见汪祥春、于立撰《产业经济学的产生和发展》，《首都经济贸易大学学报》1999 年第 1 期。

本章的思路为先谈传媒组织的法人治理结构，再谈传媒组织的组织结构。其中治理结构谈的是一个组织内部权力主体之间的权力分配，而组织结构是一个组织内部作业活动的分配。

第二节　传媒的所有制类型及其存在状态

要研究传媒业的组织制度，首先要清楚决定传媒组织制度的两个宏观因素，分别是其所属的所有制及其所属的组织类型，可以说，这里面的逻辑关系是所有制类型决定其所属的组织类型，组织类型决定其组织制度。

一、世界传媒业的所有制类型

就我国非传媒领域的企业而言，其所有制类型包括公有制与私有制。公有制又包括全民所有制与集体所有制，全民所有制即企业为全体国民所有，集体所有制可理解为部分国民所共同拥有。在世界范围内，传媒业的所有制类型，也即产权归属，可分成三种，即私有制、公有制和团体所有制。需要说明的是，这里的团体所有制不是非传媒领域企业里的集体所有制，它不像后者在目标与运行规则方面那么"公"，它更为小团体利益服务，所以，不把它归在公有制内，而作为单独的一类。

不同所有制类型的传媒组织，在运作中有共性，也有自身特点，具体如下。

（一）私有制

私有制传媒在整个传媒业中出现较早，在当下世界传媒业中经济实力、影响力等都可谓最强。如纽约时报、泰晤士报、新闻集团、Facebook、Twitter等。

即使单就私有制传媒而言，在世界范围内其运作也很复杂，不同国家与地区可能各有不同。整体而言，其主要运作特点可以简单梳理如下。

一是资产归个人所有。

二是绝大部分以追求利润为目标。当然，传媒史上不排除私人投资办传媒但不追求利润，而为某个公益性目标的。

三是以迎合受众为主要宗旨。尤其是以追求利润为目标的传媒，往往迎合受众需求，偏向于注重提供受众需要的，不太注重对受众的引导或其他社会性、公益性等目标。

四是一般以广告为重要收入来源。私有制传媒有没有广告业务的，如图书出版业、通讯社行业，但其他类别的传媒广告收入仍为重要收入来源。

五是内容产品以大众化、通俗化为特色，部分呈低俗化。私有制传媒尤其是以追求利润为目标的，其整体上往往比公有制、团体所有制的传媒更大众化、通俗化，且具有低俗化内容的传媒更多，比如英国的《太阳报》等。

（二）公有制

公有制传媒即资产归国民公有，在实践中，其有两种不同但都很重要的运作模式，具体如下。

1. 资产归国民共同所有，由国家来掌控运作

此类传媒如社会主义国家的传媒、美国的美国之音、1980年代改革前法国的广电机构等，其运作特点主要如下。

（1）传媒资产归国家即全体国民所有。

（2）运作方针由国家制定，负责人由国家任命。

（3）运作经费不同程度来自国家。有的全额财政拨款，有的部分财政拨款，有的"自收自支"，即国家不资助经费，全部经费由自己筹措。

（4）内容产品注重社会效益，风格严肃、庄重。

（5）经济效益相对较差。这个可以理解，此类传媒的目标一般是社会效益最大化，经济效益不是首要或唯一目标。

2. 资产归国民共同所有，运作不受国家掌控

此种运作模式在世界传媒业中也是重要的一类，实力比较强，影响比较大，BBC、NHK等就属于此类。此类模式在诞生及之后的很长时间有一个专门的名称——公共服务广播电视。鉴于其比较独特而我国对其

了解又相对较少，现做一简单的背景介绍。

该模式起源于英国。其从根本上起源于当时英国的政治、社会与文化等观念，由于多方力量、多种思想的博弈，最终形成了一种广播应为公众服务，不能受限于商业、娱乐的狭窄视野与政府的控制的理念。正因为有了这样的理念，才最终促成了广播这种社会资源应为公众所有、应为公众服务的资产归属方式与运作模式。

具体而言，1922 年 11 月 1 日，私有商营的英国广播公司（British Broadcasting Corporation，简称 BBC）开始营业，14 日在伦敦开始日常广播，属于英国开办较早的广播事业。

BBC 早期经营权独立，以母公司出售收音机和其他电器产品的收入来支持广播运营，并收取收音机执照费，也即收听费，政府禁止其刊播广告。

该公司成立后，鉴于广播社会影响大、频率资源属于公共资源等原因，社会相关主体对其由私人控制、又以盈利为目标表示不满，于是英国议会于 1923、1925 年分别成立希可斯委员会和克劳佛德委员会，意图通过调查研究解决英国广播业运作体制问题。最终研究结果为：广播既不应由商业团体独占，也不能完全由政府控制，建议组建为公众利益服务的公共广播公司。当时，BBC 创始人约翰·里斯（John Reith）建议：应给予广播更大的独立性，超越商业利润与娱乐的狭窄视野和来自政府的压力，建立一个全国性的、社会性的、宗教性的、民族性的节目体系。他给这个理念命名为"公共服务广播"。针对这个理念，社会公众、英国政府等多方达成共识。于是 1927 年元旦，公共服务性质也即公有制的 BBC 成立。

公有制运作特点主要如下。

（1）传媒资产归全社会即公众所有。

（2）以独立法人身份运作，由社会各阶层、集团的代表组建管理机构，不受政府控制。

（3）运作方针是对社会公众负责，财务目标是收支平衡，有利润也须用于事业发展，而不能像私有制企业一样分配给所有者个人等。如

BBC 由皇家特许状规定：应将所有收入用于公司服务目标的实现。所以，它本质上是一个为公众服务的组织，而不是私人谋利的工具。

（4）以收听、收视费为重要收入来源，也被称为执照费。早期只有广播，只有收听费，1936 年电视出现，也成为该公共服务模式的一部分，所以出现了收视费。

（5）内容产品注重社会效益，风格严肃、庄重。

（6）经济效益较差。

（7）原则上不播广告。但瑞典、丹麦等国的公有制传媒会插播数量有限的文化、教育类广告，如图书、电影、电脑等。

（三）团体所有制

即资产归团体所有。团体指政党、宗教团体、NGO 等。政党所有的传媒如美国共产党的机关报《人民世界周报》、日本共产党的机关报《赤旗报》、法国共产党的《人道报》、意大利共产党的《团结报》等，宗教团体所有的传媒如佛教团体所有的大爱电视台、基督教团体所有的《基督教科学箴言报》等。

团体所有制传媒的运作特点如下。

其一，产权归团体所有。

其二，更多为团体进行宣传，无经济效益目标，少量存在以获取经济效益为目标的组织。

其三，团体成员捐款是该类传媒重要资金来源。

二、所有制在世界传媒业的存在状态

以上是世界现存的传媒业的三种所有制形式，这三种所有制在世界的存在状态是怎样的？应该说，要对世界范围内整个传媒业的所有制状态进行绝对严密的梳理很困难。在空间上，其呈现为丰富性，不同国家和地区的所有制形态是不一样的；在时间上，呈现为动态性，也就是说，即使同一国家或地区的传媒业，在不同时间的所有制形式也是有变化的。

简单来说，世界范围内传媒业的所有制存在状态有以下几个特点。

一是传媒业采取何种所有制形式，主要取决于国家的政治制度，另外，社会、文化、历史等因素也对所有制形式的确立产生重要影响。比如 BBC 的所有制形式就深受该国社会、文化因素的影响。

二是传媒所有制是动态变化的，是不断适应传媒生产力发展而变动的。

三是绝大多数国家内部的传媒都是私有制、公有制、团体所有制并存，并因国情不同而各占不同程度的重要地位，如以一种所有制形式为主体、其他为辅等。从政治制度上看，资本主义国家的传媒以私有制为主流，而且市场经济越发达，其私有制比重越高。如美国，除少部分电台、电视台外，私有制传媒占有极大比重。社会主义国家则是公有制为绝对主流。发展中国家有影响的传媒一般有政府、政党背景，传媒体制随政权更迭变动较大。

四是从传媒类别上看，在资本主义国家，因传媒类别不同，所有制有较大差别。一般报纸、期刊等印刷传媒以私有制为主体，而广播电视则更多地呈公私双轨制状态。

三、中国传媒业的所有制状态

在实践中，中国传媒业的所有制状态是与国家制定的融资政策相关的，融资政策的变化往往意味着所有制状态会变化。

2001 年 8 月 20 日颁布的《中央宣传部、国家广电总局、新闻出版总署关于深化新闻出版广播影视业改革的若干意见》以及其后相关政策的规定，尤其是 2005 年下发的《国务院关于非公有资本进入文化产业的若干决定》《关于文化领域引进外资的若干意见》等，形成了中国传媒业的所有制状态。当前，整个中国传媒业资产已非纯国有制，按区别具体可以分成三块。

第一块是报社、期刊社、电台、电视台和通讯社。这些传媒组织都是纯国有制，不管是企业还是事业单位。有关此方面的政策是《国务院关于非公有资本进入文化产业的若干决定》第九条："非公有资本不得投资设立和经营通讯社、报刊社、出版社、广播电台（站）、电视台（站）……"出版社在 2007 年 12 月 21 日出版传媒上市后已突破此政策，因为它上市是采编、经营业务一块上市，也即私有资本也可以拥有其采编资产，虽然只是拥有非常少的比例。所以出版社已不算是纯粹的国有制了。目前国内纯粹国有制的只有报社、期刊社、电台、电视台和通讯社。报社里边实际上《计算机世界》在 1980 年代时已是中美合资，但这是个案。

第二块是出版社、国有电影组织与传媒组织所属企业。这一块的所有制状态是在国有资本控股 51% 及以上前提下，非国有资本可以参股。国有电影组织比如西影集团、长影集团，传媒组织所属企业指传媒组织的子企业比如报社下属发行企业、广告企业，电视台下属音乐、科技、体育、娱乐方面的节目制作企业等，这些企业国家之所以不许非国有资本绝对控股，是为避免其绝对控股后会通过经营业务影响传媒组织整体尤其是采编业务的运作。

第三块是与现有传媒组织无关但从事相关传媒业务的组织。比如市场上自己生长出来的广播影视节目制作企业、广告企业、发行企业以及互联网企业等。这些企业的所有制状态，对境内私有资本无限制，对外资不同程度地限制。此处的互联网企业，比如自己在市场上生长起来的新浪、搜狐、网易、腾讯、今日头条等，它们都可以在国外上市，所以，国家在所有制上没有对它们做限制，这主要是因为在我国，这些互联网企业因政策规定没有新闻信息的采集与发布权，只能转载，所以还不能算传媒组织，可算"准传媒"组织。另外，前述"对外资不同程度的限制"，指不同类别的领域外资进入的限制不同，比如在资本占比、从事业务等方面，不能一一具足，所以称之为"不同程度"。

以上为中国传媒业在所有制上的三大板块，其中不论资产总量、收入、影响力等，都以国有制为最。总之，就整个中国传媒业的所有制结构而言，现在已形成了国有制（或称全民所有制）为主体、民营以及外资等多种所有制共存的局面。而且，从目前的政策精神看，这种"国有为主、多种并存"的结构还将持续下去。因为在 2005 年颁布实施的《国务院关于非公有资本进入文化产业的若干决定》中，其开篇就提出："为大力发展社会主义先进文化，充分调动全社会参与文化建设的积极性，进一步引导和规范非公有资本进入文化产业，逐步形成以公有制为主体、多种所有制经济共同发展的文化产业格局……"可见我国在文化产业方面所有制结构的目标是"国有为主、多种并存"，所以我国传媒产业也将是"国有为主、多种并存"，而传媒产业是传媒业的一部分，另一部分传媒事业无疑是以国有为主，所以我国传媒业整体的所有制结构也会呈现"国有为主、多种并存"的状态。

第三节　传媒组织的类型

一、世界传媒组织的三种类型

组织按目标的不同可分为三种，即营利性组织、非营利性组织、中间性组织。其区分的标准正如其名，以组织的目标是否营利为准，其中兼具营利与非营利公益性目标的称为中间性组织。

营利性组织即企业，在当前西方国家以及新中国成立前的中国传媒业普遍存在，中国自2002年开始在深化文化体制改革的进程中，部分出版社、报刊社等转企改制，也成了企业。

非营利性组织主要存在于公有制中，如英国BBC、日本NHK、美国VOA等。

中间性组织主要是当前中国的事业单位性质的传媒组织，因为它们执行事业单位、企业化管理的运行体制，即它们的目标是双重的，既追求社会效益，又追求经济效益，所以是中间性组织。

以上不同的传媒组织类型，其内部的权力主体是不一样的，则由此权力主体所构成的治理结构就不可能一样。

二、营利性传媒组织的法律形式

营利性组织即企业，一般可以根据法律形式对其再进行细分，法律形式也即企业所有制在法律上的存在形式。营利性组织在所有制上的法律形式可以分成四种，即个人独资制、合伙制、合作制、公司制，也有的文献将合作制算到合伙制里边，有的还把国资制也算一种，本书都不取。

传媒业同样存在上述四种法律形式的传媒企业，不同法律形式的传媒企业治理结构不同，而在分析传媒企业治理结构之前，需先将四种法律形式的传媒企业本身作一介绍。

（一）个人独资制

个人独资制也称个体制、个人业主制。即传媒企业由公民个人出资兴办，个人所有，个人控制其运作。其债务责任是个人承担无限责任，即针对企业的债务，如果企业本身资产不足偿付时，还要将个人私有财产拿出来进行偿付。

该种形式的传媒企业一般规模较小，内部组织制度简单。其主要优点是：所有权与经营权合一，决策迅速，运作灵活，运作成本较低。不足之处在于：由于是个人独资，财力往往有限，而且由于受到偿债能力等的限制，融资能力较差，所以企业本身的规模始终有限；另外，所有权与经营权都归属于出资者一人，使传媒运作的成败完全依赖于业主个人的经营能力，所以风险较高。

（二）合伙制

合伙制是传媒企业由两个或两个以上的公民共同出资、共同主持运作，遇有重大事项，决策须由全体合伙人一致通过方可付诸实施。其债务责任是无限责任，即对企业的债务，企业本身资产不足偿付时，还要用个人私有财产进行偿付，而且如果某合伙人的偿债能力不足，则其他合伙人在法律上有责任承担其债务。

该种形式传媒组织的优点有：扩大了资金来源，信用能力也增强；参与决策的人数多，提高了决策的科学性。不足之处有：对债务承担无限责任，使出资人的投资风险大，而融资能力也有局限，使传媒规模难以扩大；如果合伙人出了问题，很容易影响传媒的正常运作，运作风险较大；所有权与经营权合一，日常运作由于原则上所有合伙人都要参与决策，容易导致决策效率低下、运作不灵活等。

对于合伙制传媒企业而言，合伙人共同决定传媒的编辑等运作方针、共同主持传媒的日常运作。从传媒业历史看，该类组织的目标更多偏重于倡言政治主张、获取社会效益，其组建前提是合伙人的政治主张必须一致。这种形式的报纸，通常也被称为"同人报"。

（三）合作制

合作制企业的特点在于企业由内部成员全体集资、全部参与运营，或者说其纯由内部员工出资，不吸收外部资金，即所谓劳动者自带资本金。合作制与合伙制的一个重要区别在于合伙制可以是大家集资，从外部找员工参与运作，即传媒企业所有成员并非都是所有者，而合作制则全部成员都是所有者。合作制企业的债务责任是无限责任，与合伙制相同。

（四）公司制

公司即由一定数量以上的股东，内部集资发起设立，或通过法定程序向公众发行股票筹集资本成立的具有法人资格的企业组织。实践中，有限责任公司、股份有限公司两种形式居多。公司制与合伙制、合作制的区别在于：债务责任上合伙制、合作制是无限责任，公司制是有限责任。有限责任即针对有限责任公司，股东以其出资额为限对公司承担责任，公司以其全部资产为限对公司的债务承担责任，即公司的债务与个人私产无关，一旦公司破产负债，个人损失不超过其初始出资额，这样就降低了出资者的投资风险，从而增强了融资能力，使公司的规模可以扩大；针对股份有限公司来说，其全部资本分为等额股份，股东以其所持股份为限对公司承担责任，公司以其全部资产对公司的债务承担责任，也即公司的债务与个人私产无关，一旦公司破产负债，个人损失不超过其持有的股份。

在决策权限上，公司的所有权与决策权分离，所有权全体出资人享有，但运作决策权只有一部分人即董事们享有，而合伙制的运作决策权也是全体享有。

公司是企业中最代表发展趋势的一种法律形式，是当前企业所有法律形式中组织制度最完善的。其组织制度能将投资者的投资风险化为最小，从而能最大限度地增强融资能力，增大公司规模。而且同样由于其组织制度，其能够达到快速科学决策、监督完善、公开透明，从而更易于实现运作效率、效果最大化，这些后文还会具体分析。当前世界上知名的传媒企业、传媒集团的法律形式绝大部分都是公司制。

实际上，相比其他组织，由于生存环境的严峻，企业是组织制度更完善的。而在企业中，与其他企业相比，公司又是组织制度更完善的。在公司中，股份有限公司又是最完善的。在股份有限公司中，上市公司又是组织制度最完善的。可以说，人类最初组建组织，归根结底是其为实现改造自然、造福自身的这种本能性目标所采取的一种手段。人类成立组织，就能做单个人或松散的群体所不能做的工作，从而改造自然、造福自身的能力就更强。成立的组织规模越大，人类改造自然、造福自身的能力就越强。所以，人类还要不断完善组织制度，以可能成立更大规模的组织。从这一角度而言，人类发展史，也是人类改造自然、造福自身史，也是组织组建史、组织完善史、组织制度完善史。组织制度完善了，就能不断组建更大规模的组织。组织制度研究的意义就在于此。

三、结语

以上介绍了世界传媒组织的三种类型，同时，又具体介绍了营利性传媒组织的法律形式。在治理结构的构建中，法律形式不同，内部的权力主体不同，从而其治理结构也肯定不同。

第四节　传媒组织的治理结构

一、治理结构的内涵

治理结构也称法人治理结构，它是一套制度安排，主要规定了组织内部所有者、日常运作决策者、决策执行者以及监督者等权力主体的权责以及它们相互之间的关系。该概念是在公司这种企业形式出现后针对其提出来的，如1995年布莱尔（Blair）提到："公司治理结构（Corporate Governance Structure）狭隘地讲是指有关公司董事会的功能、结构、股东的权力等方面的制度安排，广义地讲是指有关公司控制权和剩余索取权分配的一整套法律、文化和制度性安排，这些安排决定公司的目标、谁在什么状态下实施控制、如何控制、风险和收益如何在不同企业成员之间分配等这样一些问题。"

后来，该概念由于在研究一般企业时同样有效，所以其应用范围拓展至一般企业形式。张维迎在《所有制、治理结构及委托—代理关系——兼评崔之元和周其仁的一些观点》一文中说："广义的公司治理结构与企业所有权安排几乎是同一个意思，或者更准确地讲，公司治理结构只是企业所有权安排的具体化，企业所有权是公司治理结构的一个抽象概括。在这个意义上讲，公司治理结构的概念也适用于非公司企业。"

现在，在西方经济学、管理学有关组织制度方面的研究中，治理结构已广泛运用到一般组织形式中。笔者认为，在针对一般组织的运用中，治理结构可以做如下理解：组织内部的权力分配，是组织内部的上层建筑，目的是针对组织内部所有权力主体构建一种有效的制衡关系，以保证组织的有效运作。

本章也将这个概念用于所有的传媒组织。需要说明的是，针对新中国成立后的传媒组织，鉴于我国传媒业的体制，用领导体制可能更加贴切，但本书为论述清楚起见将概念统一，仍用"治理结构"指称中国传媒组织的领导体制。

下面将按营利性、非营利性、中间性三种组织类型对传媒组织的治理结构进行分析。

二、世界传媒组织治理结构

（一）营利性传媒组织的治理结构

本节只讲公司制传媒组织的治理结构，它是营利性传媒组织中治理结构最完善的。

首先看一下公司的治理结构，如图5-1：

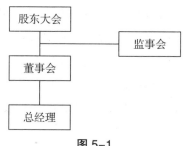

图 5-1

公司治理结构是目前最完善的企业治理结构，它体现的是股东大会、董事会、总经理及监事会之间的制衡关系。

股东大会是公司最高权力机构，由各种形式的投资主体如个人、企业等组成，享有所有权，即产权；股东大会的权力可对公司任何事项决策，但实践中它主要是对公司重大事项决策，如公司经营方针、投资方向、合并、解散和利润分配办法等。董事会是股东大会领导下的公司日常运作决策机构，是常设的，享有日常运作决策权，因为公司股东往往人数众多，股东大会召开一次成本太高、做公司决策效率太低，所以设立人数更少的董事会进行日常运作决策。总经理是公司高级管理人员，不一定拥有产权，受董事会领导，负责执行董事会决策，全面负责公司的日常运作，对公司绩效负总责；总经理享有执行权，或叫管理权、日常运作指挥权，董事会对其执行权一般不干涉。监事会对公司运作进行监督，主要针对董事、总经理等高管。

下面笔者仅就西方公司制报社的治理结构进行分析，其他广播、电视等传媒组织实际是相同的，只是相关岗位的称呼有区别，如社长变成台长、总裁等。见图 5-2：

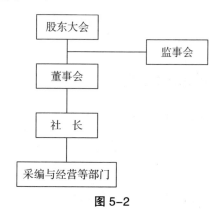

图 5-2

图 5-2 中，采编与经营等部门不是权力主体，不在治理结构之中。社长就是公司中总经理的角色，全面负责报社的日常运作，当然社长这个职位在实践中的称呼不尽一致，也有叫总裁、首席执行官等的，但职责都是一样的。

值得说明的是西方公司制报社中都有"发行人"的角色，其实不止公司制报社，西方所有纸媒组织几乎都有这个角色。发行人的英文为 Publisher，在我国也有被译为出版人的，其实际是西方纸媒的法定代表人，是组织对外法律上的责任人。早期有些西方国家的出版法规定出版纸媒须以发行人的名义向当局登记注册，目的是明确一个法律上的责任人，有的国家还具体规定了充当发行人所必须拥有的财产数额。西方纸媒的出版物的醒目位置如报纸的报头下，一般都印有发行人的姓名，以示由发行人对该报在法律上负责。

早期发行人一般由治理结构中的最高领导兼任，比如个人独资制报社的"老板"。但它从来就是一个名义，在内部治理结构上不是一个权力主体，现在可以由报社的董事长、董事、社长或股东等兼任或担任，也可以从外部聘请人担任。如华盛顿邮报社在1979年凯瑟琳·格雷厄姆担任董事长时，任命其子唐纳德·格雷厄姆为发行人，而唐纳德·格雷厄姆在报社内的实职是社长；另如新闻集团的《纽约邮报》，则聘请外部人士担任。

（二）非营利性传媒组织的治理结构

由于非营利性传媒组织各国各有不同的运作理念及宏观体制，其治理结构很难归纳，因此这个问题将用个案形式介绍。

1. 英国 BBC

英国 BBC 的治理结构如图 5-3：

图 5-3

.135.

由图 5-3 可见，BBC 的决策机构是理事会，应注意的是它只是决策机构而非权力机构，因为像股东大会一样的权力机构，必须是所有者构成，而 BBC 属于社会公有即产权为全体国民享有，难以组建并运行股东大会，由此，由精干的代表组成的理事会不享有产权，不是权力机构，它只像董事会一样享有日常运作的决策权。理事有 12 名，有理事会主席，英格兰、苏格兰等四个行政区的代表，总裁，一位国际事务专家，以及其他方面的专家等。理事由英国女王在政府部长建议下任命，无权对 BBC 的日常运作直接干涉，其权限为：商定 BBC 的运作方针、监督其执行情况、遴选任命总裁、每年 7 月给议会和政府的执照颁发机构提交上年度运作情况报告、3 月与总裁商定年度计划、批准年度预算，还有定期评估每个部门的表现等。

BBC 治理结构的第二级即执行者是总裁，其对理事会所做决策的执行负总责，即对 BBC 日常所有业务负总责，实践中其长期身兼总编辑与首席行政官二职。总裁由理事会遴选任命，向理事会负责。总裁领导执行委员会开展日常工作，目前的执行委员会由 BBC 总裁与若干二级部门的负责人组成，各二级部门负责人向总裁负责。执行委员会实际上是总裁领导的、协助其工作的机构。[①]

还需说明的一点是，BBC 的英文全称为 British Broadcasting Corporation，Corporation 在我国一般译为"公司"，但 BBC 是非营利性组织，所以 Corporation 翻译成"协会"而不是"公司"更准确，即 BBC 在中国的正确汉译应为"英国广播协会"。

2. 法国广播公司

1923 年法国政府立法，规定广播事业属于国家资产，运作由国家主管。最终到 1986 年，法国的《传播法》生效，法国电视一台才开始转为私人经营，国家长期垄断广播权的体制终于被打破。

法国广播公司是国有制的传媒组织，其不以营利为目标，所以从这点看，汉译成"公司"也是不对的。不过此处我们暂且仍按传统称呼。其治理结构如图 5-4：

---

① 相关资料详见 BBC 网站。

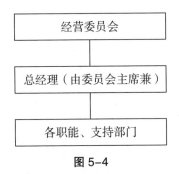

图 5-4

由图 5-4 可见，公司日常运作的决策机构是经营委员会，经营委员会的主席担任公司的总经理，总经理是执行人，负责公司的日常运作。可见，法国广播公司治理结构的特点是总经理既参与决策，又负责执行，或者说这类似于公司治理结构中董事长、总经理为一人的情况。

3. 美国之音（VOA）

美国之音过去长期属于美国联邦政府国务院新闻署，后属于美国全球媒体署（USAGM），其主要任务是在全世界范围内宣扬美国的意识形态等。美国之音本质上是美国联邦政府的"喉舌"，更偏重于外宣。在治理结构上，它就是一个行政组织的下属机构，由全球媒体署负责管理，台长由上级任命，由台长对日常运作负总责。示意图如图 5-5。

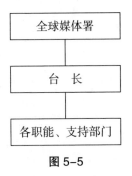

图 5-5

（三）中间性传媒组织的治理结构

世界上的中间性传媒组织，比较典型的是新中国成立后传媒业中的事业单位。由于我国事业单位的传媒组织内部也有多种类别，如不同传媒类别、不同行政级别的传媒组织彼此不大一样，所以限于篇幅，本章仍然只介绍最重要的部分，也即在现实中占主流地位的那部分传媒组织，分别是党委机关报社、广播电视台和传媒集团。

应当引起注意的是这些事业单位性质的传媒组织，其治理结构与西方传媒企业有本质的不同，比如，企业治理结构都是针对企业内部权力主体的关系进行建构的，外部没有权力主体对其产生影响，而我国的事业单位，必然要涉及外部的上级领导单位——由于我国的传媒体制，上级领导单位对它们内部决策影响尤其大，这与所有的企业都不一样。企业就是一个独立的市场主体，没有谁能命令它做什么，即使你有母公司，那母公司也只能通过往你的治理结构中派遣代表来实现自己的意志，而不能直接下命令。所以，中国的事业单位性质的传媒组织与企业不同，其治理结构要涉及外部组织。下面具体介绍。

1. 党委机关报社

新中国成立以后，在学习苏联报业运作体制的基础上，形成了中国报社延续至今的治理结构。

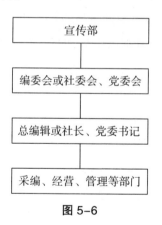

图 5-6

如图 5-6 所见，围绕一个报社的权力分配，外部是宣传部，内部则有两级权力主体。

在我国的传媒体制下，宣传部对党委机关报社尤其是核心业务采编的运作具有很大的领导权。治理结构就本质上而言，是一个组织的决策机制，宣传部虽在党委机关报社的外部，但它对后者的决策机制有着很大的影响，所以它可以算是治理结构中的一个主体。

报社内部的两级权力主体是日常运作决策机构与执行人。日常运作决策机构是编委会或社委会、党委会，执行人则是总编辑或社长、党委书记。需要注意的是，如果是编委会领导下的总编辑负责制，则总编辑对整个报社的采编、经营、行政后勤等所有业务负总责。如果是社长或党委书记负责制的，其总编辑则只负责采编业务，此时其不是治理结构的一个权力主体，可算业务高管，而此时只有社长或党委书记是权力主体。

值得强调的是，编委会领导下的总编辑负责制是新中国成立后党委机关报社最主流的治理结构形式。编委会是报社的日常运作决策机构，全面领导报社采编、经营、行政后勤等所有业务，也即针对所有业务集体讨论做出决策。总编辑是编委会成员之一，受编委会的领导，负责执行编委会的决策，对编委会就报社所有业务所做决策的执行负总责。其与其他编委会成员的区别还在于：第一，他是编委会的召集人，有权召集编委会开会；第二，他在讨论决策的关键时刻多一票，即在编委会就重大事项讨论决策时，如果遇到表决票数持平情况，总编辑此时有多一票的权力，也可以理解为"拍板"权。因此，相比于西方公司制的报社来说，总编辑相当于董事长兼总经理的角色。

编委会领导下的总编辑负责制是参照苏联党报的治理结构建立起来的。当时报社的主要任务就是宣传，日常运作以采编工作为中心，由此形成编委会领导下的总编辑负责制，而且当时总编辑的工作量不算大，因为经营、管理等业务不重，而作为采编业务来说，一周的主要报道任务大多能在周一定下来，重大事件报道往往又拖后处理，对时效性的要求不是特别强，所以工作压力也不算大，总编辑尚可应付。

在实践中，由于各报社具体情况不同，内部具体的决策机构及执行人会有所不同，比如，也可能会是编委会领导下的社长或党委书记负责制。但对于中国所有的报社而言，内部有决策机构与执行人这两个权力层级是一致的。

2.广播电视台

我国的广播电视组织，长期以来有独立的电台与电视台，进入21世纪，在广电领域不断改革、发展过程中，绝大部分同一地区的电台、电视台合并成为广播电视台。

当下，我国广播电视台的治理结构，见图5-7：

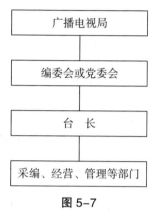

图 5-7

如图5-7，广播电视台的外部是上级领导单位——广播电视局，与宣传部和党委机关报社的关系一样，其对广播电视台的内部决策机制有着很大的影响，所以算是后者治理结构中的一个权力主体。广播电视台内部的权力主体也是两级，即决策机构和执行人，一般为编委会或党委会等领导下的台长负责制，其运作机制与上述的报社相同，即编委会或党委会等是决策机构，台长或党委书记作为编委会或党委会等的成员之一，受其领导，负责执行其决策，对编委会或党委会等就组织所有业务所做决策的执行负总责，同时台长或党委书记也是决策机构的召集人，并有关键时刻多一票的决策权。

此处还要补充的一点是有关广播电视局——广播电视台的上级的领导体制。新中国成立后，广播电视业逐渐形成了有自己特色的"条块结合，以块为主"的宏观管理体制。所谓"条"是指自上而下各级广播电视局组成的系统，所谓"块"是指广播电台、电视台所在的行政区域。1983年颁布的中共中央37号文件规定，"省、市、自治区广播电视厅（局）受该省、市、自治区人民政府和广播电视部双重领导，以同级行政领导为主。同时，省、市、自治区广播电视厅（局）的宣传工作，受省、市、自治区党委领导和广播电视部指导；事业建设受省、市、自治区人民政府和广播电视部双重领导，以同级政府领导为主。上述原则，也适用于省、市、自治区广播电视厅（局）与省辖市、县广播电视局之间的关系"。从文字上看，宣传受地方党委宣传系统领导、广播电视部指导，这里"领导"与"指导"的权限是不一样的，前者肯定大于后者；事业建设上受地方政府与广播电视部的双重领导，以地方政府为主。可见，宣传与事业建设上都是以地方为主的，即"条块结合，以块为主"。

3. 传媒集团

我国的传媒集团从 1990 年代中期开始组建，在报社、电台和电视台的基础上成立，后来传媒业就集团进行了相关调整，在广电领域取消了集团的设置，所以现在我国的传媒集团绝大多数是纸媒集团，有出版集团、报业集团与期刊集团。

传媒集团的治理结构与前述党委机关报社、广播电视台在内核上是一致的，也是外部一个权力主体、内部分两级。具体而言，如报业集团，由于其绝大部分是以党委机关报社为基础成立的，所以其外部权力主体就是宣传部，其对集团的决策机制具有很大影响；内部就是两级，第一级就是集团层面的一个日常运作决策机构，是社委会、党委会或管委会等；第二级就是社长、党委书记或管委会主任等，可以说，其与党委机关报社治理结构的一个比较明显的区别在于有管委会——管理委员会的存在。

第五节　中国传媒组织治理结构的创新路径

一、中国传媒组织治理结构需要创新的原因

（一）市场化运作不断深入使传媒的市场独立生存能力面临日益巨大的考验

自 1978 年传媒业实行"事业单位企业化管理"以来，中国传媒组织市场独立运作的要求日益提高。2002 年之后我国深化文化体制改革，传媒市场化运作程度进一步加深。比如 2003 年 7 月 15 日，中办和国办联合推动新一轮报刊治理，报刊业实行管办分离，包括人员分离、财务分离、发行

分离，财务上不再予以补贴。另外，绝大部分报刊发行业务失去政策保障，不能行政摊派，需要独立面向市场。而之后，尤其是新闻出版业的转企改制大力推进，几千份非时政类报刊要转制，这都使报刊业的市场独立生存能力面临前所未有的考验。当然，此种情况不独报刊业，其他类别传媒也都存在。

（二）传媒组织投资主体多元化使界定内部产权边界成为其正常运作的前提

中国传媒业市场竞争日益激烈，境内传媒相互间竞争，与境内的外资背景传媒业务、产品的竞争等，都使它们需要尽快壮大实力。在中国经济发展的现阶段，传媒资本运作的实践已十分普遍，借助外部资本强化自身竞争优势已成为传媒组织的重要选择。传媒业内部主体间资本的相互进入、经营部门的外界资本进入等，使传媒组织投资主体日益多元化，而要使投资主体多元化的传媒组织运作有效，清晰地界定产权边界是重要前提。

（三）中国传媒业高速成长期已过，激烈的竞争使其必须苦练内功，内部挖潜

中国传媒业自改革开放以来，尤其从1980年代中后期开始，一直高速发展，营业总额年增长率很高，专家评价处于成长期。成长期行业发展的特点简单讲是"跑马圈地"，即行业的市场供给被发现并认可，行业迅速扩张以满足迅速增长的市场需求，行业营业额快速增加，利润率提高。可以说，从1978年以来，中国传媒业的高利润率是成长期在刚开发的市场上"跑马圈地"的结果，传媒经营的暴利一方面使传媒业一心开拓市场，无暇他顾，另一方面也掩盖了传媒内部组织制度建设等方面的不足。目前，中国传媒业高速成长期已过，传媒数量很大，加上虽无传媒之名但有其实的自媒体和商业平台[①]，市场竞争非常激烈，很多传媒

---

① 此两者在我国都没有正式的"传媒"身份。

生存艰难。在此形势下，传媒也要有所认识，广开思路，内部挖潜。

以上所说，就第一点而言，虽然传媒生存面临压力，但反过来看，传媒市场独立主体地位越凸显，越会有两个趋势：首先，其自我调适、自我拓展生存空间的动机越强；其次，一般情况下，原有体制对其要求也会某种程度减少。前述第二、三点一定程度上也会强化以上趋势。总之，前述三点一方面使传媒业生存、发展面临巨大挑战，另一方面也是驱动传媒业进行变革、构建更加适合市场化生存的内部治理结构的良好机遇。传媒业需要苦练内功，打造好自身"骨架"，以一个健康的肌体去迎接高强度市场竞争。

二、公司治理结构的优越性

企业管理的实践证明："虽然现代公司未必是企业成长的前提，却是企业成长的归宿，只要企业成长的时段足够长，只要成长的规模达到一定的临界点，企业成长最终将收敛于现代公司制度。"[①] 现代企业制度要求一个企业内部产权清晰、权责明确、政企分开等，这些要求在现代公司制度中得到了最为完整的体现，现代公司制度的核心就是公司治理结构，因此，可以说，公司治理结构具体体现了现代企业制度的精神。实践证明，它是企业实现最佳运作效率的最完善形式。

当前的中国传媒，社会效益最大化是其首要目标，在社会效益最大化的基础上追求经济效益最大化。但经济效益的基础作用已是公认事实，实践中追求经济效益的行为相当突出。当前，中国传媒已经完全处于市场化生存的状态，而且自 1978 年起就开始实行企业化管理，传媒是基本独立存在于市场中的组织，实行的是企业化的管理模式，主要目标之一是追求经济效益，当然需要现代企业制度的精神贯穿于其运作之中。而且这方面，国家政策也予以承认并给予推动。2001 年 8 月 20 日，《中央宣传部、国家广电总局、新闻出版总署关于深化新闻出版广播影视业改革的若干意见》指出，传媒业要"探索建立保证正确导向、富有经营活力的微观运行机制。健全党委领导与法人治理结构相结合的领导体制"，

---

① 详见高程德主编《现代公司理论》，北京大学出版社 2000 年版，第 253 页。

其中的法人治理结构，就是公司的治理结构。总之，中国传媒组织迫切需要模拟构建现代公司治理结构。

三、传媒组织公司治理结构的采用范畴

中国传媒组织有其特殊性，因此在内部管理体制上不能完全照搬现代公司治理结构，而是应有范畴区分的，在现代公司治理结构的采用上应有所不同。

笔者认为，在采用公司治理结构上，传媒组织应分以下两个范畴。

（一）事业单位性质的传媒组织

事业单位性质的传媒组织，包括时政类报刊社、电台、电视台，以及报业集团等，国家明确规定属于事业单位，是不能照搬公司治理结构的。所以，在操作过程中只能以公司治理结构的精神进行贯彻，建立一套权责划分、监督约束等方面科学合理的领导体制。比如，采用公司治理结构的三级治理模式，包括最高权力机构（股东大会或股东会）、日常决策机构（董事会）、执行人（总经理），并有监事会进行监督，传媒组织可以模拟此模式进行构建。比如，传媒的最高权力机构由宣传部或主管主办单位、国有资产监督管理委员会等代表组成，对传媒发展的重大事项进行审议、批准，这样，传媒组织需要向上负责的宣传部或主管主办单位、产权所有者等就有了行使权力的机构平台，从而能对传媒组织的发展进行领导；传媒内部日常经营决策机构是社委会（或党委会等），在这个层面上，体外资金的代表也参加进来，因为这些体外资金按国家政策规定同属国有单位，产权同属国有资产监督管理委员会所有，因此不必进入最高权力机构，最高权力机构中只要国有资产监督管理委员会一家代表就可以，其只在这个日常经营决策机构层面上对传媒组织的日常运作发挥直接影响就可以；执行层则由社长（或台长等）担任，向社委会负责，对社委会的决策享有执行权；另外，还要设监事会对社委会委员和执行层高级人员等进行监督。

这样，既保证中国特色的传媒组织能受到党和政府（政府主要是国有

资产监督管理委员会）的领导，又使传媒日常运作保持相对独立性以确保灵活性，同时还照顾到投资者的权利。

（二）传媒企业

我国的传媒企业，有出版社、非时政类报刊社等。这些传媒组织，绝大部分是公司，当然应该采用公司治理结构。如果不是公司而是其他法律形式的企业，则也要模拟构建公司治理结构。

四、采用公司治理结构应注意的问题

（一）产权界定要清晰

公司治理结构的构建是以产权清晰为前提的。

针对传媒企业而言，可以构建公司治理结构，在股东大会或股东会层面，不同的投资主体产权要界定清晰。另外，在与其各级子公司的关系上，也要以清晰的产权关系为纽带，这样才能真正体现现代公司治理结构的精神，也才能在实际运营中收到实效。

针对事业单位性质的传媒组织来说，由于产权均属于国有，在其最高权力机构层面，由国有资产监督管理委员会的代表总体行使所有者权力，但针对日常经营决策机构层面，由于可能实现投资主体在国有制内的多元化，不同的投资主体的产权一定要有清晰的边界，这样，才能清楚界定责权利，才能尽最大可能获得公司治理结构的效果。

（二）处理好委托—代理关系问题

在企业管理理论中，委托—代理关系即指委托人（产权所有者）与代理人之间的关系。委托人在实践中为董事会（产权所有者代表）一方，代理人为执行人，即总经理。在公司日常运作中，董事会委托经理层对公司进行管理，但董事会一般不干涉经理层的日常经营管理，这导致双方的信息不对称，掌握信息少的委托人对掌握信息多的代理人不能实施有效监控，于是就容易出现经理层人员采取若干损害所有者利益的行为，如偷懒行为、短期行为、保守行为、控制行为等。

而在中国的市场环境里，由于传统的国有资产管理体制问题，这种委托—代理关系问题可能会更加严重。委托—代理关系重在以产权为约束力，使所有者有权及积极性约束执行层人员更加有效工作，不做或少做侵犯所有者利益的事。但长期以来，中国的国有资产所有者是虚化的，也即名义上是有所有者的，但到底所有者怎样根据自己的产权去约束执行层人员，还没有特别有效的实现途径。这种现象针对一般国有企业而言，由于有了国有资产监督管理委员会行使国有资产所有者权利后好了一些，但对传媒组织来说，这一问题仍然存在。由于传媒组织是由宣传部门领导，并且社会效益是其第一目标，所以国有资产监督管理委员会的介入就不是特别有力，这样，委托—代理关系问题也即执行者对所有者权益的损害、不能实现资产保值增值的行为就可能会更加严重。

（三）注意实现投资主体多元化

据许多人反映：中国的很多传媒组织虽然变成企业或公司，但名不副实，因为内部的治理结构相对过去基本没有大的变动，"翻牌公司"的组织不在少数，所以这个情况应该改变。而改变的一个有效手段是实现投资主体多元化。

1994 年以来，中国国企股份制、公司制改革的一个重要教训就是，凡没有形成多元投资主体、转为国有独资公司的，都很容易成为"翻牌公司"，政企职能无法有效分开。[1] 所以中国传媒组织应该尽量实现投资主体多元化，这样，多元主体出于维护自身利益的要求，容易促成构建完善的公司治理结构的趋向。在这一点上，其实即使是事业单位性质的传媒组织，也最好实现多家国有单位共同持股或交叉持股。同时，在实现投资主体多元化的过程中，要注意国家的政策要求，比如一些领域民营资本可以进入但必须国有资本绝对控股等，这些要求必须严格执行。

---

① 详见王瑞璞、张湛彬著《中国国有企业制度创新》，中国经济出版社 2002 年版。

第六节　传媒组织的组织结构

一、组织结构的内涵与设计流程

（一）组织结构的内涵

组织结构是指组织全体员工为实现组织目标而进行分工、协作，在工作任务、权力、责任等方面所形成的结构体系。也可以说，组织结构的本质是组织内员工之间的分工、协作关系。从另一角度看，它是实现组织目标的一种手段。

（二）组织结构的设计流程

组织结构设计事关组织运作的有效性，非常重要，其设计流程主要有如下四步。

第一步，确定实现组织目标所必需的活动。如组织的目标是每日推出新的内容产品，则要考虑推出内容产品需要哪些活动，如需要采访、写作、编辑、校对等。在梳理、确定完活动后，应再注意找到对实现组织目标贡献最大的关键性活动，以及贡献一般的次要活动。

第二步，对所确定的活动进行分组，形成职位、部门和层次。

此步要注意的是，工作结果或说贡献相同或相似的活动应该归并在一起，由一个部门来承担，此所谓分组过程中的"贡献相似性"原则。与此同时，在进行部门分合时还应该考虑尽可能地使一项活动与和它有关联的活动的联系距离保持最短，此所谓"关系接近性"原则。比如，规模很大的传媒组织的某一个小部门的特定员工招聘可以自主进行，不必非得人力资源管理部门专门来做，因为前者了解情况，这样效率更高，做的过程中及之后注意沟通就好。

另外，还应安排好关键性活动与次要活动的关系，使次要活动服从、服务于关键性活动，以确保组织活动有序进行。

而在设置层次时，要注意根据每个管理人员的管理能力准确地设定管理幅度——管理的员工人数，也即管理幅度要适当，这样才能实行有效管理。而在管理幅度确定后，一个组织应该有几个层次也就自然地出来了。

第三步，为各职位配备人员，并确定人员的权与责。

在配备人员时，要依照"能位对应"的原则，使职位与人员的能力相匹配；同时，在确定人员的职权时，要遵循使决策权限处于最接近活动现场的层级的原则。同时要赋予人员与职权相对等的责任。

第四步，通过制定一系列制度使工作过程、方法标准化，实现对组织内各部门和层次的整合，使它们能更好地协调工作，最终有效实现组织目标。[1] 如果说，前三个步骤主要是将组织的活动分解成部分的话，那么这一步则是将部分联结成有机整体，以使整个组织能够协调一致地实现组织目标。

二、传媒组织结构的设计流程

根据上述组织结构的设计流程，传媒组织的设计流程简要如下。

（一）确定传媒组织相关活动

对于传媒组织来讲，其活动主要为采访，编辑，发行、播出或推送，广告经营，财务管理，人力资源管理，技术设备管理，后勤服务，多种经营等部分。需要对这些活动进行分组形成部门，然后再进一步细分，形成分部门与各级各类岗位。对于传媒组织来说，采访、编辑、广告经营、多种经营等活动，对于自身的生存、发展影响重大，是关键性活动；而财务管理、人力资源管理、技术设备管理、后勤服务等是支持性、服务性活动，属于次要活动，后者应该服从、服务于前者。

（二）活动分组

很明显，传媒活动的分组应遵循贡献相似性原则，初步分组就是将

---

[1]　以上观点参考了王凤彬、李东编著《管理学》，中国人民大学出版社 2000 年版。

采访、编辑分为一组，即形成采编部门，将发行、播出或推送，广告经营，多种经营，财务管理与人力资源管理等分为一组，即经营与管理部门，初分应是这两大板块，然后再进一步细分。如果是广播影视组织，由于技术设备的重要性，还可以再单列出技术设备一部分与采编、经营管理部门并列。

（三）配备人员、赋予权责

即按"能位对应"等原则给岗位配备合适的人员，并赋予人员相应责权利等。

（四）设置纵向与横向联系手段

此部分即按传媒工作特点设置纵向与横向联系手段。横向联系手段如采编与经营部门的关系等，该关系是传媒组织日常运作中很重要的一个机制，设计得好，两者配合紧密，能更好地实现获取社会效益与经济效益的目标；设计得不好，则两者间会有冲突，最终影响组织目标的实现。

三、传媒的组织结构分析

（一）国外传媒组织的组织结构 [1]

本处国外传媒组织的组织结构，限于篇幅，仍择其要者进行介绍，故选取报社与电视台两类。

1. 报社

报社的组织结构比较复杂，为了论述方便，笔者将其组织结构分成高层面与中低层面。

就高层面而言，其分组有一个发展过程，可以说先后经历了老板抓总，老板抓总、总编辑负责采编以及老板抓总、总编辑与总经理分工负

---

[1] 该部分图及相关资料部分参考了童兵著《比较新闻传播学》，中国人民大学出版社 2002 年版。

责三个阶段。

（1）老板抓总

这是指西方传媒刚开始出现的时代，当时报社规模小，业务比较简单，报社内部只有少数采编以及印刷、发行等工作人员，老板本人负责管理全部作业活动。

（2）老板抓总、总编辑负责采编

随着报业的发展，工作量增大，老板疲于应付，而且此时采编业务重要性变得突出，于是，1817年英国泰晤士报社实行总编辑制，老板高薪聘请相关人士任总编辑，由其专门主持采编工作，自己对报社全部运作进行控制，但对采编工作一般不加干涉。由此形成老板抓总、总编辑负责采编的局面。

（3）老板抓总、总编辑与总经理分工负责

进入19世纪后，随着传媒业的发展，报社除采编工作外，经营工作日益重要，经营工作开展得好，能给报社带来可观的经济效益，如果不佳，报社往往会很快面临生存问题，由此经营工作也开始受到前所未有的重视，在组织结构中的重要性日益突出。于是，到了19世纪末，泰晤士报社又增设总经理职位，由总经理主持经营业务，与总编辑平级。于是形成了老板抓总、总编辑与总经理在其领导下分别主持采编与经营部门的组织结构，这种组织结构，人称"T"型组织架构（见图5-8）。

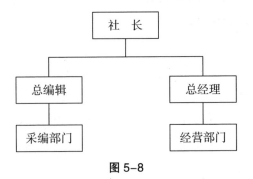

图 5-8

这种"T"型组织结构一直沿用至今，是包括中国在内整个世界的报社最普遍采用的形式。

下面看中低层面。

中低层面是指报社的中层部门及以下的基层部门。图 5-9 是西方综合性报纸组织中低层面最具代表性的一种组织结构。

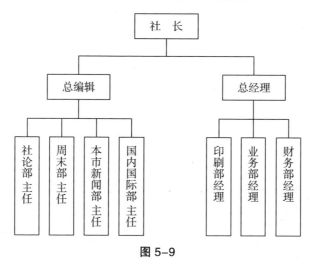

图 5-9

如图 5-9 所示，中低层面分组，总编辑之下一般分为社论部、周末部、本市新闻部、国内国际部四大块。当然，实践中，不一定所有报社都是四个部，也有的将其分得更细一些，比如国内国际各成一部等。

本市新闻部是最为重要的部，工作量最大，人员最多。主任负责本市整个新闻采编工作的管理，包括制定计划、组织人财物实施计划、领导协调工作开展、对工作流程进行监督等。

国内国际部主要负责国内、国际各类稿件的处理，主要是处理本报驻外地、外国记者以及来自各通讯社的稿件。

周末部则负责周六、日版的内容。

需要注意的是，社论工作独立成部门，这除了符合"贡献相似性"原则外，还符合西方有关报纸社论的传统理念，即报纸的社论是报社作为独立社会主体的立场的反映，是报社的主观意见，其运作应该独立进行，不应与新闻等其他客观性的报道掺在一起以免相互影响，所以在组织结构上也强调独立性，部门直接向总编辑负责。有的报社甚至不向总编辑负责，而是越过总编辑直接向社长负责，比如纽约时报社。

对于经营业务，总经理之下一般最重要的就是业务、印刷、财务各部。业务部负责发行、广告等工作，这是报社经营业务中的"关键性活动"，最受总经理重视，一般发行、广告还会单独成立部门。印刷部负责本报的印刷，有的也对外承揽印刷业务以获取收入。财务部负责财务工作，如投融资规划、制定预决算、日常收支、审计以及与税务部门接洽等。

2. 电视台

本书选取美国中等规模的商业电视台作为案例进行剖析。其组织结构具体见图 5-10。

如图 5-10 所示，美国典型的中等规模的商业电视台一般在台长之下设营销部、节目部、新闻部、技术部、财务部五个部门或说五个板块。台长对日常运作负总责，其任命下级各部门负责人，指导他们开展工作。

营销部负责广告资源的销售、广告策划与播出等工作，这是电视台收入的主要产生部门，与节目、新闻等部门受到同等程度的重视。节目部主要负责非新闻节目的制作、台外节目的购进与自制节目的销售等，有的电视台也把节目的购销业务放在营销部。新闻部主要负责新闻节目的采访与制作。技术部负责节目的播出以及整体设备的维修、养护等。财务部负责整个电视台财务活动的运作与管理，其内容与前述报社财务部主任的工作范围基本相同。

（二）中国传媒组织的组织结构

1. 新中国成立前

新中国成立前传媒的组织结构，本书选取当时影响最大的申报社、大公报社、上海中央日报社三家进行个案性介绍。

（1）申报社

前文已述，申报社自史量才接办后，一直根据业务需要不断优化组织制度，以提高工作效率。1932 年 1 月，申报社成立总管理处，并公布了"申报馆组织系统表"（见图 5-11）。

从图 5-11 可知，1932 年申报社的组织结构已非常清楚地分成采编与经营两大板块，各司其职，平行运作。

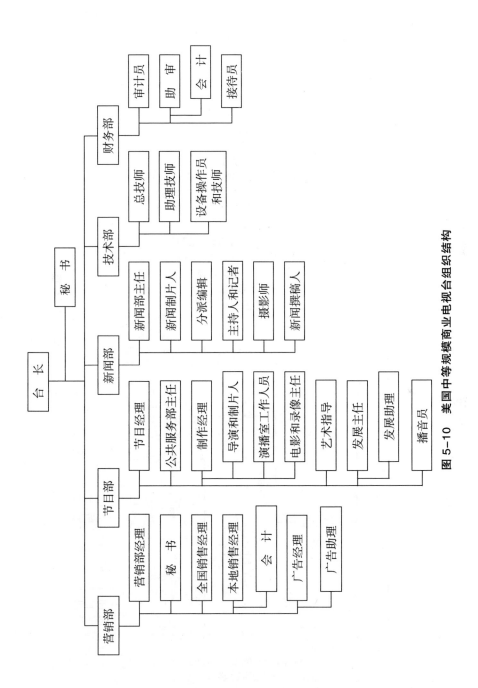

图 5-10 美国中等规模商业电视台组织结构

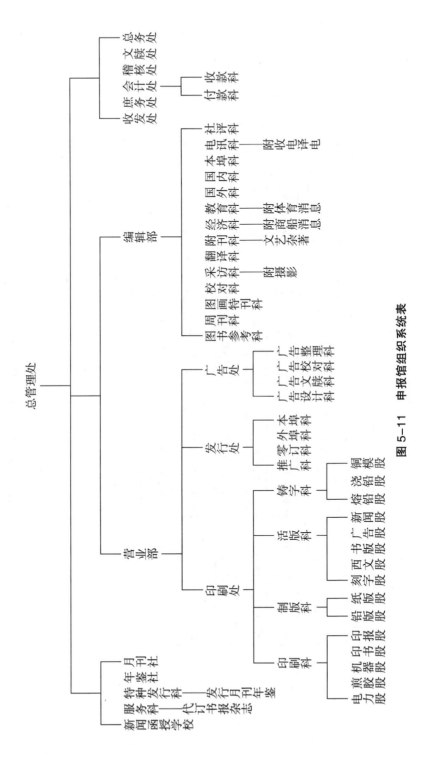

图 5-11　申报馆组织系统表

从经营板块看，部门设置已经非常细致，分工也很明确，其中经营分成印刷、发行、广告三个部门。在发行处下设推广科、零订科以及负责本埠与外埠发行的科室，广告处也根据广告业务内容分设设计、文牍、校对等科室。

至于总务、会计、稽核、收发等行政部门，则独立于采编与经营之外，直接向总管理处负责。

（2）大公报主报社的组织结构

如第四章所述，1941年9月，大公报公司成立董监联合办事处；1942年4月6日，董监联合办事处公布了大公报主报社组织结构图（见图5-12）。

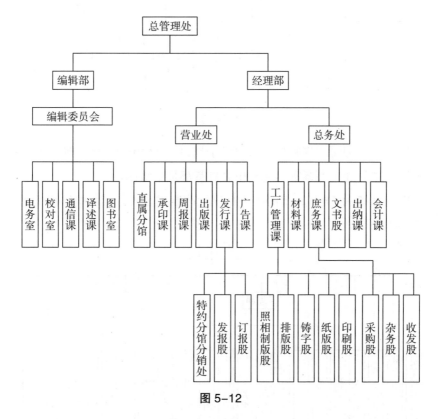

图 5-12

由图5-12可见，大公报主报社的组织结构也是清楚地将采编部门与经营管理部门分开，分成编辑部与经理部两部分。值得注意的是，与前述申报社不同，该报社的经营与总务两块业务都在经理部的管辖之下，而不像申报社总务等行政部门独立出去，与采编、经营部门并列共同向总管理处负责。

（3）上海中央日报社

上海中央日报社自成立起一直隶属国民党党报系统，属于国民党中宣部下属机构，其组织结构图如下。

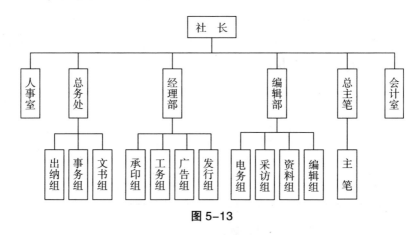

图 5-13

如图 5-13 所示，报社由社长总管全局，下设编辑部、经理部、会计室、总主笔、总务处、人事室，这些相关科室都是平级的。

1947 年 5 月 18 日，上海中央日报社改制成公司，其组织结构变化后如图 5-14 所示。

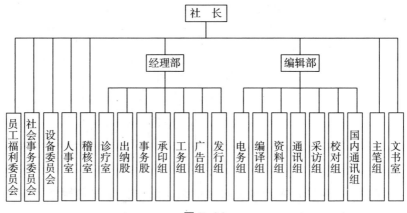

图 5-14

由图 5-14 可见，成立公司后，报社的组织结构整体框架、层次没有改变，只不过在社长之下又增设了员工福利委员会、社会事务委员会、设备委员会、主笔组、文书室等，在编辑部、经理部之下又重新进行分工，部门增多，分工更细。

2. 新中国成立后

新中国成立后传媒组织的组织结构，本章将重点分析党委机关报社。新中国党委机关报社组织结构变化中比较大的是 1994 年的一次，在这之前是采编部门占绝对主导地位，之后，采编、经营"两架马车"并行的组织结构形成并较快普及。

新中国成立后，中国最主流的报社是党委机关报社，由于党报一贯重视宣传的工作传统，经营管理活动长期以来不受重视，经营管理部门也非重要部门；到 1978 年传媒业实行"事业单位企业化管理"后，虽然经营管理活动日益重要，但由于传统等原因，经营管理部门的地位在报社一直未获提升，与一般的采编各部门处于平级地位，经理部负责人也与采编各部门的负责人平级（见图 5-15）。

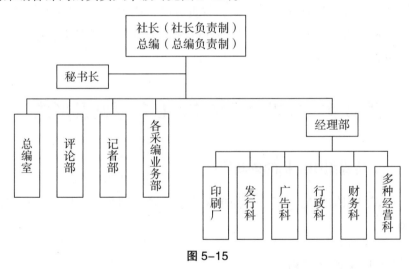

图 5-15

1978 年后，报社的经营活动不断增多，为了适应新形势下的需要，一些报社对内部组织结构改革进行了不同程度的探索与尝试；到 1994 年 2 月，出现了新型的社长领导下的总编辑与总经理分工负责制，该组织结构由羊城晚报社率先采用，具体如图 5-16 所示。

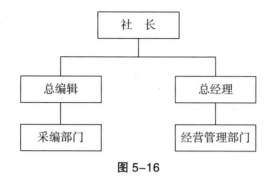

图 5-16

在这一组织结构中，社长是报社的总负责人，对报社的采编部门、经营管理部门的工作负总责，通常报社领导层设总编辑、总经理，协助社长分管采编、经营管理部门的日常工作，并协助社长做出报社的最高决策。在此种结构中，总编辑和编委会只负责报纸的编辑方针、报道计划、具体采编业务的组织和实施，一般不干涉经营管理部门的事务，经营管理部门的管理者也不干涉采编部门的日常工作。这一管理体制的优点是，采编业务与经营管理业务相分离，权责分明，便于采编人员与经营管理人员各司其职；另外，它提升了经营管理部门的地位，使其受到重视，有利于提升运作绩效。

第七节　传媒组织结构的创新原则及形式

一、传媒组织结构的创新原则

传媒组织结构的创新原则简单说来有两条，即最适性原则与动态性原则。

（一）最适性原则

在研究传媒组织结构时应该首先树立的一个观念是：组织结构并不存在某种普适性的最佳形式，与组织特定的内外情境相一致的形式就是最佳形式。在实践中，每个传媒组织都有其具体的内外情境，而且个个不同，其最佳选择就是组建最适合自己当下情境的组织结构，因此可以说，有多少个传媒组织，就可能有多少种传媒组织结构。

（二）动态性原则

随着时间的推移，每一个组织的内外情境都会发生变化。而组织结构必须随着内外情境的变化而变化，就像单细胞生物变形虫一样，随着环境变化不断变形，这样才能保持肌体对内外变动的适应，才能保持肌体健康。世界最大的单体广告公司日本电通公司——其没有成立集团，随时变革组织结构的意识就非常强，其内部设有专门部门负责组织设计与变革，每年公司要定期召开两次专门会议，研究整个公司的组织结构调整，而小的变动则随时都会发生。

二、组织结构创新的可借鉴形式

在当前世界发达国家传媒组织中，有被较广泛采用的两种组织结构，而且在实践中证明是比较有效的，分别为事业部制和控股公司制。

（一）事业部制

1. 定义

事业部制即在企业组织结构设计过程中，按产品、市场区域、顾客或营销渠道等进行部门化而形成准独立性经营单位的组织结构。按照前述内容，组织结构设计的基本步骤第二步是分组，而一般有三种基本分法：第一种，按时间、人数、区域分，如按时间分早、中、晚班，按人数分连、排、班，按工作区域分街区清洁队等，由此形成不同的组或部门；第二种，按工作方式分，如报社的采访、编辑、发行等部门；第三种，企业中按产品、营销区域、顾客或营销渠道等分，形成了事业部等形式。[1]

---

① 详见王凤彬、李东编著《管理学》，中国人民大学出版社 2000 年版。

2. 特点

事业部制的特点主要有如下几条。

（1）各事业部与母组织是部分与整体的隶属关系、上下级指挥命令关系。

（2）财务上独立核算、自计盈亏，而不是自负盈亏，其盈亏由所属企业负责。

（3）内部有较完备的职能机构，如相关财务、人力资源管理等辅助部门。可以说，独立出去就是一个完整的企业，可以独立运作，这样平时运作稳定性也强。

（4）有利于减轻高层管理者的工作压力，使其能致力于企业战略等。

（5）有利于调动各事业部的积极性。

（6）方便对各事业部的绩效进行考评。

（7）在实践中可避免不必要的企业注册、独立纳税等问题。

（8）资源重复配置，运作水平较低。比如因为要配置多套职能部门，所以固定的投入就被分散了，就不能集中起来聘请数量更少但水平更高的人员来组成一套部门，所以运作水平会降低。

（9）事业部之间往往协作性差，影响整个组织运作的有效性。事业部出于部门利益考虑，可能不愿过多帮助其他部门或母组织。

鉴于事业部制的上述特点，在传媒业内一般适用于含有多家子媒或跨区域运作的传媒组织。

（二）控股公司制

1. 定义

控股公司制其实是建立在公司之间资本参与关系基础上的组织结构。这是公司与公司之间的组织结构，不是一个组织内部的结构。按理说，本书不该论及此，但是，在我国，传媒组织这样的事业与企业单位也可以建立这种组织结构，其对中国传媒组织是有益的，所以本书在此也进行介绍。

2. 控股类型

控股类型一般有三种：绝对控股，持股比例超过50%；相对控股，持股比例为 50% 及以下，但对公司决策有重要影响；一般参股，持股比例低到对公司决策无实质性影响。[①]

3. 控股公司与被控股公司的关系

控股公司（母公司）与被控股公司（子公司）的关系不同于母组织与事业部、分公司的关系，后者是行政隶属关系，而控股公司与被控股公司是产权控制关系。在日常运作中，母公司无权直接指挥子公司，而是通过向子公司派遣产权代表、董事、监事等从内部影响其决策，从而实现自己的意志，这与行政领导是不一样的。

4. 控股公司制的适用范围

控股公司制多是那些在非相关或弱相关领域开展多元化经营的公司较常采用的一种组织结构，由于经营业务的非相关或弱相关，大公司不必对这些业务经营单位进行直接的管理和控制，而代之以持股控制，这样就节省了管理成本。[②]该种组织结构同样适用于一些公司化运作的传媒企业。目前，世界上的传媒企业包括绝大多数知名传媒集团都普遍采用控股公司的组织结构，以在增加盈利点的同时节省管理成本。针对中国来讲，同样适用于公司化运作的传媒企业，目前中国传媒业市场化运作程度不断加深，传媒在非相关或弱相关领域扩张以获取更多盈利点的行为也不断增多，因此这种组织结构肯定会得到更加广泛的应用。

---

① 详见王凤彬、李东编著《管理学》，中国人民大学出版社 2000 年版。

② 详见王瑞璞、张湛彬著《中国国有企业制度创新》，中国经济出版社 2002 年版。

第六章
传媒内容产品的销售

　　传媒内容产品的销售是指传媒机构将自己的内容产品出售给各类消费主体以获得收入。在实践中，传媒内容产品销售包容广阔，包括纸媒的内容产品销售，广播、电影、电视、互联网、音像出版的音视频内容产品销售，互联网上的文字内容产品销售、知乎等知识分享平台上的内容产品销售、电子出版内容产品销售等。

　　本章将集中对传媒内容产品中的两大类别进行分析，一是纸媒的，一是音视频的。纸媒包括书、报、刊，本章将以报纸为例进行专门分析；后者包括广播、电影、电视、互联网以及音像出版的音视频产品，将以广播电视为主进行分析。

第一节　报纸内容产品销售的基本概念

　　在中国传媒市场，所有内容产品的销售一般叫作发行，报纸也不例外。当下，报纸在世界范围内是一个逐渐式微的传统传媒，市场份额不断缩小，但其仍是主流传媒，权威性、影响力仍然不小，而在我国之外的许多国家，报纸萎缩得并没有那么快，其仍然在传媒市场占据比较重要的地位。

一、报纸发行的定义

　　报纸发行即报纸生产出来后传递到消费者手中的流通过程。它是办报活动完整流程的最后一个环节。它是流通环节，是中间环节，属于提供无形财富的服务业。

二、发行业务在报纸工作中的意义

　　发行作为报纸工作的一个环节，对报纸工作而言有如下意义。

（一）实现报纸的传播功能

报纸作为大众传媒，以向社会传播信息为本职功能，但报纸制作完成后，必须经过发行这一环节才能到达读者手中。发行是报纸工作的基本环节之一，没有它报纸的传播活动就没有完成，这是必要环节。

（二）能检验内容产品的质量

报纸内容产品的质量如何，是否受消费者欢迎，往往很快会在发行量上尤其是零售量上体现出来。内容产品符合消费者要求，为消费者喜闻乐见，则零售量大，征订难度小；内容产品不好，则发行量也不会高。所以，从发行工作的难易程度可以看出内容产品是否受欢迎，从而也为采编业务乃至整个报社的运作提供重要提示信息。

（三）获得收入

在很多人的印象中，报纸的发行业务是亏损的，即一个报社仅凭销售报纸很难实现盈利。实际上这并非指所有报纸，中外有部分报纸发行即可盈利，比如日本等国的主要大报长期靠发行即可盈利，而且发行收入在报业总收入中占最大比重；即使发行业务的收入不能弥补报社总成本，但这仍是一块不可忽视的量，比如1998年末《南方日报》收取的第二年订阅费就高达1.5亿元，这是一笔很可观的收入了。所以，发行是报社很重要的一块收入来源。

（四）影响报纸的广告收入

发行工作还有一个很重要的功能，就是影响报社的广告收入。发行工作做得好，发行量大、所获得的消费者消费能力强，则能吸引到更大量、更有实力的产品的广告投放，从而为报社带来可观收入。从这一点看，发行工作确实对报社的总收入能起到基础性影响。

（五）有增值潜能

发行业务还有增值潜能。一个报社有发行这块资产，如车辆与投递人员等，就可以延伸到其他业务领域，比如做物流——在投送报纸完毕之后送牛奶、书、文艺演出票之类的，它与发行的业务状态还是比较接近的。同时，发行业务还可以使报社品牌增值，发行业务尤其是自办发行部分，有遍布城镇大小角落的报刊摊亭，所有这些摊亭、流通于这些摊亭之间的运输工具，乃至送报人员与摊亭人员等统一视觉等形象，就是一个报社品牌的整合营销传播，从而实现报社无形资产增值，也就实现总资产增值。而在市场运作中，总资产增值就可以有更高的融资额度、授信额度等，还是有一定价值的。另外，还可以通过发行业务获得一些社会资源，比如1990年代实行自办发行的报社，由于自办发行需要众多征订、投送人员，多的达到3000人，所以为解决当地就业问题做出了贡献，于是就可以据此向当地政府等申请，以优惠条件获取一些社会资源，比如用地等。

综上所述，发行业务在报社的整体工作中是很重要的，尤其是它能对一个报社的广告收入起基础性作用这一点，值得重视。

三、发行的基本模式

要区分报纸的发行模式可以有诸多角度，下面仅从定价角度与操作主体角度来分析。

（一）从定价角度看

从定价角度看，发行可以分成无偿发行与有偿发行。无偿发行是指免费赠阅，如一些创刊、改版或处于征订期的报纸，为了拉近与消费者的距离，让消费者了解以便产生购买意愿，会赠送若干期报纸给消费者；有的是报社为了维护与相关机构或群体、个人的关系，也会赠送一定数量、一定时期的报纸给对方。另外，还有专门以免费报纸为盈利模式的报社，如被认为发源于北欧瑞典等国的"地铁报"等，该报面向消费者免费，一般在早高峰时期于地铁站免费派送——由此在较短时间以低成本实现较大范围的覆盖，最后再以广告资源销售获取收入。采用这种盈利模式的报纸其后在世界范围内广泛存在，我国在21世纪初也曾出现过。

这也可以理解成报纸在式微时期的一种明智选择。

在实践中，报纸绝大部分都是有偿发行，其是报纸发行研究者的主要研究对象。

有偿发行又可分订阅与零售两种形式。

国内学者唐绪军对订阅所下的定义为：读者预交一段时间的报纸订阅费，由专门投送人员在该时间段内把读者所订报纸按期投送到读者指定地点的行为。

一般而言，订阅是相比零售价值更大的一部分业务，因为订阅有着系列优点：第一，订报款预付，报社可以更早获得一笔资金；第二，订阅期内，保证了这部分发行量的稳定，不像零售一样会受包括天气在内的各方面因素影响，实践中，订阅率高的报纸发行量必然稳定，波动少，这对吸引广告主是有利的；第三，订阅对于报纸而言是"订单式"生产，只要生产出来，就能销售出去，所以不至于浪费；第四，如第三章所说，报纸如果订阅量大，则更受广告主青睐。综上，订阅对于报纸的发行业务而言，一般是比零售价值更大的。

在国外尤其是发达国家，订阅率是市场经济环境中一份报纸成熟与否的标志。报纸转手定价的一个重要标准就是订阅率，一份报纸的订阅率高，买方还可以以此为依据从银行等金融机构融到更高额度的资金。

零售是指报社发行部门向报纸零售点提供报纸，由后者将报纸销售给消费者的行为。此处的零售点包括报摊、报亭、超市、无人售报机等。

零售发行量不够稳定，但也有其价值，比如：第一，可以及时掌握市场对报纸的反应，使采编工作及时调整，从而做到对市场反应灵活。第二，还可以制造市场声势，有助于树立品牌、增加影响力，从而促进订阅与广告主的广告投放等。尤其在一些尚未成熟的市场，广告主选择报纸进行广告投放时，由于没有可靠的发行量数据，选择的一个基本依据就是看其市场影响，如果呈现很"火"的局面，则往往会认为该报纸发行量"大"，从而会选择该报纸投放广告。由于零售业务可使报纸遍布于各个摊点，从而给人一种"发行广泛"的印象。同时，报社还可以借助零售摊点等办活动制造声势，如在遍布城镇各个角落、数量众多的各摊点统一摆放招人眼球的标志物等，这些都有助于扩大报纸的市场影响。总之，零售业务可制造市场声势，有助于树立品牌、增加影响力。第三，零售业务还可以使报社的发行量比较灵活。比如社会上出现了大众关注的事件，大众的信息需求量大，报社可以借机加印报纸，而因为有零售业务，就可以使加印报纸从零售渠道上发行出去，而订阅业务做不到这一点，所以零售业务可使报社的发行量比较灵活。综上，零售业务也自有其不可忽视的价值。

最后，要说一个业界的说法，这并非学术术语，但是有一定道理。笔者在此规范一下它的应有内涵。该说法为"无订不稳、无零不活"。而"无订不稳"应该理解成没有订阅则发行量不稳定，发行收入不稳定，则广告收入无保障——广告主不大会选择发行量不稳定的报纸投放广告，从而使整个报社的经济基础不稳定，则整个报社运作不稳；"无零不活"应该理解成没有零售业务，则报社采编活动对市场反应不灵活，不能为报社品牌增值，使报社拥有更大的无形资产从而可更有效地销售、更广泛地进行资本运作等，以及发行量变动也不灵活，这些都是"无零不活"的应有内涵。所以，"无订不稳、无零不活"应该这样理解才对。

（二）从操作主体角度看

报纸发行从操作主体上看，还可以分为委托发行与自办发行。

1. 委托发行

委托发行即报社将发行业务"外包"给外部机构去办理。如邮局、发行企业、物流企业或其他报社的发行部门等。

委托发行优势在于报社不用组建、维护与管理发行网络、发行队伍，节省运作成本与精力，可以专心从事办报主业。委托发行的劣势在于，由于发行业务不控制在自己手里，在许多方面都是被动的：第一，委托发行很难控制报纸发行质量，受托机构有时难以保证时效性，在投送过程中会导致报纸破损、遗失等；第二，报社无法及时、方便地获得市场反馈，不能迅速、灵活地改进采编等工作，受托机构一般不会主动收集、主动反馈消费者的意见；第三，无法及时回收报款，资金在受托机构手里，不管有意无意，收回到自己手里总要有各种成本；第四，受托机构对报纸的征订工作往往较难积极投入，而实践中受托机构往往受理不止一家报纸的发行工作，受理得越多，越难以积极投入每一份报纸的征订工作。

2. 自办发行

自办发行即报社自己办理发行业务，其优缺点与委托发行正好相反，简单说它避免了委托发行的缺点，但也没有了其优点。

第二节　中国报纸的发行业务

本节笔者将介绍、分析中国报纸发行的发展历程与发行模式。

一、中国报纸发行的发展历程

本处只介绍新中国成立后报纸发行的发展历程。从新中国成立至今，报纸发行的发展历程从表现的不同来看，可以分为三个阶段，分界点分别为 1950 年 2 月 13 日、1985 年。

第一阶段：1949 年 10 月 1 日—1950 年 2 月 13 日

从 1949 年 10 月 1 日新中国成立到 1950 年 2 月 13 日，这一阶段中国报纸发行工作的特点是旧模式延续为主以及全国性新模式的酝酿。所谓旧模式延续为主是指，在这几个月的时间里，国家并未对这一领域的工作有实质性的变动，全国不管是已解放还是未解放地区基本是延续着原有的发行模式。同时值得注意的是，此时新的发行方式已经在酝酿。在这期间，召开了两次重要会议，其中一次是 1949 年 12 月 17 日至 26 日的全国报纸经理会议，在该次会上确定了"邮发合一"方针。该会议指出，"报纸发行工作，应学习苏联及我国东北、山东的经验，逐步地全部移交邮政局办理"，从而实现"邮发合一"，即邮局将邮件与报纸一起在全国邮政网络上寄送——"邮"与"发"工作合到一张"网"上。1949 年 12 月 10 日至 28 日，第一次全国邮政会议召开，这次会议通过了《关于报刊发行问题的决议》，决定采取"邮发合一"方针。

第二阶段：1950 年 2 月 13 日—1985 年

这一阶段的特点简单讲是"邮发合一"的全国推广并获得了较普遍采用。

1950 年 2 月 13 日，人民日报社与邮电部邮政总局签订《关于报纸发行工作的协定》，开始将发行工作全部移交给邮局，全国范围内的"邮发合一"工作正式开始。1952 年，邮发报纸比率已达到当时全国报纸总数的 85.5%。

当时，经邮局发行所花的费用比报社自办发行要多，但从另一角度看，邮发更好地满足了当时党的宣传工作以及全国群众读报需要，因为邮局"点多面广"的全国性网络是报社所没有的。同时，报社能够专心办报，省去许多烦琐且自身难以做好的工作。历史地看，"邮发合一"这一政策对于中国报业的宣传功能发挥、中央指导全国工作都有很大贡献。从对报业的积极作用来说，则是扩大了发行范围，增加了发行量。直到今天，邮发仍是中国报业发行使用率最高的模式。

第三阶段：1985 年至今

这一阶段我国报纸发行最大的特点是渠道多元化。

渠道多元化即委托发行（委托给邮局及其他发行机构）、自办发行以及两者间任意结合等形式。

历史地看，我国报纸发行渠道多元化是以"邮发合一"体制被打破为起点的。

1978 年后，报业规模增长很快，邮局发行业务的盘子承担起来日益困难，另外，"邮发合一"自身还有诸多缺点，使报业越来越难以接受，具体如下。

一是邮局延缓交付订报费，使报社利益受损。实践中，邮局的发报刊局收取的订报费基本按月或季度与报社结算，比如收好未来一年的订报费后，在该年每月月底将该月费用交给报纸，剩下的费用依旧留在邮局的账上，其后每月照此办理，这就使邮局将大量资金控制在自己手上，从而获取流动资金，并坐收数额可观的利息。以南方日报社为例，1998 年之前，邮局采取按月返还订报费的方式，使报社超过亿元的订报费被邮局无偿占用。

二是发行费率高。"邮发合一"体制下，邮局向报社收取报纸价格的25%作为发行费，但这一规定仅限党报，其他报纸还要偏高10个百分点以上。1987年，邮局决定调高发行费率，本埠报纸发行费率订阅为30%，零售为35%，外埠报纸发行费率一律为40%。以后，邮局还不断调高费率。如南方日报社1997年实际支付的发行费率为48.3%，1998年更是涨至58.3%。另外，据有关专家提供的资料，邮局还有一些规定，如报纸临时增版，要向邮局交增版发行费，因为邮局称此举增加了它的发行成本；因报纸工作延误没有按时出报的，要向邮局缴纳"报刊延误损失补偿费"；报纸停刊、降价需向订阅读者退款时，其中退款总额的15%须支付给邮局作为退款手续费；另外，还有不足3万份的报纸其发行费率要按3万份为基数来计算；等等。这些规定起码有部分使报社的利益受到损失。

三是邮发发行质量难以保证。邮局的主要任务是邮政业务，对于发行报纸只是连带业务，很难保证高的发行质量。这主要表现在：第一，投递时效难以掌握，如邮局职工早上8点上班，这就延迟了早报的投递，此外，由于邮局工作的一些局限，边远地区好几天的报纸往往攒到一天送到消费者手中等。第二，在邮寄、投送过程中往往有报纸破损、遗失等现象，损害了订户的利益。第三，由于存在邮局这样一个中间环节，报社无法及时、方便获得消费者的反馈，不能迅速、灵活改进采编工作。第四，邮局往往"拘泥"于自己的网络，难以依据报纸需要灵活开辟新的发行线路——其网络是根据邮政需要建设的，不可能完全符合报纸发行工作的要求，其也难有强的动机去建设新的网络，这就限制了报纸发行工作的开展。第五，邮局在征订工作上往往热情不高，不积极主动，而且邮局代理的报刊多，更难针对其代理的每份报纸进行针对性的推介。

由于以上诸多原因，报社日益难耐、矛盾日益突出，有报社提出自己参与搞一部分发行，但邮局不同意，意思是要搞就全部搞，完全脱离邮局。在这种形势下，1985年，洛阳日报社毅然摆脱邮局，成为全国第一家自办发行的报纸。其结果是发行质量有很大提高，如报纸投递时效性增强，城区订户收到报纸的时间平均提前了两小时；更加方便了订户，有些因住在楼上而不能及时收到报纸的，现在由于自办发行的送报到户也可以及时收到；发行费用显著降低，只有原来的 18%。洛阳日报社自办发行的 5 年内，报纸发行量平均每年上涨 10%，虽说不能全部归功于自办发行，但毕竟这里有自办发行的一份功劳。这样，洛阳日报社自办发行后收到好的效果，于是全国报社纷纷仿效，到 1998 年 10 月，全国已有 800 家左右的报社采取自办发行，占总数的 39% 左右。[①]

洛阳日报社在报纸发行方式上所做的探索，是报业生产经营自主权向其主体回归的表现，反映了在当时经济日益商品化、市场化的情况下，市场主体对其完整权利、对更高效市场运作的要求。它实现了中国报业发行渠道多元化、提高了发行效率、促进了邮发的改进提高、促进整个报业发行市场进一步完善，对整个报业的繁荣也起到了促进作用，洛阳日报社首家自办发行的探索对中国报业的贡献不可小视。

从洛阳日报社自办发行之后，随着中国市场经济体制的不断深化，报业运作市场化程度不断加深，中国报业的发行工作日益灵活，报社都可以根据自身条件，选择最适合自身、有效的发行渠道。于是，中国报纸发行市场出现了渠道多元化局面。报社可委托发行，也可以自办，还可以根据实际需要将两者自由结合，比如，有的报社本埠自发，外埠委托给邮局或其他机构发行等。

二、中国报纸的发行模式

从报纸发行的基本模式来说，有委托发行与自办发行两种。从中国报纸发行业务的实践来看，委托发行有邮发与委托其他社会机构发行两种基本形式，另外一个就是自办发行。下面就进行详细介绍。

（一）委托发行

1. 邮发——中国报纸发行主渠道

从中国报纸的发行实践看，虽然自办发行经济效益好、社会影响很

---

① 有关数据来自唐绪军著《报业经济与报业经营》，新华出版社 2003 年版。

大，但其适合条件比较"严苛"，一般是都市类报纸——覆盖范围小、发行成本低，或是有实力、各方面有雄厚资源的党报等，如今中国报业式微，报纸发行量小，自办发行已不"经济"，现在也是萎缩殆尽，所以从有自办发行至今，邮发实际上一直是中国报业发行最主要的渠道，到今天邮发更是"主流"。下面，笔者就对邮发进行专门介绍。

（1）邮发的流程

中国的邮发是学习了苏联报刊发行经验，新中国成立前在山东、东北解放区已经施行，新中国成立后，从1949年12月全国报纸经理会议结束开始在全国范围内推行，形成了中国的邮发流程。

邮发流程分九大环节，依次为宣传、收订、要数、汇总、结算、通知印数、接收分发、运输、投递或零售，具体内容如下。[①]

宣传是指全国各地邮政局发行部门（高行政级别的邮局往往叫发报刊局）组织大规模的报刊宣传推广活动，向消费者统一介绍各报内容、订阅办法、收订时间等，广泛征集订户。一般在下半年开始并一直到年底。

收订是指邮局受理消费者订阅报刊。一般有三种形式：一是窗口收订，即在邮局营业窗口受理订阅，这是邮发报刊最主要的收订模式；二是上门收订，邮局派员到消费者家里收订；三是邮局到各机构办理该机构公、私订户的订阅。

要数是我国报刊发行工作的专门用语，指省邮政管理局下属各级邮局——在邮发工作中被称为报刊订销局——汇总本局收订的各类报纸订阅份数，加上需要的零售数，填写报刊汇总订单，向省邮政管理局发行部门报送。

汇总是指省邮政管理局发行部门接到下属各级报刊订销局的报纸订单后，进行审核、汇总，计算出各种报纸的全省总需求数，填写"报刊汇总订单"，向相关发报刊局——发行被预订报纸的邮局报送。

结算是指各订销等主体之间进行报款的结算，省邮政管理局发行部门根据报纸订单向下属各级报刊订销局结算报款，发报刊局根据报刊汇

---

① 该资料来自《报刊发行过程介绍》，《中国邮政网上报刊》。

总订单向各省邮政管理局结算，同时与报社结算。

通知印数是指发报刊局根据各省报刊汇总订单，审核后汇总每一种报纸的全国总订数，填写"报刊要数通知单"，向被预订报纸的报社通知所要份数。

接收分发即发报刊局在报纸出版后，从出版单位或印刷厂接收，然后按各省报刊订销局所要份数分发，封装后交邮运部门。

运输指邮运部门将报纸按照发运时限要求，发运到各省报刊订销局。

投递或零售是邮发报纸的最后一个环节。投递即报刊订销局收到报纸后，由投递员按投递卡上的地址、户名，将报纸投送给订户。零售即报刊订销局收到报纸后，通过自办零售点将其销售给读者。

（2）邮发目前的优势

从报业发行实践看，虽然自办发行效率高，但邮发有其自身的优势，这也使它在自办发行出现后至今这样长的时期内，在发行报刊数量上仍超过自办发行，稳居中国报刊发行主渠道的地位。其优势具体如下。

第一，邮局具有设备设施等硬件上的优势。邮发在硬件上相比其他发行方式具有先天优势，它的特点是：有分布合理、非常庞大的全国性发行网络。这是目前没有一家其他发行机构具备的。这个发行网络由全国236个邮区中心局、2000多个县级邮政局、70000多个邮电营业窗口，加上全国各大中企业、大专院校的发行站为结点构成；辅之以全国城乡的一级干线（跨省运输干线）、二级干线（省内运输）及末梢投递线路（深入每一个最小的行政单位村委会），配备着从飞机、火车到马匹、自行车等各类专用交通工具，水陆空邮路总长度为120万公里。[①]特别是农村投递网四通八达，延伸到所有的行政村，哪里有订户，邮局就能把报纸送到哪里，这就不像自办发行方式要受本埠、外埠的限制，对外埠订阅者的投递比较困难，只要是邮发报纸，全国各地读者都能通过当地邮局订阅到。

这种硬件上的优势，非常适合非城市性报纸的发行。拿各级党委

---

① 详见屠忠俊著《当代报业经营管理》，华中理工大学出版社1999年版。

机关报来说，是党的"喉舌"，承担着向其所在整个行政区宣传党的路线、方针、政策的任务，因此必须有遍布整个行政区域的发行网络，广大农村与边远山区都要覆盖到，这笔网络及队伍的建设与维护成本不是一般的党委机关报能承担得起的，而且地区级别越大、范围越大其成本越高。如省级党委机关报，从实践中看，也只有几家经济实力雄厚的省报才敢下决心建立自己的发行网络，但也是要么位于东部、南部沿海地区，经济实力强、所在地市场发展成熟，要么面积相对较小、人口集中、交通便利。至于全国性发行的报纸，如党委机关报和行业报等，出于同样原因，其建立、维护发行网络与队伍的成本更高。

第二，邮发回收报款有保证。邮局与报社的结算，虽然按月或季度结算，实际上是拖延的，但都是国家单位，较少出现不付报款的现象，这就降低了报社的财务风险。

第三，实践证明，邮局一旦改善发行质量，就会赢回市场份额。说明邮局也可以做到服务完善。实践中，邮局受到竞争压力后也在努力改善发行质量，而且事实证明，邮局一旦觉醒并进行改革，提高服务质量，再加上先天的硬件等优势，竞争力相当强大。下面以天津市与湖南省邮政局为例来说明这个问题。

据相关资料，1995 年，《今晚报》也部分脱离邮局，实行邮发、自发两条腿走路，且其自发业务与邮局展开强势竞争。"1998 年 1 月 20 日，天津市邮局在全国成立第一家邮发服务股份制有限公司，实行专业化经营，采用新的用人制度，没有工资、只有按量考核挂回发展酬金的全新分配机制，对订户免费赠送小绿箱，实行送报上楼"[1]，邮局的小绿箱与《今晚报》自办发行的小红箱展开竞争，比服务质量，两年下来，双方的期发份数都有很大提高。到 1999 年底，《今晚报》发行总量约为 60 万份，其中由报社自己发行的 33 万份，邮发数量恢复到 27 万份。

邮局经过与《今晚报》的发行竞争后，面目一新，"邮局看到了隶属于《天津日报》的《每日新报》蕴藏的市场潜力，及时决策要全力以赴

---

[1] 详见温艳萍撰《红箱子 绿箱子 蓝箱子》，《中国邮政报》2000 年 8 月 8 日。

帮助打开市场，2000年初开始，邮局为《每日新报》增加了一次送报趟班，每天早7点，《每日新报》就陆续送上楼了，实现了早报早投；零售部门采取集送分取的运作模式，保证每日早7点报纸准时出现在报亭；为发展新的报纸订户，邮局没有像以往那样向报社伸手要政策，而是自己筹措资金，奖励邮递员发展订户，邮递员主动放弃节假日，选择晚上、公休日挨家挨户上门宣传，半年来邮局共发展新订户55000多家"[①]。就这样，邮局靠改善服务赢得了市场。

再接着谈一下湖南省邮政局的"买断包销"案例，这是一个典型的采用新机制后邮发业务取得了很大成绩的案例。

"买断包销"是两层含义。"买断"指邮局将某家报纸一定期限内的发行权买下来，在交付双方谈定的金额后，盈亏由邮局自己负责；"包销"则是针对邮局内部而言，指邮局将发行任务进行指标分解，再逐级落实到部门和个人，并限定按期完成。

据邮政部门的相关资料反映，1998年湖南省邮局采用对部分报刊实行"买断包销"方式，共有10种报纸，总流转额7700多万元，期发份数176万份；"买断包销"后邮发费率平均增加45%左右，邮局收入增加1940万元，总流转额增加70%，期发份数增加72.5万份；1999年又增加了5种报纸，总流转额达1.2亿元以上，期发份数平均增加20%，总的来看，各级订销局、各级报刊社及用户都是满意的。实践证明，凡"买断包销"的报纸，最终邮发费率比原来提高了20%左右，但发行量也比过去增加了，邮报双方实现了双赢。[②]

近几年来，邮局不断改进自己的发行工作，据来自《中华新闻报》的数据，截至2000年，整个邮政系统就使全国省会城市日报的早投种数达到95%以上，全国所有日报的早投率达到60%，而且全国31个省、自治区、直辖市的邮政报刊发行部门已经全部实现计算机联网；另据相关资料介绍，近几年来邮局也开始改变发行业务"铁板"一块的做法，在相

[①]　详见温艳萍撰《红箱子　绿箱子　蓝箱子》，《中国邮政报》2000年8月8日。

[②]　同上。

关环节或相关区域上也允许报社参与，增强报社在报纸发行工作中的主动性；另外，邮局大力建设城市邮政报刊亭，在摊点设置、报刊输送等方面尽力完善，大大提高了在报纸零售方面的工作效率；在征订方面，邮局努力开发各种征订形式，比如说新增了电话预订、集订分送、同城互订、异地订阅、网上订阅等形式，从而在订阅工作上获得重大突破。

从以上论述可知，邮发自有其先天不可替代的优势，而且实践也证明了一旦邮局改善工作，就会使报刊发行量增加，赢回市场，根据《中国新闻出版报》所载数据，2002 年，邮局发行报刊总数为 6172 种，占总数的 67.4%，这比 1998 年的 61% 左右应该说有了很大的提升。所以，邮局也能做到服务完善，这也算其在与自办发行竞争中的优势之一。

以上所述为邮发模式在实践中的优势，具体是针对自办发行和委托其他机构发行而言的。邮发劣势在前边已做过专门论述，此处不再赘言。

2. 委托其他社会机构发行

此处的社会机构指除邮局之外的发行企业、物流企业或其他发行实力较强的报刊社等。在中国，一些报社报纸发行量较小或发行范围广泛，自办发行不够"经济"，而又不想委托邮局，往往就委托给其他社会机构发行，如北京的报社委托给北京青年报社所属的小红帽物流公司等。

（二）自办发行——公认效率最高的发行模式

本章第一节已经提到，自办发行即报社自己办理发行业务，其优缺点与委托发行正好相反。

在中国报业发行实践中，自办发行是国内公认的效率最高的发行模式。1997 年，中国报业协会对邮发报纸和自办发行报纸进行了一次抽样对比调查，结果表明，邮发报纸投递都比自办发行慢。从实践中看，自办发行往往以公司制的形式运作，管理规范，运作灵活、高效，符合市场经济的要求。

自办发行还可以利用自身的网络资源从事物流运输等业务，实现网络资源的增值。实践中，有的报社发行公司慢慢转型成为运送对象更为多元的物流公司。

在实践中，自办发行往往是市场化运作程度高的报纸，而且多为城市性报纸，因为城市范围有限，网络建设及维护和征订、投送等的成本低。

第三节　外国报纸的发行体制介绍

世界报纸的发行业务，各国各地区有其自己的特色，本节将根据特色的不同分别介绍日本、美国与欧洲的报纸发行体制。

一、日本报纸的发行体制

日本报纸发行非常有特色，在世界上可谓独一无二。

根据 2003 年 10 月日本报纸协会调查结果，日本日报期发总量为5287 万份／年，平均一个家庭 1.07 份，这在世界上是很少见的。折合人口算，日本在 2002 年有个统计，当年日本报纸千人拥有量为 574 份。日本报刊发行量稽核组织 ABC 在 2003 年 1 月至 6 月对《读卖新闻》和《朝日新闻》进行了调查，两报日均发行量早晚刊之和分别为 1408 万份和1223 万份，这样的发行量稳居全球日报之第一、第二位。虽然现在两报的发行量都有下滑，但仍稳居世界前两位。

日本报纸发行量如此之大，是怎样发行的？非常有必要对日本报业发行体制进行专门深入的分析。

在日本，报纸发行几乎全部是自办发行，而又有三种基本模式，即专卖店制、联合发行经销店制、集体发行经销店制。其中以专卖店制为主，以后两者为辅。

（一）专卖店制

专卖店制即报社与经销店签订合同，该店只经销该报社一家出版的报纸。专卖店制是日本最主流的一种发行体制，在世界上可谓独具特色。

从二战开始到 1951 年前，日本一直沿用二战期间实行的报纸共同销售体制，即将各报统管起来由官方出面统筹发行。但 1951 年新闻管制停止后，日本报界迅速恢复专卖店制。到 2002 年前后，日本全国报纸专卖店有 2 万多个，占所有报纸经销店的 2/3 以上。发行量最大的《读卖新闻》

各类经销店 8500 个，其中专卖店近 6000 个，占 2/3 左右。

专卖店在形式上有两类，一种是报社直属，另一种是合同制。报社直属专卖店一般在城市中心地区，这种地区因为人口稠密，是报社发行重点区域，所以报社自己直接建立专卖店，进行更有力度的控制；合同制即报社同各区居民所办的经销店签订合同，由后者代理该报社的发行业务。各区一般是按社区的住户数量、居民特点、交通情况等进行精确划分，以求均衡。

专卖店的职责主要有三项，即投送报纸、征订、收取报款，也有的专卖店负责回收旧报纸等。

日本报纸的订阅率非常高，据日本报纸协会 2003 年 10 月所做调查，日本当时全国报纸订阅率达到 93.9%，由于日本报纸发行的绝对数量大，所以说报纸投送工作量很大。报纸投送的时间一般为：早报从早上 3：30 开始，到 7：30 投送完毕；晚报从 15：30 开始，到 17：30 投送完毕。

专卖店的收入，一是与报社所签合同规定的代理费，另有一个非常重要的就是插页广告收入。日本许多经营插页广告的专卖店收入丰厚，店主一般自己不送报，转而雇用别人代送。

（二）联合经销店制与集体经销店制

联合经销店制指一个地区由一家店同时代理发行多家报社的报纸，集体经销店制指一个地区由一家店代理发行所有在该地区发行的报纸。这一般因为所在地区报纸发行量不大，单独设立专卖店对报社而言成本过高，所以多家报社找一家店来共同代理。

（三）日本报纸的征订

从 1951 年日本恢复专卖店制以后，由于各报之间的竞争加剧，报社在发行方面也各出招数，大力推广报纸。其中在征订中比较流行的方法有：有奖征订法，指报社给专卖店规定一个征订定额，专卖店完成后，超额部分越多，报社给予其奖金比例越高；强行推销法，指报社向专卖店下达一个指标，完不成任务各店自己掏钱买下；其他还有订主报送子报、折扣、订报返赠生活用品等。

这些推广行为，使整个报业发行成本增加，而且使整个报业卷入与办好报纸无关的一些"不正当"竞争行为中，很难集中精力专心办报。于是 1955 年，在日本公正交易委员会的协调下，《报业非公正交易禁止办法》出台。该《办法》规定在报纸发行中禁止四种行为，分别是：针对专卖店的强行推销法；对订阅者返赠金钱、优惠券以及其他一切有价值的物品；免费发放报纸——即使在创刊或改版初期也不行；折扣征订或销售。从那时开始一直到现在，日本报业一直在发行中努力倡导公平竞争的原则，严禁包括以上四种行为在内的不正当促销推广行为。

（四）日本报纸发行量的稽核行为

一直到 1950 年代初，日本报业同样存在报社公开的自身发行量不实的问题，各家报社为提高自己广告资源的价格，纷纷虚报发行量，对广告主的利益造成很大损害。广告主对此严重不满，纷纷呼吁改变这种状况。终于，到 1952 年 10 月 28 日，以广告主、广告公司以及印刷传媒三方为主要发起人的报刊发行量稽核机构——日本 ABC（Audit Bureau of Circulations）协会成立，开始对日本报刊发行量进行核查，ABC 是一个非营利性机构，运作经费由会员们承担，由广告主、广告公司以及印刷传媒等组织的主要负责人轮流担任会长。

该机构采取了一些比较有效的方法对报刊发行量进行核实，比如一份报纸的发行量要由 ABC 人员从报社、印刷厂、专卖店和读者四方面来进行核对等。自从 ABC 开展工作后，日本报刊业的发行量真实性问题得到了很大改观。

二、美国报纸的发行体制[①]

（一）发行模式

美国报纸的发行模式从定价角度看主要是有偿发行，又分订阅与零售两部分。

---

① 本部分有关资料详见辜晓进撰《美国报纸发行体制与机制》，《中国记者》2003 年第 1 期。

美国绝大多数报纸发行量中都是订阅所占比例大。在美国，报界对订阅部分的重要性有充分认识，日常总是努力扩大订阅数量。《纽约时报》1980年代零售还占到90%，但其后一直致力于开拓订阅市场，到2006年前后，订阅部分已占到总发行量的60%。

美国报纸的零售主要有报摊、商店和售报机三种渠道。其中商店主要采取代销的办法，美国报纸都很重视这个渠道。像一些超市往往在付款台处摆有多种报纸，顾客在排队等候付款时往往顺手翻阅，并在付款时顺手买上一份，这样一是增加了发行量，同时也能提高报纸的知名度。另外，咖啡店和快餐店也是很好的销售渠道，顾客在喝咖啡和进餐时也喜欢浏览报纸，在这些场所报纸的销售量比较可观。同时也很重要的是，美国的超市、咖啡店、快餐店一般都是连锁经营，而且往往都在人口比较密集的地区，所以报社与一家店签订了代销协议，就等于拥有了一个覆盖率很高的发行网络。另外，售报机售报也是美国报纸零售的一个特色。售报机比人工售报节省成本，而且不避寒暑。美国许多报纸都用售报机销售。《今日美国》在全国"铺开"发行，而且发行量位居美国第一，售报机起了很大作用。

从发行的操作主体上看，美国报纸主要是委托发行。除了使报社可以节省精力以专心办报外，在美国采取委托发行还有另外一个原因，那就是工会的因素。在美国的企业里，工会的影响力比较大，在蓝领工人薪酬、工作条件等方面有较强的谈判能力，这往往使报社对蓝领工人的雇佣成本比较高。鉴于此种情况，美国许多报社都将发行业务委托出去，从而自己也免去了大量雇佣并管理蓝领工人的麻烦。

（二）发行部门的业务

美国报纸的发行部门在报社中的地位很重要，发行部门负责人常由报社副总经理兼任。

一般发行部门的业务有投送、征订、读者服务、财务管理等内容。如果是委托发行的报社，则投送、征订、读者服务等业务都委托给了发行机构，发行部门的工作重点在于与发行机构的联络接洽。不过在美国也有委托发行的报社将财务管理工作仍抓在自己手上的。如果是自办发行的报社，则有关发行的所有业务都要自己来做，工作量大，发行部门的规模也较大。

三、欧洲报纸的发行体制

欧洲报纸的发行模式从操作主体看，分自办发行、委托发行和成立发行联合工会。自办发行、委托发行与其他地区没有多大区别，比较有特色的是发行联合工会。这往往是在报业竞争并不激烈的地区，当地多家报纸联合成立一家发行实体，由该实体统一发行各家报纸。这样可避免每家报纸都自建发行网络所造成的网络质量偏低、利用率偏低的情况。

第四节　报纸发行效率的保证——有效发行原理

一、研究对象的界定

本处要讨论的有效发行是专门针对一种盈利模式的报纸的，即其唯一目标是经济效益，像中国这样规定首要目标是社会效益的报纸则不包含在内，而且，这类报纸的盈利模式是既销售内容产品又销售广告资源且内容产品销售收入不能弥补总成本并实现盈利，其必须再靠广告收入才能实现这一点。这种盈利模式在世界上比较主流，所以，本处讨论此话题比较有意义。

二、有效发行理念的起源

有效发行的理念起源于控制发行。控制发行（Controlled Circulation）指在报纸负定价即其价格低于平均生产成本的前提下，主动舍弃不带来广告来量的那部分发行。

控制发行理念起源于 1980 年代的美国。当时的报业经营研究者威廉·B. 布莱肯伯格研究甘乃特报业集团的发行业务，发现有些城市的报纸有意拒绝治安不好地区的订户，因为这些地区的报纸投送经常出现遗失需要补送的情况，使报纸发行成本提高。值得注意的是，在主动舍弃该部分订户后，发行量下降，但广告投放量未受太大影响，拒绝该部分订户的结果是只降低了报纸的成本。

布莱肯伯格通过进一步研究，发现了报纸广告投放量与其受众的关系。报纸的广告投放量取决于：目标受众是否为广告主的目标消费者。若有一部分不是任何广告主的目标消费者，则该部分只是虚耗了发行成本，从经济效益角度考虑应该舍弃。

这就是有效发行理念的起源。

三、有效发行的核心思想及其延伸

（一）核心思想

有效发行的核心思想是以广告投放量为核心。发行的一切工作是围绕着提高广告投放量进行。而广告主通常选择报纸进行广告投放，在一定发行量的基础上，关键指标是目标受众与其目标消费者的重叠度，重叠度越大，被选中的概率越大。所以，要使自己的发行有效，关键要增大自己的目标受众与广告主目标消费者的重叠度。

有效发行理念对报业实践的启示在于，在报业日常运作中，要经常对广告主进行研究，找到一定时期内投放量最大的广告主群体，从而在目标受众上有所调整。当然，这个目标广告主群体的确定，要考虑到时期长短，将灵活性与稳定性科学地结合。

（二）有效发行思想的延伸

在目标受众于一定时期内确定后，就该努力扩大目标受众的数量，此时发行量越大，所吸引的广告投放量越大。当然，进一步说，发行量也不是越大越好，根据边际收益递减原理，生产过程中，随着资源投入的增加，边际收益最终会出现递减现象。针对报纸所处的市场而言，每年的广告投放总量是一定的，每家报纸的广告市场份额也总有一个极限，随着报纸发行量的逐渐扩大，必将出现广告边际收益递减的现象，直至发行量达到某一点，报纸的发行边际成本等于广告边际收益，此时报纸的净收益为零，而这一点就是报纸发行量的最佳点，不应再扩大了。

所以报纸发行量也应控制在一个最佳点上，使在该点上发行边际成本等于广告边际收益。

我们还可以通过拉弗曲线的原理来说明这个问题。

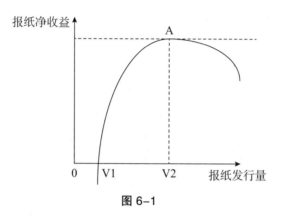

图 6-1

拉弗曲线描绘了政府的税收与税率之间的关系，笔者在此处借用其原理分析报纸发行量与净收益之间的关系。从上边拉弗曲线图转化而来的报纸发行量与净收益关系图可以看出：发行量 ≤ V1 时，报纸净收益 ≤ 0（假设该报纸的净收益 = 广告收益 – 发行亏损），此时报社是亏损的；当发行量 >V1 时，报纸净收益才开始 >0，且净收益随着发行量的增加而增加，直到 A 点达到最大值。所以说，V2 是报纸的最佳发行量，因为此时报纸的净收益最大。所以，为达到利润最大化，报纸要尽量将发行量控制在 V2 这一点上。

应该说，将有效发行的核心思想进行延伸，在确定了以广告主的目标消费者为受众之后，就该确定最佳发行量了，从发行量上说，找到 V2 这一点的发行量才是真正有效的发行量。

四、有关无效发行的思考

从目标受众定位而言，受众定位能带来最大的广告来量，则是有效发行；不能带来更大的广告来量甚至不带来广告来量，则是无效发行。但此时应该注意深入思考一下，不带来更大的广告来量甚至不带来广告来量的发行就是无效发行吗？在目前中国报业实践中，报界一些人士对此问题开始提出异议。

首先，作为一份报纸，要获得广告主的最大关注，不能只使自己的目标受众与广告主的目标消费者最大限度重合就可以了，还应该在其所在市场形成并保有主流地位，而这就要求它必须是综合性的、内容包容性相对强的，比如对一些消费能力并不强、不会被广告主列为目标消费者的低收入人群、其他弱势群体等，也要对他们进行覆盖，在内容上有所兼顾，这样才能获得好的社会效益，进而才可能形成主流报纸地位。这些受众，不能说是无效受众；针对这部分受众的发行，也不能说是无效发行。

其次，从一定时期来看，无效发行可以变成有效发行，提前培养潜在受众可能带不来广告投放量，是"无效发行"，但为了报纸的可持续发展，在未来一段时间内保持战略优势，这部分目标受众的保持还是有必要的。

所以，报纸发行工作中的有效发行操作，一定不要简单化，要对有效与无效、长期与短期等有个辩证的认识，进行统筹安排，这样才能使报纸的发行真正"有效"。

第五节　音视频内容产品的销售

本节所讲的音视频内容产品销售，包括广播、电影、电视、音像出版、互联网等的音视频内容产品的销售。广播、电影、电视、音像出版都属传统传媒，其内容产品销售历史相对久一些，互联网音视频内容产品出现时间较晚，指互联网上的付费收听、收看节目，如爱奇艺、腾讯视频、哔哩哔哩、喜马拉雅、蜻蜓 FM 等。本节将集中对广播电视的内容产品销售进行分析。

广播电视内容产品真正发生销售行为，也即纯粹的市场交易行为，现在市场上主要有两类，即内容产品在节目市场上的销售和付费频道的征订，而受众平时在无线电台、无线电视上收听、收看节目是免费的，即使为了收看有线电视节目而缴纳的有线电视费，也只是支付有线电视网络建设以及维护的成本费，而非针对节目收费，所以这三者不算广播电视内容产品的销售。

目前，广播电视内容产品在节目市场上的销售，是有关节目的制作方、发行方和播出方之间的交易行为，目前在整个广播电视内容产品销售中比较活跃，占有主要地位。

一、市场主体

广播电视内容产品市场上的主体有制作方、发行方和播出方。制作方主体有广播电台、电视台以及社会节目制作机构，它们是内容产品的卖方。发行方就是社会化的销售机构，它们是中间商，主要从制作方购买内容产品，向播出方等销售内容产品。需要说明的是，节目制作方往往也进行内容产品销售，比如把自己的节目向外销售，此时其也具有了发行方的身份。播出方就是广播电视传媒，它们是买方。

二、交易形式

在西方市场经济国家，广播电视业一产生就处于市场经济环境中，节目交易市场比较成熟。中国的广播电视节目交易从1980年代开始，随着中国经济市场化程度的加深，交易形式也一直在发展变化。从其历程来看，先后主要出现了以下几种。

（1）无偿交换

这是1980年代中国商品经济刚开始发展、市场尚不成熟时广播电台、电视台为弥补自身节目不足而采取的普遍方式，其不足在于很难做到等值交换。

（2）低价交易

这已是一种实质性的交易了，但价格往往低于价值，象征性出些费用，毕竟当时市场尚不成熟，正常交易的观念不强，彼此之间更是在延续之前长期执行的"友情交换"的基础上再加点费用。

（3）直接销售

制作方向发行方、播出方或发行方向播出方销售。这是纯粹的市场交易，支付手段主要是货币或广告时段。广告时段是指有的电台、电视台因资金不足或不愿支付货币，而用广告时段来支付，比如购买长度为多少分钟的节目就给几秒钟的广告时段等，之后销售方再想办法将拿到的广告时段销售给广告主等。需要指出的是，制作方向发行方销售、发行方向播出方销售，这里实际有代理销售的形式，即发行方从制作方购买再向播出方销售。

三、销售渠道

目前中国广播电视内容产品的销售渠道主要有两种，即电视节或节目交易会、发行方的销售网络。另外，还曾经有节目交流网和互联网交易平台，但在广播电视内容产品市场的发展历程中逐渐式微。

（一）电视节或节目交易会

电视节或节目交易会渠道主要有以下几个：1986 年启动的上海国际电视节，其功能定位是要成为中国电视节目进出口主渠道、亚洲最大的节目交易市场，每年举办一次；1989 年启动的北京国际电视周，其功能为上海国际电视节的补充，也是每年举办一次；1991 年启动的成都国际电视节，其功能为促进影视节目的国际交流，每年举办两次；1996 年启动的国产电视节目交易会，其功能是要成为全国国产电视节目交易主渠道，每年举办一次，在上半年；2001 年启动的中国金鹰影视艺术节，其主要功能之一为国内外影视节目交易，每年举办一次；[①] 还有 2003 年启动的中国国际广播影视博览会，该会目前规模比较大。

（二）发行方的销售网络

不管是制作方还是专门的发行机构，只要销售内容产品，就是发行方。这些发行方往往有着自己的销售网络，即在自己的销售历程中投入各方资源形成的销售关系网，往往覆盖全国或某个地区，以广播电台、

---

① 详见凌昊莹著《媒介经营与管理》，中国广播电视出版社 2002 年版。

电视台为点进行联结，便于发行方将内容产品有效地销售出去，比较有价值。

（三）节目交流网和互联网交易平台

我国广播电视内容产品销售的发展历程中还曾有过节目交流网与互联网交易平台，它们随着市场形势的发展不断式微，但也起过一定的作用，有必要在此介绍一下。

首先是节目交流网，主要有：1984年启动的全国省级电视台节目交流网，其功能为丰富省级台节目；1985年启动的全国市级电视台节目交流网，其功能为丰富市级台节目；1992年成立的全国有线电视台协作体，其功能为加强全国有线台节目交流。这些均属常设渠道，在历史上也曾起过较大的作用。[①]

中国广播电视内容产品互联网交易平台是2000年以后才出现的，传媒、发行方、社会节目制作机构、广告公司等可以随时在网上发布自己的信息，实现共享，并进行交易，如北京电视娱乐节目交易网、"广电在线"旗下的"中国影视节目信息网"的交易平台等。互联网交易平台方便快捷，但碍于广播电视内容产品市场的观念以及路径依赖等原因，交易量一直不大。

四、存在问题

当前，中国广播电视内容产品的销售主要存在两大问题，即侵犯版权与缺乏有效的定价依据。

（一）侵犯版权

广播电视内容产品复制方便、成本很低，所以长期存在盗版现象，这种现象是困扰广电业内容产品市场的顽疾，严重损害了制作、发行、播出各方的利益，对整个广播电视业的发展十分不利。长期以来，我国

---

① 详见凌昊莹著《媒介经营与管理》，中国广播电视出版社2002年版。

"扫黄打非"、治理侵权盗版的力度不断加大，这种状况有一定的改观，但仍在一定范围内存在，所以还需要社会各界群策群力共同想办法解决。

（二）缺乏有效的定价依据

精神产品的价值难以准确衡量从而难有准确定价依据是其固有特点，这是困扰精神产品销售的一个重要问题。广播电视节目目前在此方面的问题非常明显。在其定价过程中，没有可参照执行的具体衡量标准。以电视剧为例，现实中基本是国产剧高于引进剧，古装剧高于其他剧，但这只是一个粗线条的基本原则，涉及具体节目又有不同，在实际操作中总归很难解决问题。电视剧市场上曾出现的收视率"对赌"现象——发行方与播出方依据电视剧播出后的收视率表现确定价格，就是基于这个原因的无奈选择。

以上两个问题，长期以来对中国广播电视内容产品的销售造成很大的不良影响，而要解决也非一朝一夕之功，必须对其高度重视。

第六节　内容产品的价格弹性及定价原理

一、内容产品的价格弹性

（一）价格弹性的内涵

西方经济学中，价格弹性一般分需求的价格弹性与供给的价格弹性。在买方市场时期，更重要的是需求的价格弹性。传媒业已处于买方市场，所以重点谈一下需求的价格弹性。

需求的价格弹性指当一种商品的价格发生变动时，该商品的需求量变动的大小。准确说是：需求量变动的百分比除以价格变动的百分比。

我们假设 Ed 是内容产品需求的价格弹性，P 为内容产品原来的价格，P1 为内容产品变动后的价格，ΔP 表示价格的变动量，$\Delta P = P1 - P$；Q 表示与 P 相对应的受众需求数量，Q1 表示与 P1 相对应的受众需求数量，

ΔQ 即需求的变动量，ΔQ=Q1–Q。

则用数学公式表示需求的价格弹性就是：

$$Ed=（\Delta Q/Q）/（\Delta P/P）$$

如果 Ed 的值为 1 时，也即需求量变动的百分比恰好等于价格变动的百分比，则一般称该商品拥有单位需求价格弹性。在这种情况下，内容产品价格变动 1 个百分点会导致其需求量反向变动 1 个百分点。如内容产品价格上升 1 个百分点会导致其需求量下降 1 个百分点。

如果 Ed 的值大于 1 时也即价格变动 1 个百分点引起需求量的变动超过 1 个百分点，则意味着该商品富有需求价格弹性。在这种情况下，内容产品价格变动 1 个百分点会导致其受众数量反向变动 1 个百分点以上。

如果价格变动 1 个百分点引起需求量的变动不足 1 个百分点，则该商品就缺乏需求价格弹性。在这种情况下，内容产品价格变动 1 个百分点会导致其受众数量反向变动不足 1 个百分点。举例来说，一份报纸的读者忠诚度比较高，降价或提价都不会对发行量造成太大影响。

（二）需求价格弹性的决定因素——替代效应与收入效应

在实践中，任何商品都力求降低自己的需求价格弹性，从而保持销量的稳定，同时如果需求价格弹性小，则还可以通过提高商品价格获得更大利润。而需求量的变动取决于替代效应与收入效应。替代效应指由商品价格变动所引起的该商品与其他商品相对价格的变动，进而由相对价格变动引起的该商品需求量的变动；收入效应是由商品的价格变动所引起的消费者实际收入水平的变动，进而由实际收入水平变动所引起的商品需求量的变动。

就替代效应与收入效应来说，收入效应不可避免，只要商品价格变动必然引起收入效应，而替代效应却在一定程度上可以避免或降低。所以，商品要降低自己的需求弹性，首先要力求降低自己的替代效应。

拿传媒业来说，由于传媒类别多，因此特定内容产品的替代品较多，如报纸、期刊、广播、电视、互联网等传媒，应该说，内容产品除了物理技术特性不同，在满足精神需求上可以完全替代。再相对于一份具体的传媒而言，如报纸，与其受众定位相同或相近的报纸都是其替代品，两份报纸的受众重叠度越高则替代效应越强，这种报纸的需求的价格弹性就越高，因此在日常运作中涨价就会带来发行量的较大幅度降低，而降价就会带来发行量的较大幅度上升。

目前，中国传媒业由于传媒的不同所形成的各个市场中的竞争已经比较激烈，如在全国性市场中卫星电视频道之间的竞争、在各行政区域市场中报纸之间的竞争、各类专业报之间的竞争等。竞争的加剧，需要传媒业在日常运作中注意尽量降低自己的替代效应，也就是减少自己的内容产品与其他内容产品的相同点，从而降低需求的价格弹性。

（三）中国传媒业中相关内容产品的特殊性

中国传媒业内容产品中，公费订阅的报纸是比较特殊的一种，这种报纸以党委机关报、行业报等居多。公费订阅的报纸一般是单位出资，所以一般价格弹性较低。其影响因素一般是单位的经费多少，如果订阅单位经费紧张，可能报纸的需求价格弹性就高一点。

另外，中国报纸发行还存在一定程度的行政权力摊派问题，像上述党委机关报与行业报等都有不同程度的存在，行政摊派即报纸或其相关部门运用行政权力硬性让下级等有关单位订阅，这可以说已不属于市场交易行为，因此就谈不上需求的价格弹性了。

二、内容产品的定价行为分析

定价属于市场营销中的重要行为，在企业运作中具有十分重要的意义，商品的定价是否合理，直接影响着其销量的大小。

在传媒内容产品销售中，同样存在着定价合理性问题。定价合理，有助于增加内容产品销售，获取更多收入。同时，某些传媒具有既销售内容产品又销售广告资源的盈利模式，此时价格不仅影响到其内容产品的销售，还会间接影响其广告收入，所以这个定价就更需要认真考虑。

下面笔者将结合市场营销学中有关定价的理论，对传媒业内容产品的定价行为进行系统分析，以为其实践提供参考。

（一）定价目标

企业定价必须综合考虑各方面的因素，采取适当的策略和方法，而首先考虑的是定价目标。企业的定价目标大致有五个方面：扩大当前利润、取得一定投资收益率、稳定现有价格、进行竞争以及扩大市场占有率。传媒作为一个市场化生存的主体同样不能例外。

（二）定价策略

企业定价策略是指导企业正确定价的方针，具体有新产品的定价策略、产品组合定价策略、折扣定价策略、心理定价策略以及地区定价策略等。

新产品的定价策略，比如传媒一种新的内容产品推出，则可定高价以实现"撇脂"、定低价以迅速扩大市场份额、采取"满意价格"策略以争取更多消费者的好感等。至于折扣定价策略，则是为了鼓励购买者大量购买，这在传媒内容产品销售中已广泛使用。心理定价策略则是定价时充分研究消费者的心理，考虑其价格接受程度，有意识地将价格定得高些或低些，以实现销售的最大化。地区定价策略即传媒可以根据不同地区给同一产品定不同价格，比如：在中国的报业市场上，许多报纸的本埠、外埠发行价格就不一样，如《深圳特区报》在外埠城市的订阅价格只有本埠订阅价格的一半；《武汉晚报》曾经在武汉市区的零售价格是 0.5元，在省内其他城市的价格则是 1 元；还有同一部电视剧，卖给不同地区的电视台价格也不一样；等等。

（三）定价方法

在市场上，企业定价方法主要有成本导向定价法、竞争导向定价法和需求导向定价法三种。传媒内容产品在定价时同样也可借鉴这三种方法。

1. 成本导向定价法

成本导向定价法是依据产品成本进行定价的方法，主要有成本加成定价法、收支平衡定价法、可变成本定价法等。

成本加成定价法即用产品的单位成本加预期利润率作为价格。一般情况下，物质产品多采用这种定价方法，而精神产品由于主要投入的是脑力劳动，其成本无法准确衡量，所以，采用成本加成定价法不太合适。实践中，用此种方法定价的并不多。

收支平衡定价法即传媒在市场不景气时，按总成本和总销售收入保持平衡为定价原则来保本经营的一种办法，这样，传媒不至于亏损，还能维持自己的既有市场份额。

可变成本定价法即传媒在市场供过于求、竞争激烈时，为尽可能减少损失、保住市场，只要价格高于可变成本就可以，固定成本的补偿不予考虑。此种方法传媒也可考虑，比如报、刊等传媒，其每一份报纸、每一份期刊的印制成本是可变成本，在特定情况下可以考虑采用印制成本为依据来定价。

2. 竞争导向定价法

竞争导向定价法即以市场上竞争者的产品价格为依据进行定价的方法。与传媒业内容产品定价有关的主要有随行就市定价法、追随领导者定价法、主动竞争定价法等。

随行就市定价法即参照同类传媒内容产品的平均价格水平，为自己的内容产品定价。随行就市定价法多用于竞争对手不明确，或不能预知进攻性定价会给对手带来什么样的反应，或不想参与竞争的情况，此时采取行业均价或者相差不多的定价，会比较稳妥，能够尽可能避免来自其他传媒的竞争，同时由于采取的是市场均价，也能被市场上大多数的消费者接受。

追随领导者定价法即传媒以市场份额最大的竞争者的产品价格为依据，定价与其一样或相差不多。这样可以避免别人与你展开竞争，尤其是你如果定的价格比市场份额最大者低可能引起它对你的"剿杀"，另外市场份额最大者的价格也即为大多数受众认可的价格，这样可以使自己的价格为大多数受众接受。

主动竞争定价法即传媒根据自己内容产品的实际情况以及与竞争对手的差异，以打压竞争对手为目的进行定价。

3. 需求导向定价法

该种方法以消费者需求为定价的主要依据。主要有需求程度定价法与需求差异定价法两种。

需求程度定价法即在定价时评估消费者对自己产品的需求程度，如果评估认定消费者对自己产品的需求程度比较强烈，则可以将价格定得高一些。比如有些互联网音视频产品在推出时估计自己在同类产品中消费者需求程度更强些，则可以定得比其他高；再如电影在投放到某一个档期上映时，也据此方法进行票价的确定。

需求差异定价法即在定价时考虑自己产品满足的是哪一种需求，然后根据这种需求定价。比如财经类期刊受众定位以企业家、职业经理人为主，则其满足的是企业家这类人的需求，而这一类人消费能力比较强，则定价就可以高一些。

（四）传媒内容产品定价应注意的问题

1. 既销售内容产品又销售广告资源盈利模式的传媒的定价

既销售内容产品又销售广告资源的盈利模式以报纸、期刊居多，在既销售内容产品又销售广告资源的情况下，内容产品的定价就不仅影响到内容产品的销售量，还影响到广告资源的销售。

如果既销售内容产品又销售广告资源中内容产品是正定价，此时虽然内容产品定价越高第一次销售收入越高，但定价过高会降低发行量，从而影响广告资源的销售。

至于负定价情况下的既销售内容产品又销售广告资源，由于内容产品的定价低于其平均成本，所以第一次销售是亏损的，这时如果内容产品的定价低，则亏损就大，发行量越大亏损越大。以一份发行量10万份的日报为例，一年发行3600多万份，如果定价低0.1元，全年就将损失360多万元，这是一笔不小的数额，因此定价时此方面因素也得考虑到。如果定价高了，发行亏损虽会降低，但此时会导致发行量减少并进一步影响到广告资源的销售。所以，具有此种盈利模式的传媒需要仔细计算，对自己在广告市场上所能占有的份额大致有个预测，在此基础上确定发行量，再根据确定的发行量确定内容产品价格。

2. 主动竞争定价法在传媒内容产品销售中的效果分析

主动竞争定价法是竞争导向定价法的一种，以打压竞争对手为主要目的。

在市场竞争中，采用主动竞争定价法往往会出现"掠夺性定价"行为，指一种商品采取降低价格的手段将竞争对手逐出市场并吓退潜在的进入者，当竞争对手消失后，再提高价格。一般情况下，如果一种商品采取掠夺性定价，竞争者往往只能跟随，从而导致价格战。在中国报业市场上，1999年南京、昆明等地报业市场就出现过这种情况，价格战比拼的是报社之间的资金实力，在价格战期间各报盈利大幅降低甚至亏损运作，直到竞争对手因资金不足而逐渐退出竞争甚至停业，才能停止。

价格战对最后胜出者有较大好处，但对于整个行业而言，则会带来比较大的伤害。拿报刊市场来说，价格战最终使市场上的所有报刊盈利不足，难有充足资金进行运作，时间一长势必使该地区报刊内容产品的质量整体下降，而这又会使具有替代效应的其他类别的传媒获得市场机会，从而获得更高的受众市场份额，进一步又可获得更高的广告市场份额。

第七章
传媒业的广告经营

第一节　传媒业广告经营的基本概念与命题

一、广告的定义

要了解传媒业的广告运作，首先要对广告的定义准确把握。广告定义有广义、狭义之分。广义的广告指所有的广而告之活动，一切为了沟通信息、促进认知或说一切以增加受众为目的的传播都属于广告，也可以说，广告就是信息的更广泛传播、点对面的传播。狭义的广告则指商业广告，商业广告是针对非商业广告而言的，从相对宏观的角度看，广告可以分为非商业与商业广告两部分，其分类标准就是是否以营利为目的。在传统广告学里，商业广告是重点研究对象。

本书所讲的广告，指的是广义的广告，具体指向传媒付费、能够给传媒带来收入的所有广告，含有商业广告与非商业广告。实践中，这两类广告都有投放在传媒上，都要为传媒支付广告费。

二、广告的类别

人类所有的广告行为，可以根据不同的标准进行分类，分成不同的类别范畴。如根据是否以盈利为目的分成非商业广告与商业广告，根据所投放的载体不同分成印刷媒体广告与电波媒体广告等，本处只分析非商业广告与商业广告一个范畴，对其内部子类别具体分析。

（一）非商业广告

非商业广告也即不以营利为目的的广告，实践中主要有非营利性组织发布的公告、公益广告和个人广告。非营利性组织发布的公告，往往是社会必需信息，如政府的交通管理部门在传媒上发布的道路维修需要短期封闭的公告等，还有一些国家的政党等政治组织发布的政治广告也算在内。公益广告即为有利于社会良性发展或相关问题解决而发布的广告，其宗旨在于维护社会公共利益，改善社会整体或某一领域的状况，往往针对当时突出的社会问题进行诉求，它不以营利为目的，也不为特定团体或个人的利益服务。在实践中，非营利性组织（含政府）发布的非公告类广告绝大部分为公益广告。很多国家规定媒体有发布公益广告的义务。实践中，媒体对在自身发布的公益广告不一定免费。

个人广告即为满足个人的信息传播需求而发布的通告。比如报纸、电视、互联网上发布的个人婚庆、生日等通告，丢失相关证件声明作废的通告等。

需要注意的是，非商业广告发布在传媒上，很多情况下传媒还是要对其收费，即其能给传媒带来收入，属于传媒广告经营的对象。

（二）商业广告

商业广告是传统广告学的重点研究对象，本书采用的是世界上获得较大范围认可的美国市场营销协会（American Marketing Association，简称AMA）所下的定义，即广告是由明确的广告主，在付费的基础上，采用非人际传播的形式，对观念、商品或劳务进行介绍、宣传的活动。准确地讲，对"观念、商品或劳务"加个"等"字就更全面了，因为商业广告要传播的信息不仅仅有"观念、商品或劳务"，经营类的信息通告哪怕是发票遗失、公章遗失作废之类的也算商业广告。

要对商业广告深入认识可从两个角度进行分类。一个是按受众不同进行分类。比如可以分成消费者广告和组织广告，消费者广告即诉求对象为一般消费者，社会公众日常所见的广告绝大多数都是此类。组织广告即诉求对象为组织，这里的组织又可分成两种，一种是作为消费者的组织，如作为办公用品消费者的高校，会有提供办公用品的广告主向它们发布广告；还比如作为各类生产资料消费者的企业，提供原材料的广告主会向它们发布广告，这些广告日常普通消费者也许不易见到，其更多是发布在专业传媒、垂直类网站上。组织广告除了作为消费者的组织，还有一种是流通行业的经销商，如批发商，超市、商场等零售商，提供各种商品的广告主也会向它们发布广告，鼓励它们来进货。

另外，商业广告还可以按诉求目的不同进行分类，分成以促销商品或劳务为目的的广告、以树立形象为目的的广告、以建立观念为目的的广告、为公开相关信息而发布的通告四类。以促销商品或劳务为目的的广告旨在通过广告引起消费者的购买行为；以树立形象为目的的广告旨在树立企业或商品、劳务的形象，从而间接促进企业商品或劳务的销售；以建立观念为目的的广告旨在在社会上形成对一种商品或劳务等的观念；为公开相关信息而发布的通告更多指企业日常运作中的一些通告，常见的有业务与人事变更、票据证章遗失声明等，由于最终服务于企业的盈利目的，所以也算在商业广告之内。[①]

三、广告对传媒的价值

（一）广告业务是传媒的重要收入来源

从当前世界传媒业的实践而言，除了图书出版以及纯粹意义上的通讯社无广告业务，其他传媒绝大多数广告是最重要的收入，像中国的报社、电台、电视台、互联网等传媒，广告收入往往占总收入的 90% 以上。

（二）广告作为一类信息自有其价值

广告也是一类信息，是内容产品的组成部分。非营利性组织发布的公告，往往是对日常生活有重要影响的信息；企业发布的一些经营性通告，是非常重要的经济信息；一般的商品与劳务广告也对消费者的消费决策有参考作用；至于分类广告，能满足消费者的信息需求，消费者会产生主动阅读行为。

（三）广告有欣赏性，可美化内容产品

有些创意吸引人、制作又精美的广告，本身有一定的观赏性，能给受众带来审美享受，所以它们的存在实际是美化内容产品，可以对受众起到"提神"作用。

---

① 相关观点详见倪宁编著《广告学教程》，中国人民大学出版社 2001 年版。

（四）广告业务体现出传媒对于社会的价值

从更大的层面来看，社会、经济的有效运转，需要信息的沟通，广告就起到这种作用。具体就经济而言，生产者与消费者之间需要广告进行沟通，才能更便捷地销售，从而推动经济发展，所以说广告是经济的"润滑剂"。而作为广告载体的传媒，其重要性不言自明。

第二节　传媒广告市场运作机制

一、传媒广告市场主体及其互动关系

广告市场主要有广告主、广告经营者、广告发布者与受众四个主体。《中华人民共和国广告法》规定，广告主是指为推销商品或者服务，自行或者委托他人设计、制作、发布广告的自然人、法人或者其他组织。广告经营者是指接受委托提供广告设计、制作、代理服务的自然人、法人或者其他组织，如实践中的广告公司。广告发布者是指为广告主或者广告主委托的广告经营者发布广告的自然人、法人或者其他组织，传媒即属其中重要的一类。受众指作为广告目标对象的大众。

传媒广告市场也是由以上四类主体构成，四者的互动构成了其运作的主体内容，具体如图7-1。[①]

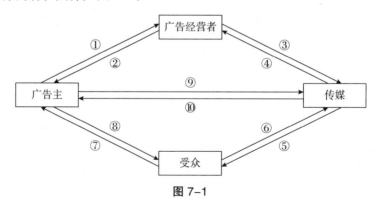

图7-1

---

① 该图详见凌昊莹著《媒介经营与管理》，中国广播电视出版社2002年版。

如图 7-1，四个主体之间的关系如箭头所示，①所标示的箭头是广告主将广告发布任务、代理费用乃至广告作品等交给广告经营者。②指广告经营者为广告主提供创意、设计、制作、购买、媒体计划等服务。③是广告经营者交付传媒制作完毕待发布的广告作品，还有其为传媒代理承揽的广告主资源，有时还有其为广告主垫付的广告费。④是传媒将承揽的广告主任务、代理费用交付给广告经营者。⑤是广告信息。⑥是受众的广告接受行为，或说是对广告所付诸的注意力资源。⑦是受众支付给广告主产品或劳务的货币。⑧是广告主提供的产品或劳务等。⑨是广告主直接接洽传媒，提供给其广告发布任务、广告费乃至广告作品等。⑩是传媒给广告主提供的广告资源以及创意、设计等在内的广告服务。

二、广告交易的主流制度——广告代理制

(一) 广告代理制的内涵

广告代理制是世界成熟广告市场的通行机制。所谓广告代理制，即以广告经营者作为中介方，为广告主代理实施广告传播任务，为传媒代理承揽广告业务。

广告经营者是广告代理制的主体。其代理的业务范围有全面代理的，比如为广告主代理从前期市场调研、广告目标阶层的设定到广告发布后的效果监测等全部业务；有部分代理的，如广告传播任务中的一项或几项内容。

(二) 广告代理制对于传媒的意义

是否实行广告代理制或广告代理制实行到什么程度是衡量广告业成熟与否的重要标志，广告主、传媒将广告传播任务和广告客户的承揽委托给专业的第三方代理，这样的分工是任何产业生产力发展的必然逻辑，分工导致运作的专业化并最终实现高效率。

实行广告代理制对于传媒的意义主要体现在以下三方面：第一，节省时间与精力，传媒可以专心于自己的内容主业。第二，可以获得专业化

服务，专业的代理机构有更好的知识、硬件支持。第三，可一定程度上减轻来自广告主的压力。有了广告代理机构，传媒与广告主联系就减少了，就少了广告主有关打折、发关系稿、撤负面报道等"骚扰"，既节省了精力，也便于保持自身报道的公正性。

（三）广告代理费的主要形式

在广告市场运作中，广告代理机构为广告主或传媒提供代理服务，要收取一定的代理费。先说其为广告主代理这一方面，一直以来，广告主为其支付的代理费主要有三种形式，即代理费、服务费和成果回报制。

代理费即佣金（Commission），这是出现最早的一种费用形式，是广告主按传媒索取广告资源费用的一定比例支付给广告代理机构。1917年，美国报纸出版商协会确定了15%的广告代理费比率，后来成为国际通用比例沿用至今。我国国家工商行政总局1993年在《关于进行广告代理制试点工作的若干规定（试行）》中，也明确规定我国广告代理费的收费标准为广告费总额的15%。

服务费（Fee）在欧美地区广告市场被采用，由广告主支付给广告代理机构，数额是由直接费用加间接费用，再乘以一定的利润系数。直接费用是在某特定广告项目合同期内，广告代理机构直接参与者的薪酬；间接费用指广告代理机构项目合同期内的房租、水电费、设备费等，这些费用主要是用来维持广告代理机构合同期内正常运转的。利润系数由广告主与广告代理机构谈判决定。

成果回报制即广告发布后根据广告主的销售业绩提成。这种付费方式提成比率的确定很关键，主要看广告主与广告代理机构之间的博弈以及双方对广告效果的认同情况。

第三节　中国传媒业广告经营业务

中国传媒业的广告经营业务是所有经营业务中最重要的部分之一，其收入占比高，形式丰富，经营机制灵活。下面，笔者就报纸、电视与互联网广告经营业务分作介绍。

一、报纸广告经营

（一）报纸广告类别

当前，中国的报纸广告可以分成四大类，具体如下。

（1）工商广告

工商广告在此处具体指广告主介绍自己所提供的商品或劳务的广告。是报纸广告收入的主要来源。

（2）公益广告

很多国家都规定刊登公益广告是报纸作为大众传媒的应尽义务，一般免费或打折扣。

（3）分类广告

分类广告是指根据内容归类刊出的信息简单、面积较小的广告。根据内容不同，分为商业广告与非商业广告。分类广告在形式上有别于其他广告。

分类广告具体有如下特点：面积较小，一般相当于报纸上的栏花；价格较低廉；根据内容归类刊出；受众是主动阅读，可以增加报纸的发行量；投放地域性强，因为在实践中它更偏重于生活实用信息；面广量大，经济收益不可小视，1998 年美国报纸分类广告收入占报纸广告总收入的40.3%；比较不受经济形势波动的影响，有时经济低潮时反而上升，因为此时就业、租房等实用信息数量往往会增加。

（4）插页广告

插页广告也叫夹报广告。插页广告的特点在于：第一，不属于报纸的正式版面，一般被认为广告效果不如正版上的好，但价格较低；第二，地域针对性强，可针对某特定区域插入报纸正式版面投放，这样也降低了广告主的成本。

（二）报纸广告规格

报纸的广告规格一般有两种确定方法，一是以占据版面面积大小来定，有整版广告、半版广告、通栏广告、栏花广告等，面积越大价值自然越大；二是根据在报纸版面上的位置来定，有报眼广告、中缝广告等，位置越显眼单位价格越高，如报眼广告单位价格明显高于中缝广告。

（三）报纸广告投放的特点

1. 广告投放在时间上的特点

中国报纸广告投放在时间上的特点是：周末、节假日之前一段时间是投放量的高峰，周末、节假日期间及其后一段时间是低谷。此处的节假日指春节、五一、十一等假期。周末双休日加上春节、五一、十一等假期，我国一年的固定假日超过110天。在这期间，社会消费量很大，从而在假日前后以及期间形成很大的差距，形成了受人瞩目的"假日效应"。

中国经济发展中的"假日效应"已十分明显，而广告市场素有经济发展的"晴雨表"之称，即广告市场的表现非常受经济起伏的影响，那么广告市场是否也有"假日效应"？慧聪媒体研究中心曾对2002年、2003年全国1000多种报纸和期刊的广告投放量进行了监测，其结果显示：自从1999年我国实行长假制度后，广告投放的"假日效应"清晰显现。根据该机构的调查数据，1、4、9、12月是广告投放量高峰，2、5、10月是低谷，而2月（2002年、2003年春节均在2月）、5月、10月是3个长假所在月份，也就是说，假日期间及其后一段时间广告投放量处于低谷，假日前一段时间广告投放量处于高峰。

实践表明，基于周末的广告投放也有这个特点，即周六前的一到两天广告投放量大，周六、周日投放量明显下降。

2. 广告投放在空间上的特点

广告投放在空间上的特点是一般情况下地方性报纸强于全国性报纸，城市性报纸强于范围更大的区域性报纸。这主要是由于广告主投放广告的目的在于达到产品销售最大化，而城市人口密集、消费能力强、购买条件便捷，最有可能达到这一点，所以吸引了广告主最多的投放。另外，相对于一些广告投放"大户"来说，比如房地产，绝大部分是在当地进行销售，在全国投放广告进行促销成本高而收益很低，所有这些原因，都使中国报纸广告投放在空间上呈现地方性报纸强于全国性报纸、城市性报纸强于范围更大的区域性报纸的现象。

二、电视广告经营

(一) 电视广告类别

中国电视广告按投放形式分，主要有五种形式。具体为：栏目广告，在某特定栏目中播出的广告，实践中往往是"冲着"特定栏目的受众去的；冠名广告，在特定栏目名称前冠以企业或产品的名字，如针对电视剧场的冠名等；赞助广告，通过对一个栏目进行资金等方面的赞助，获得栏目的广告资源；特约广告，广告主与电视台特约在某特定时间或某特定栏目中发布的广告；插播广告，在节目进行过程中插播的广告，其强制性效果比较强。

另外，电视广告还可根据价格高低分为 A 类、B 类、C 类、D 类等，字母位置越靠前，售价越高。这样做是避免直接标出低价会影响该广告的销售。

(二) 电视广告规格

电视广告的规格以时间长度来定，一般以"秒"为计量单位，有 5 秒、10 秒、15 秒、30 秒广告等，广告主可根据需要灵活选择。

另外，现在广告形式日益灵活，出现了套播广告，即电视台将若干广告时段"打包"出售，套播广告可提高广告的涵盖率和露出频次，对广告主有一定吸引力，另外，实践中套播广告常常被电视台当作处理一些所谓的"垃圾时段"的有效手段。

(三) 电视频道类别

作为广告载体的分类，从电视频道的特点来看，全国电视频道可大体划分为全国性频道、省级非上星频道、地级频道、县级频道和境外频道等。全国性频道包括中央电视台各频道、中国教育电视台相关频道和各省级上星频道等，其中中央电视台一套和各省上星频道基本是综合频道，中央电视台的其他频道和教育电视台频道属于专业频道。

省级非上星频道包括省地面频道和省教育台频道；地县频道分别覆盖地区及县，也包括地县级教育电视台，如果该地区或县有的话；境外频道则一般接收受到限制，大多在宾馆、教育单位、科研院所以及某些特定地区等播放。[①]

（四）电视广告投放的特点

1. 广告投放在时间上的特点

从白天、夜间比较，夜间比白天收视率高，所以广告主自然更愿意在夜间投放广告。从全年来看，"假日效应"明显。需要注意的是，电视广告投放的"假日效应"与报纸的正好相反，即节假日期间投放量比平时大，这主要是由中国受众的电视收视习惯决定的，与中国受众节假日、周末读报少的特点相反，这些时期电视收视率一般是提高的。

此处的节假日包括端午、五一、十一、春节以及周末、寒暑假等。寒暑假更多是针对学生来说的，在这两个假期中，由于学生受众的加入，该时期的收视率显著升高，而在暑假的前一个月，学生由于处在复习考试期间，收视率则比较低。

2. 广告投放在空间上的特点

从电视的广告投放来看，有一个比较明显的特征是覆盖范围越大，广告收入越高。长期以来，中央电视台是全国广告收入最高的传统传媒，其年广告收入超过国内任何其他电视台。央视一家的年广告收入，比其他30个省级台以及为数更多的地、县级台要高出很多，呈非常明显的"强在中央、弱在地方"趋势。同时，覆盖范围为全国的各省卫视频道，也比覆盖范围小的其他频道广告收入高。

（五）广告资源招标——广告经营模式创新

在中国传媒业的广告经营历程中，广告资源招标是一项经营模式

---

① 详见夏洪波、洪艳著《电视广告媒体经营》，北京大学出版社2003年版。

创新，中央电视台以及一些省级电视台都用过，而中央电视台的年度招标更受关注，其单次成交金额巨大，而且运作机制比较先进，反映了中国传媒广告经营的最前沿水平，笔者认为有必要对其进行剖析，使读者对中国传媒广告经营有更好的了解。

1. 背景

中央电视台一套节目黄金时段招标开始于 1995 年，第一次招标会在 1995 年 11 月 8 日，此段时期中国经济发展的形势是增长率从 1992 年的 14.2% 回落到 2000 年的 8%，经济降温，消费下降，产品销售整体上从卖方市场转向买方市场，企业面临买方市场状态下的竞争压力，竞相在传媒上投放广告促销。

而当时央视黄金时段（CCTV-1 的 19：00 前后—22：00 前后）由于覆盖全国市场，收视率全国最高，加上国家电视台身份所带来的权威性等，尤其成为主攻全国市场企业的目标。这段时期，央视收到许多刊播广告的关系请托，处理起来有难度，同时，央视亦欲以其在全国性广告传媒市场中的几近垄断地位提高其广告收入，故 1995 年 11 月 8 日，央视决定招标。

2. 招标原理

市场交易的定价过程中，卖方最想知道的就是买方的最大支付意愿，如果处在卖方市场状态，则卖方完全可以利用其市场实力去实现该项目的。招标就是使竞标企业尽量暴露其最大支付意愿的一种有效形式。

3. 标的物

中央电视台最初几年的招标标的物是央视一套时段，后来扩展到其他时段。表 7-1 是 2004 年央视一套黄金时段标的物明细。

表 7-1　2004 年中央电视台一套节目黄金时段标的物（11 种）

标的物名称	数目（条）	每条时长（秒）	播出位及其他说明
新闻联播前广告（报时前广告）	2	15	18：59：55 报时前
19 点报时	1	5	18：59：55—19：00：00

标的物名称	数目（条）	每条时长（秒）	播出位及其他说明
新闻联播后标版	13	5	新闻联播与天气预报之间
天气预报提示收看组合广告	1	5+7.5	天气预报中提示收看广告（5秒）+天气预报中广告（7.5秒）
天气预报1+1广告	1	7.5+15	天气预报中广告（7.5秒）+天气预报右侧翻版（15秒）
A特段	14	15	天气预报与焦点访谈间
A段指定正数位置	3	15	焦点访谈与晚间黄金剧场间
电视剧特约播映	上、下半年各1条	两集片头5秒"本剧由××特约播映"+中插15秒产品广告+片尾5秒"××提醒您收看下集预告"+下集预告中企业名称角标	全年共不少于660集……
21点档电视剧中插	上、下半年各4条	……	……
上午黄金热播剧场冠名	上、下半年各1条	……	……
下午午后长片剧场冠名	上、下半年各1条	……	……

4. 招标形式

同样以表7-1的招标为例，其招标形式如下：第一，一般以两个月为一个时间单元，每个标的物只是两个月的时段。第二，为每一个标的物设置标的价，如A特段在一、二、五、六每单元每条1100万元人民币。第三，A特段采取暗标入围、明标竞标形式。暗标入围即每个竞标者在参与招标时，先以保密形式投标以获取入围竞标的资格，暗标入围时，若最后一个入围资格出现几个竞标者价格相同的情况，央视将采取计算机随机选取数字的方式确定入围资格，所选数字大者入围。第四，明标竞标采取增价方式，竞标单位出价不得低于每个标的物的底价，每次增价不得低于电视台设定幅度，如当年设定幅度是 20 万元。在竞标过程中，竞标者每举牌一次表示增价一档，直至无人再出更高价格，则该标的物为出价最高者所得。

三、广告市场的问题及治理思路

凡是市场，难免有不规范现象存在，市场主体出于逐利动机往往尝试突破现有规则，从而对其他主体造成损害，由此市场往往存在着系列问题，中国传媒广告市场也不例外。就当下而言，中国传媒广告市场存在传媒受众数据不实、广告资源价格混乱、不良广告影响恶劣等问题。

（一）传媒受众数据不实

在中国传媒广告市场上，传媒的受众数据真实性问题长期存在，如报刊的发行量、广播电视的视听率、互联网的点击率或节目播放量问题，由于涉及传媒的广告收入，属于核心利益，所以传媒往往对真实数据秘而不宣，而以假数据示人，同时，数据造假由于涉及利益重大，其本身已形成产业链条，有相关方专门做此事，从而对市场运作秩序以及相关方如广告主的利益造成严重影响，并且，该行为对传媒的运作也有不良导向作用，会形成好好做内容不如做假数据的心理。国家对此问题也很重视，不断通过推出法律法规、进行行政处罚等加以治理，不过该问题仍然一定程度存在。国家还应加大打击力度，社会各方面综合协同治理，以求尽快收效。

（二）广告资源价格混乱

中国广告市场的价格混乱、折扣随意性大，不同的广告主、广告代理机构从传媒拿到的价格与折扣非常不统一，尤其在传媒较多、竞争激烈的市场，广告资源的销售处在买方市场状态，大量的传媒亟须销售广告资源，传媒之间的竞争使价格与折扣十分混乱，从而严重影响了广告市场的规范运作。这一方面还是需要国家加强规制，制定指导性的框架与标准，并对执行情况加以监督，加大处罚力度。传媒业也应加强自律，以使价格体系有序运行。

（三）不良广告影响恶劣

长期以来，我国传媒广告市场中存在虚假、导向有问题等不良广告，给市场运作以及整个社会都造成不好的影响。互联网迅猛发展以来，更多的平台加入广告发布者之中，比如大量的自媒体平台等，更加剧了相关乱象的产生。自 1994 年我国《广告法》颁布至今，国家对打击、抑制虚假等不良广告作出细致规定，如第三条规定"广告应当真实、合法，以健康的表现形式表达广告内容，符合社会主义精神文明建设和弘扬中华民族优秀传统文化的要求"；第四条规定"广告不得含有虚假或者引人误解的内容，不得欺骗、误导消费者"。

另外，为了保证有效抑制不良广告的发布，维护消费者权益与市场秩序，《广告法》第三十四条规定："广告经营者、广告发布者依据法律、行政法规查验有关文件，核实广告内容。对广告内容不实或者证明文件不全的广告，广告经营者不得提供设计、制作、代理服务，广告发布者不得发布。"此处的广告发布者就包括传媒在内。总之，为了尽量减少不良广告，使市场更加有序清朗，市场各主体都应尽自己的贡献与努力。下面笔者从广告发布者即传媒的角度谈一谈应怎样做好这一点。依据《广告法》精神，广告发布者应注重对广告的审查，而重心应放在内容真实与否和证明文件是否齐全上。

从广告内容看，审查主要有如下四方面。

（1）禁止发布的内容

从《广告法》看，以下内容均属禁止发布的内容：广告中出现了国家和军队的标志，像国旗、国徽、国歌，军旗、军徽、军歌等；使用国家机关及工作人员名义或形象做广告；广告中有绝对性用语，如"举世无

双""舍我其谁""国内一流"以及"最高级""最佳"等，都在禁止发布
之列，因为缺乏明显判别依据；内容中有损国家尊严或利益，涉嫌泄密；
妨碍社会安定，有损公共利益；对个人的人身财产安全等有不利影响；内
容中有违社会道德风尚，如对人们的价值观有不良引导的等；含有淫秽、
色情、赌博、迷信、恐怖、暴力等内容；对民族、种族、宗教、性别等有
歧视的内容；妨碍环境、自然资源或文化遗产保护的，如内容中含有排放
废气、污水，捕杀采伐野生动植物、损坏文化遗产的等；还有法律法规禁
止的其他内容。

（2）特种广告的内容

对部分商品与服务的广告内容，国家会专门进行规定，如医疗服务、
药品、医疗器械等不科学地宣传疗效，利用广告代言人作推荐、代言等。
另外，麻醉、精神、医疗用毒性药品，放射性药品等特殊药品，药品类
易制毒化学品、戒毒治疗的药品、医疗器械和治疗方法，不允许做广告。

还有就是烟草，《广告法》规定禁止在大众传媒或者公共场所、公共交
通工具、户外发布烟草广告，禁止向未成年人发送任何形式的烟草广告。

（3）虚假内容

指广告内容中有虚假成分的。如产品与服务的内容、形式、质量、
价格、用途的承诺等方面有不实内容，医药、化妆品的不存在或不符合
实际的疗效，还有广告文案中的偷换概念行为如"买一送一"但没送原
商品而是送了价值不大的替代品等。

（4）涉及语言文字规范的内容

在我国，涉及广告语言文字规范的内容，可主要参照2001年1月起
施行的《中华人民共和国国家通用语言文字法》，该法指出："招牌、广告
用字应当以国家通用语言文字为基本的用语用字""因公共服务需要，招
牌、广告、告示、标志牌等使用外国文字并同时使用中文的，应当使用
规范汉字"，等等。

以上是在广告内容上的审查，在证明文件方面，其审查主要应关注
五点，具体有：第一，广告主的从业资格证明文件，如营业执照、生产许
可证等，比如要审查发布广告的产品或服务是否与营业执照、生产许可

证上注明的经营范围不一致；第二，国家质量检验机构的证明文件，以确保产品或服务质量合格；第三，广告内容中涉及姓名权、肖像权等人身权益的，须有本人同意的证明文件；第四，国家特别规定的审查证明文件，比如《广告法》规定，发布医疗、药品、医疗器械、农药、兽药和保健食品广告，应有相关广告审查机关的审查合格证明；第五，与广告内容有关的证明文件，比如说广告内容中出现"国优""省优""专利"等字样，须有相关的证书。

在这里需要补充的一点是软广告，软广告就是传媒以新闻报道形式发布的广告。《广告法》第十四条规定："广告应当具有可识别性，能够使消费者辨明其为广告。大众传播媒介不得以新闻报道形式变相发布广告。"可见，软广告是违反《广告法》的，而实践中，软广告被作为广告运作的一种有效手段推崇与使用，这种做法是错误的。《广告法》明确规定，传媒发布的广告应当有广告标记，与其他非广告信息相区别，不得使消费者产生误解，所以，软广告还需要广告业有所正确认知，切实加以杜绝。

第四节　广告媒体计划中的媒体评估

一、广告媒体计划内涵

广告媒体计划是广告运作中的一个很重要的环节，其内涵为根据广告主的要求，在一定费用内，为把广告信息最有效地向目标消费者传播而对媒体的使用所做出的策划。

二、广告媒体计划在市场营销中的位置

广告媒体计划在市场营销中的位置如图 7-2[1] 所示。

----

① 详见陈俊良著《广告媒体研究——当代广告媒体的选择依据》，中国物价出版社1997年版，第83页。

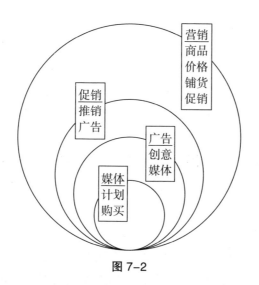

图 7-2

如图 7-2 所示，市场营销主要包括商品、价格、铺货、促销四个方面的行为，促销中包括广告，广告工作主要分创意和媒体工作，媒体工作主要分媒体计划与媒体购买两部分。这就是广告媒体计划在一个市场主体营销行为中的位置所在。

三、广告媒体计划的程序

在广告业实践中，广告媒体计划的程序一般分为三步：第一步，确定媒体目标；第二步，思考广告媒体策略；第三步，形成媒体计划方案，也即最后的成文过程。

（一）确定媒体目标

即根据广告主的营销目标确定在媒体使用上所要达成的目标。广告主在市场运作中会根据自己的营销目标，针对广告计划人员提出广告任务，由后者自己制定媒体目标。比如，广告主的营销目标是维持既有消费者，则广告的任务就是让既有消费者对自己的商品维持记忆，媒体目标是起到提醒作用即可，而不需要深度诉求；再比如，广告主的营销目标是扩张至多个地区市场，则广告任务起码是在多个地区市场建立产品的知名度，媒体目标是在多个地区市场实现高覆盖率，而不需要深度诉求。

（二）思考广告媒体策略

即依据媒体目标、围绕着媒体使用所做的思考，具体有这样几步。

（1）对谁传播，即设定广告的目标受众。

（2）若同时投放多个地区市场应怎样传播，这需要对各市场按投资价值排序，以合理分配预算。

（3）选用何种媒体传播，即媒体选择，其中包括选择多种媒体进行组合。

（4）传播多少量合适，即测算目标消费者平均每个人要接受几次广告才能致效。

（5）何时传播，即广告何时开始露出合适。

（6）以何种行程模式传播，即广告在时间行程上是怎样的，是无间断的连续式，还是有间断的栏栅式，还是无间断但投放量上有起伏的脉动式等。

（7）预算要多少，这要根据广告要达到的营销目标进行计算。

（三）形成媒体计划方案

即将最终结果写成文案。

以上三步就是广告业实践中，制定广告媒体计划所需的程序。其中涉及传媒经济运作的重点集中在思考广告媒体策略中的第三步——选用何种媒体传播，即媒体选择。一个媒体被选中意味着一笔广告投放，意味着获取广告收入，怎样才能增加被选中的概率从而获得更多的广告收入呢？这就要看广告媒体计划人员对媒体的选择标准，也即对媒体的评估标准。

四、广告媒体的评估

广告媒体计划中对媒体的评估包括量的评估与质的评估两部分。下面先讲一下量的评估。

（一）量的评估

1. 对电波媒体的评估

对电波媒体的评估，本书以电视为例。对电视评估的重要指标有收视率、开机率、频道观众占有率等。

（1）收视率（Rating）

收视率是针对一个电视节目的量的指标，指收看该节目人数占该区域内所有有电视机的人的比率。该概念的意义在于可进行不同电视节目的量的比较，收视率高的媒体则被选中。

在广告业实践中，针对收视率还有对象收视率（Target Rating）的概念，即在某特定商品的所有目标消费者中，收看某电视节目的人口所占比率，这是个针对性更强的概念。

（2）开机率（Using TV）

开机率即在某特定时间段里，打开电视机的家庭或人口占所有拥有电视机的家庭或人口的比率。

开机率的概念可以知道对于电视媒体而言，一天中收视行为的高低走势；或者通过调查可知某特定人群全天哪个时段开机率最高，从而可以更准确地安排广告的露出时间，比如可以专门调查儿童的全天中开机率最高的时段，从而针对其投放一些广告。

（3）频道观众占有率（Audience Share）

频道观众占有率即在某特定时段中，各频道所占有的受众数占开机总人口的比率。该概念的意义在于可在同一时间段内，对每个频道收视人数进行比较，从而可知哪个频道更受欢迎。

2. 对印刷媒体的评估

对印刷媒体评估的重要指标有发行量、传阅率、读者总数等。

发行量（Circulation）即刊物发行到读者手上的份数。传阅率（Pass-along Rating）是一份刊物被阅读的非重复人次，也即一份报纸1人购买阅读后，另外两个人又读，则传阅率为3。读者总数即某期刊物的发行量乘以传阅率。

3. 媒体投资效率评估指标

媒体投资效率即媒体广告资源的单位成本，有千人成本、收视率成本等概念。

千人成本，即 CPT（Cost Per Thousand）或 CPM（Cost Per Millenary），

意为针对某媒体，广告每接触1000人所需费用。用公式表示就是：

$$千人成本 = （单位广告费用 ÷ 广告到达人数）× 1000$$

这里需要注意的是，单位广告费用是比较时的相对的概念，如两份报纸都拿出相同面积的版面，两个电视节目都拿出相同长度的时段等，则此时版面、时段的费用就是单位广告费用。

收视率（点）成本，即 CPR（Cost Per Rating）或 CPRP（Cost Per Rating Point），意为针对某电视节目，每购买一个收视率（点）所需费用。用公式表示就是：

$$收视率（点）成本 = 单位广告费用 ÷ 收视率（点）$$

该概念的意义在于同一地区购买不同电视节目时做比较，由于两个节目都在同一地区统计收视率，所以以人口总数一致，故实践中直接比较收视率成本，就不必换算成人数比较。

需要引起注意的是收视率（点）成本同一地区可以直接比，跨地区则不可以比较，此时要注意换算成实际人数；而千人成本则不能简单地跨媒体比较，如一般来说报纸与电视的千人成本不同，则不能简单说哪个投资效率更高，因为不同类别媒体对广告效果的贡献是不同的。

在互联网广告中，媒体投资效率评估的指标有：每点击成本，即 CPC（Cost Per Click）；每购买成本，即 CPS（Cost Per Sale）；等等。

（二）质的评估

量的评估在于考察哪个广告媒体接触的受众多，而质的评估在于考察哪个广告媒体的广告投放效果好。

质的评估主要包括投入度（Involvement）、干扰度（Clutter）、编辑环境（Editorial Environment）、广告环境（Advertising Environment）、相关性（Relevance）五个指标。

1.投入度

投入度即受众接触广告媒体时的关注程度。

对此概念的应用有一个基本的假设，即受众专注地接触媒体时，看到媒体上的广告所产生的印象比漫不经心地接触媒体时深。

那么受众接触广告媒体时的投入度怎么获知？我们以电视为例来谈一谈。

电视节目的投入度的获得方法主要有两种途径，即按收视率波动情况判定、以节目播出时段主观判定。

（1）按收视率波动情况判定

按收视率波动情况判定有两个角度。

第一个角度：考察一个节目全程的收视率波动情况（见表7-2[①]）。

表7-2

时段	A节目收视率（1小时）	B节目收视率（1小时）
19：00：00——19：14：59	32%	40%
19：15：00——19：29：59	29%	25%
19：30：00——19：44：59	30%	47%
19：45：00——19：59：59	31%	10%
平均收视率	30.5%	30.5%

如表7-2所示，有A、B两个节目备选，A节目在全长1小时的4个一刻钟内的收视率分别为32%、29%、30%、31%，B节目的分别为40%、25%、47%、10%，两者的平均收视率都是30.5%，初看收视率，两者并无区别，应该选哪个都一样，但两者的投入度却是不一样的，从而会影响广告效果。如图7-3所示：

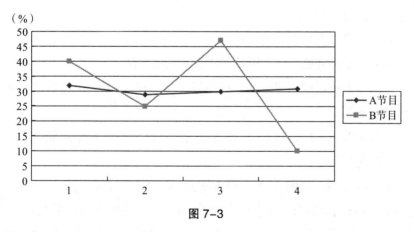

图7-3

① 详见陈俊良著《广告媒体研究——当代广告媒体的选择依据》，中国物价出版社1997年版，第83页。

图 7-3 中 A 节目收视率在 1 小时内的波动远比 B 节目小，也即观众收看 A 节目一直比较关注，较少离开，由此可判定 A 节目的投入度高。

第二个角度：以节目播出几次后受众的接触频次多少为标准。

比如说 A 节目连续播出 4 次后的收视率分别为 31%、32%、30%、29%；B 节目为 30%、30%、31%、31%；两者的平均收视率都为 30.5%，总收视率都为 122%，而且两者波动程度也相差不大，看似两者没有区别，但 A 节目的到达率（收看节目至少一次的观众人数占总数的比率）为 24%，也即这 122% 的总收视率是 24% 的人创造的，B 节目的到达率为 67%，也即这 122% 的总收视率是 67% 的人创造的。

则 A 节目的人均接触频次为：122%÷24%=5.08；B 节目的人均接触频次为：122%÷67%=1.82。

结论是：我们认为人均接触频次多的节目说明受众更感兴趣，不然不会看的次数多，所以投入度高。如果要选一个节目投放，我们会选 A 节目，因为总归它会最先达到广告的目标效果。

（2）以节目播出时段主观判定

该方法的一个基本假设是受众在一天中的不同时段因状态不同而对媒体的投入度不同。

一般的划分情况如下。

清晨时段（上班前的准备时段）：投入度最低，因为受众都在做上班前的准备，虽然电视开机，但是并不投入太多关注。

白天（上班时段）：投入度为中至低，因为都在工作，包括家庭主妇也在做家务等。

前边缘时段（17—19 时）：投入度为中，此时一般是受众做饭、吃饭时间，收视并不专心。

主时段（19—22 时）：投入度为中到高，此时收视率一般是全天最高时段，但未必投入度高，因收视者太多，未必人人都看到自己喜爱的节目。

后边缘时段（22—24 时）：投入度最高，因为此时时间已较晚，留下来的人一般都是比较喜欢看电视的人，而且此时人数少，受众大都能看到自己喜欢的节目。所以，这个时段虽然收视率是低的，但是投入度却是最高的。

2. 干扰度

干扰度即媒体上的广告量占媒体本身容量的比率。比率越高则对即将投放的广告干扰度越高，也即广告越难致效。

计算方法如下。

$$印刷媒体干扰度 = 广告面积 \div 刊物面积$$
$$电波媒体干扰度 = 广告时长 \div 节目时长$$

需要注意的是，如果即将投放的媒体上有竞争者的广告，则干扰度更大。实践中，有经验的广告主都会要求避开竞争者的广告。

此概念的意义在于告诉媒体，刊载广告量不能太大。

3. 编辑环境

编辑环境即媒体的新闻等广告以外的内容所营造的环境。

其评价标准一般有两个，即媒体形象和媒体地位。

媒体形象有严肃与轻松活泼之分，如主旋律电视连续剧《长征》与戏说类电视连续剧《还珠格格》，两者的形象一个严肃、庄重，一个轻松、幽默，则对于刊载不同产品、不同创意的广告效果是不同的，如果在前者中插播给人不够严肃庄重之感的产品或幽默滑稽风格的创意广告，与受众的心理接受状态是不一致甚至是相反的，则受众在心理上会排斥，会换台或不投注注意力，从而使广告效果打折扣。

媒体形象还有高雅与低俗之分，同样也对在其上刊载的广告有不同要求。

媒体地位即针对相同受众定位、内容定位的媒体，谁在受众心目中更可信任，则地位越高，在其上刊载广告比在地位低的媒体上刊载更易致效。

4. 广告环境

广告环境即媒体承载的广告所营造的环境，或者说给受众的印象。

媒体的广告环境也有高雅与低俗之分，实践中要注意高雅的产品或创意不要投放到广告环境低俗的媒体上去。

5. 相关性

相关性即产品类别、创意内容等与媒体内容的相关性。

如体育用品广告或体育类创意的广告投放到体育类节目上，这样容易致效，因为体育类节目的受众对体育用品广告或体育类创意广告肯定更会关注。

（三）综合评估

实践中广告主或广告媒体计划人员在选择媒体或节目时会将量与质结合起来进行综合评估。具体操作如表 7-3[①] 所示。

表 7-3

	量化评估				质化评估					综合结果
	收视率（%）	收视率指数	CPR	CPR指数	投入度指数	干扰度指数	编辑环境指数	广告环境指数	相关性指数	
A 节目	40	100	5000	60	100	75	50	95	80	78.7
B 节目	24	60	3000	100						
C 节目	32	80	10000	30						
D 节目	12	30	15000	20						
E 节目	20	50	6000	50						
权重	/	25%		35%	15%	7%	8%	3%	7%	/

如表 7-3 所示，有 A、B、C、D、E 五个节目可供挑选，则对它们从量与质相结合角度进行综合评估，量有收视率与 CPR 两个指标，质有投入度、干扰度、编辑环境、广告环境、相关性五个指标。

以 A 节目为例，A 节目的收视率为 40%，在 A、B、C、D、E 节目中最高，则可将 A 节目收视率 40% 的指数设定为 100，其他节目收视率除以 40%，则得出各自的收视率指数，CPR、投入度、干扰度等指标的指数同理可得，这样大家就可以同在指数层面上进行互相比较。

得出每个节目各指标的指数后，因为每个指标在我们所做比较中的

① 此表参考了陈俊良著《广告媒体研究——当代广告媒体的选择依据》，中国物价出版社 1997 年版，第 88 页表。

重要性不一样，还要根据重要性不同设置权重，比如将收视率的权重设为 25%，CPR 权重设为 35%，投入度等权重分别设为 15%、7%、8%、3%、7%，则可以将 A 节目的各指标指数乘以其权重，再将相乘结果加总，就得出 A 节目的综合评估值，其他节目的值也由此可得，从而可以进行比较。

❖ 总 结

以上就是广告媒体计划中的媒体评估。应该说，这是广告业中的操作技能，但因它涉及对媒体的评估，影响媒体的广告收入，所以在此对该领域知识进行分析论述。应该说，这有助于传媒业调适自身，以获得更多的广告收入。

第五节 当前中国传媒业的广告经营策略

一、加强对广告主、广告投放行业的研究

一个企业在市场上要运营得好，就要对目标消费者有很好的了解。这个了解首先是要知道谁是目标消费者，然后要知道目标消费者的需求与偏好是什么，这样才能让自己的营销有好的方向指导，成功也才有一定保障。广告主是传媒广告资源的消费者，所以，传媒要对广告主有好的了解，不管是既有的广告主，还是潜在的广告主，都要注意了解其广告投放需求与偏好、既往投放经历显示出来的特点等，只有这样，才便于展开有针对性的营销，设计有针对性的内容产品，开辟有针对性的、传播效果更好的广告资源，从而有效实现营销目标。总之，对广告主的研究很重要，同时，对广告投放行业的研究是遴选广告主的基础，也应高度重视。

二、理顺广告与采编部门的关系

中国传媒单位在广告部门与采编部门的关系协调上一直存在问题。双方往往各自为政，采编部门注重内容产品质量与职业操守，对向广告

倾斜的行为不认同，广告部门则为求收入最大化等而屡屡争取，有时双方会出现冲突，一时争执不下，对组织运作造成不良影响。

而要做好两个部门的互动，需要在观念与机制上进行双重保障。在观念上，要让两个部门都认识到，内容产品质量是广告投放量的根本，广告投放量是内容产品质量的最终经济支撑，两者配合得好，会形成合力，最终实现传媒社会效益与经济效益的最大化。在机制上，要形成采编部门与广告部门的顺畅沟通机制，平时两个部门最好有制度性沟通机会，增进对彼此工作性质以及追求目标等的了解，并设立专门机制，使冲突产生时能够尽快沟通意见、协调解决。

总之，在观念与机制上的双重保障不外乎要达到两个部门能够互相配合的效果。采编部门在内容产品的生产上应该更多地听取广告部门的意见，在获得社会效益的前提下，可考虑增加内容产品对广告主的吸引力，广告部门也不要一味地从经济效益出发，在日常运作中也要有社会效益的观念，以此来指导自己开展广告经营活动。

三、推进与完善广告代理制

广告代理制是国际广告市场的通行运作机制，它实现了广告业务的专业化运作，因而能够实现高效率。

1993 年，我国国家工商行政总局也曾颁发《关于进行广告代理制试点工作的若干规定（试行）》，指出应在我国广告业中进行广告代理制试点工作，但是长期以来，广告代理制的推行并不顺利，国内重要传媒或者说广告收入名列前茅的传媒中，很多都没有规范地实行代理制，往往采取既有代理又有自己包办的方式，有些纯粹是自己包办。应该说，这样可以节省代理费用，但是毕竟传媒的业务核心不在于此、专长也不在于此，这样做既不能使自己将所有精力集中于核心业务上，又很难把它做好，难给广告主提供优良的服务，长期下去反而会对自身的广告经营有负面影响。因此，当前中国传媒业广告经营业务必须重视广告代理制的采用。

四、注重客户关系管理

广告业要有效运作，客户关系非常重要。时至数字营销时代，健全与完善客户关系管理仍是重要工作。

现代传媒业广告客户关系管理的内涵在于，采用先进的信息技术以及数据库系统搜集、整理、储存客户数据，通过信息分析掌握客户需求特征和行为偏好，从而有针对性地为客户提供广告发布服务，努力提高其满意度。同时，要注意维护与既有客户的关系，培养客户的长期忠诚度，并努力发展新的客户[1]，最终实现广告收入最大化。应该说，在市场营销中，客户关系管理工作永不过时，其注重与客户关系的价值，注重打造与客户的良好关系，注重利用这种关系开展自身业务，是市场营销的一种很好的理念。在传媒广告经营工作中，客户关系管理工作无论何时都不能忽视。

---

[1]　详见夏洪波、洪艳著《电视广告媒体经营》，北京大学出版社 2003 年版。

第八章
传媒业的资本运作

第一节　资本运作的相关概念

一、资本的内涵

资本的概念分狭义与广义两种。狭义的资本按照萨缪尔森的观点，是三大生产要素之一，是一种被生产出来的生产要素，一种本身就是由经济过程产出的耐用投入品，它在进一步生产中被作为生产性投入，如厂房、机器设备等。它与土地和劳动并列为三大生产要素，后两者通常被称为基本生产要素，因为它们的供给不需要生产，即取决于非经济要素。可见狭义的资本的本质在于既是一种产出，又在进一步生产中被作为投入。广义的资本则指经济体所拥有的各种资源，包括有形与无形资产。本书内所分析的资本指广义的资本。

二、资本运作的定义及目标

资本运作也称为资本运营或资本经营，其被广泛认可的一个定义是：是企业经营的一种高级手段，一般地讲，经济体所拥有的包括有形与无形的各种资产，都可视为有经营价值的资本，在资本市场上通过兼并、重组、参股、控股、租赁、转让、交易等途径运作，实现增值。资本运作的目标就在于资本增值。从产业经济学的角度说，一个产业一经产生，如果存活的时间足够长，一般都会由产品运作阶段进入资本运作阶段——早期总归是围绕产品运作，不断地提升产品质量、丰富产品功能，包括完善售后服务等，都是围绕产品进行的，但运作一定时间后，产品运作的空间就达到了天花板，此时一般会进入资本运作阶段——在资本市场上将自己的有形和无形资产进行交易等，以实现其增值。这是不同的企业运作方式与理念。

三、资本市场的内涵

市场的早期含义是商品交易的场所，是一个空间概念，后来市场被定义为买者和卖者相互作用共同决定商品或劳务的价格和交易数量的机制。

资本市场也分狭义与广义两种。狭义的资本市场在中国往往被指作股市，即股票交易市场；广义的资本市场则指进行资本交易以决定价格和交易数量的所有市场，包括线下实体市场与线上的交易平台。本书的资本市场指后者。

四、资本运作的意义

资本运作的意义可以从微观的企业等个体层面以及中观的产业层面来论述。

从微观层面来讲，资本运作的意义包括如下五个方面。

第一，资本运作能盘活资产，实现总体资产增值。企业的各种沉淀、闲置或利用率低下的资产，可以出售、转让或租赁等，这样既解决了资产"凝固化"问题，又能使企业获得收入。比如一些企业的闲置厂房、土地、设备甚或人员等可以通过资本运作的方式利用起来，从而盘活资产；另外，企业的品牌往往是价值很高的无形资产，将品牌作为资产与其他企业合作，可以谋取可观的收入或其他资源。

第二，资本运作能够使企业借机理顺内部的体制与机制。一个企业旧有的体制、机制是与其内部资源配置联系在一起的，通过对已有资源的盘整运作，使其配置发生变化，从而也为新的体制、机制的确立提供契机，有利于企业运作效率的改善。另外，资本运作的另一种方式是引进外部资金，而引进外部资金就有利于新的体制、机制的输入，从市场实践来看，很多企业接受其他企业投资，都会在运作体制与机制上被投资方所促动、调整甚或整个变革，对其运作效率的提高会起到很好的作用。

第三，资本运作能够使企业筹集到资金以获得超常规发展。企业在发展过程中，单以自有资金积累很难实现快速发展，所以，通过资本运作在资本市场上筹集资金，对抓住机遇实现超常规发展非常有利。

第四，获取收入。通过相关有形与无形资产甚至包括企业整体等的出售，可以获得收入。

第五，增强抗风险能力。任何企业如果盈利点过少，都会导致其在市场环境中生存风险过大，所谓"不要将鸡蛋装在一个篮子里"，而通过资本运作，比如兼并、购买等获得其他的经营业务，可以降低市场环境中企业的生存风险。

从中观层面，也就是从整个产业的层面来讲，一个产业如果进行资本运作，可以使整个产业形成资源灵活流通的市场，提高整个产业的资源配置效率。具体一点说，通过产业内部企业间的兼并，产业内部运作效率高的企业越来越多，运作效率低的企业越来越少，从而使整个产业的品质提升，运作效率提升，产业更加集约化经营；一定程度的兼并、购买，还可以改善产业的市场结构，获得一定程度的规模效益与范围效益等。

总之，针对任何产业，资本运作都是一种有效的运作理念与形式，对于提高一个产业从其中的个体到整体的质量与效率，都有十分重大的作用，对中国传媒业同样如此。

第二节　中国传媒业的资本运作模式

资本市场是最高形态的市场，行业发展到一定程度，一般都会形成资本市场，传媒业也不例外。资本运作的模式很多，限于篇幅，本节将只对传媒业最重要的、也是操作最多的模式——融资进行分析。

一、中国传媒业融资出现的原因

1978 年后，中国传媒业商品化、市场化运作逐步发展，在此过程中，融资行为也逐渐增多，并最终于 1990 年代中期前后形成高潮，引起了整个国民经济领域以及境外资本的高度关注。那么，为什么传媒业的融资能够形成热潮？简单而言，这主要是因为传媒业在 1990 年代后资金需求日益迫切，而恰好资本市场又对其看好。

（一）传媒业发展需要大量资金

传媒业发展需要大量资金的原因主要有三个方面。

1. 国家逐渐减少拨款

在计划经济体制下，我国传媒业绝大部分是事业单位，所需经费由国家财政拨款，多退少补，并无资金缺少不缺少的说法。改革开放之后，传媒业开始"企业化管理"，在市场上通过经营获取经济补偿；同时，国家对传媒业的投入也从最初的财政包干到逐年递减，最后发展到大多数传媒自收自支，经济上独立自主，自负盈亏。由此，很多传媒的资金就显得紧张。

2. 传媒业各项开支增多

第一，传媒业运作成本大幅提升。

从 1978 年后，传媒业的原材料价格大幅提升。以报业来说，纸张成本占我国报业直接成本的 70% 左右，而新闻纸从 1978 年开始即频频大幅提价，每吨从 1980 年的 730 元涨至 2000 年的 6300 元左右，涨了近 8 倍。

传媒从业人员的薪酬大幅提高。其数目早已从 1980 年代一百到几百元上升到 1990 年代数千元，传媒经济发达地区如广州、深圳等地有的传媒一般采编人员收入超过万元。

传媒竞争激烈，大多数传媒为增强竞争力都不惜重金，据有关方面资料，一些传媒为采访体育等方面的国际赛事，一次跨国采访的开支动辄几十万甚至上百万元人民币。

这些方面的原因，都使传媒的运作成本大幅提升。

第二，设备更新、组织扩大规模等都需要资金。

传媒业要向前发展，在采编设备、印刷设备、通信技术设备、办公用具以及发行网络建设等方面都要不断更新换代、扩大规模。以报业为例，据相关人士提供的数据，1990 年代印刷 10 万份以上报纸的 SSC 印刷机，建成投产至少需 1400 万元。

两办"17 号文"公布后，允许"选择中央和一些省级报业集团、广电集团跨地区经营""主要采取兼并、重组、合作联营等形式"，也可以"跨媒体兼营"。传媒业要进行兼并，又需要大量资金。据有关方面的数据，1990年代末期，在债务、债权全部接受的情况下，在我国收购一家报纸的成本每万份发行量约需70万到110万元人民币，整体收购动辄需几百万、上千万元，还需要再追加资金才能全面启动。[①] 这在当时是很高的额度了。

3. 传媒之间市场竞争的加剧使其需要资金以获取竞争优势

进入1990年代后，中国传媒市场的竞争开始加剧，竞争的失败者没有收入，自身发展将十分困难，而竞争就要促销，以努力扩大市场份额、聘请优秀人才、更新技术设备、改善办公条件、加大采编等运作的投入等，这些无不需要巨额资金。

当然，传媒业发展需要大量资金的原因还有很多，比如面临国外的竞争压力、需要加速发展等，但是以上三条是最重要的。

（二）传媒业自身优良的投资条件被资本市场看好

传媒业投资条件优良主要表现在两个方面。

1. 传媒业投资回报时限短，回报率高

有统计显示，从1988年到1998年，10年间我国报业投资回报率大致处在17%—50%这一区间，远远高于同期其他产业。[②] 再以广告收入为例，据统计，四大传统传媒报纸、期刊、广播、电视的年广告营业额，从1992年到2006年，年均增长24.1%，而GDP在大致同期的1993年到2007年，年均仅增14.9%。可见其投资回报时限之短、幅度之高。

2. 传媒业具有身份优势

传媒业由于党的"喉舌"的特殊身份，加上其追求真实性、公信力等的本性，长期以来形成了良好的信誉；同时，其在政策上、财政上较易

---

① 详见王湘蕾撰《电广实业上市对报业的启示》，《中国报业》1999年第4期。

② 详见陈明撰《报业市场与资本市场——对报社引资可行性的探讨》，《中国报业》2000年第9期。

获得国家支持；由于属于在行政区域内进行相对垄断性的经营等原因，收入相对稳定；长期经营积累的物业等资产也很可观；传媒业知名度高，容易提升投资方的知名度，增加无形资产。

正是由于传媒业有这样优良的引资条件，才使得 1990 年代后半期的整个资本市场对其垂涎不已。中国传媒业彼时还将有很大的发展空间，尤其是 2000 年下半年市场上的"互联网泡沫"一度破灭后，中国传统传媒市场开始明显升温，境内外的传媒、投资集团纷纷瞄准中国传媒业。国际著名投资银行雷曼兄弟公司在 2002 年前后所做的《中国：洞悉经济形势，掌握无限商机》研究报告中，对中国市场做了 10 个月的调研，对外国投资者感兴趣的六个行业做了分析，其中就包括传媒业。前面已经提到，彼时以时代华纳、维亚康姆、新闻集团、路透社、迪士尼、道·琼斯等为代表的国际传媒巨头频繁与国内接触，纷纷以合资、合作等形式试探性地进入中国大陆，如据《中华新闻报》所载，美国在线—时代华纳在上海与上海工业控股公司合资成立了一个传播公司，通过投资 2000 万美元挤入上海这样一个经济触角覆盖长三角的经济中心城市；2002 年 12 月 19 日，湖南电广传媒与默多克的新闻集团在长沙签署协议，双方此后将从节目制作、世界性发行以及节目交流三方面进行广泛合作；2003 年 4 月，维亚康姆旗下 MTV 全球音乐电视网获准正式落地广东省。

这种种举动，究其原因，就是因为国际传媒巨头看准了传媒业是所谓中国大陆最后一块尚未完全开发、能获得高额利润回报的市场。在国内，进入 1990 年代中后期，我国许多中低端产业在以知识密集型经济为代表的高端产业的挤压下业已进入"微利"甚至"无利"时代，大量从中流出的资本都急于寻找可能获得高额回报的新的投资领域[①]，许多都虎视眈眈地盯住了传媒业。

从上面（一）、（二）两项论述不难看出，一方面传媒业需要资金，另一方面自身优良的投资条件备受资本看好，在这种情况下，传媒业与

---

① 详见喻国明撰《略记资本市场与传媒产业结缘的机遇、操作方式与风险规避》，《新闻与传播研究》1999 年第 4 期。

资本市场结缘是顺理成章的事情。

二、中国传媒业融资模式

从实践看，传媒业与资本市场的结缘其实早已进行。2000 年，随着网络投资热潮一度下降，"下一个泡沫是传媒"的呼声已很高，传媒从资本市场融资由隐蔽半隐蔽进行到逐渐明朗，最终形成了热潮，也具有多种已比较成熟的模式，其中主要有以下六种。

（一）银行贷款

这是传统的融资渠道，至今仍在发挥较大的作用。传媒以有形与无形的资产去银行抵押以贷款，比如这些年，以影视剧版权为抵押从银行贷款等。

（二）直接吸收业外资金并合作经营

该种模式指传媒为获得资金，拿出自身的相关有形、无形资产，或者让渡一定时期内的经营业务经营权，获得资本方资金，双方最终合作经营，时间较早也有一定影响的有以下几例：

1999 年，《经济日报》子报《名牌时报》接受上市公司湖南投资投入1000 万元，湖南投资买断该报 10 年独家发行和独家广告经营权；

2001 年 5 月 28 日，隶属人民日报社的《京华时报》接受旗下拥有三家上市公司的北大青鸟注资 5000 万元，在北京创刊；

上市公司山东三联集团投资《经济观察报》，占 50% 以上股份，实现控股；

昆朋网投资北京娱乐信报社，占 40% 的股权，北京娱乐信报社全权负责报纸采编工作，昆朋网主管报纸的广告与经营。

（三）子公司控股上市公司

子公司控股上市公司在传媒业界又称"借壳上市"，它是指传媒组织的子公司通过运作资产，达成对上市公司——"壳"的控股，这样不用直接上市，但因控股上市公司仍可便捷地操纵其在证券市场上融资，从而相当程度上实现了上市以融资的目的，所谓巧妙地借了"壳"资源。毕竟借"壳"上市不受上市配额限制、"壳"资源选择范围大、操作周期短，比直接上市方便得多，节省成本，当然，这种模式往往也会受到"壳"资源遗留问题的影响，如债务等。

传媒业采取该模式较早也较有影响的有以下几例。

1. 成都商报社子公司控股"四川电器"

1996年6月，成都商报社控股子公司博瑞投资有限公司受让成都市国有资产管理局持有的上市公司"四川电器"2000万股国有股，成为"四川电器"第一大股东，占27.65%的股权，随后重组了"四川电器"董事会。新董事会的9名董事中，有5名来自博瑞投资有限公司，博瑞投资有限公司的总经理同时也是成都商报社副社长的孙旭军出任董事长。这样，成都商报社就实现了子公司控股上市公司，从而可以利用"四川电器"这个"壳"在证券市场上融资。

应该了解的是，传媒子公司控股上市公司后，都要将传媒资产置换进上市公司这个"壳"，以传媒概念股的面貌出现，从而使自己受到资本市场的青睐。如博瑞投资有限公司就把成都商报社发行投递公司93%的股权转让给"四川电器"；2000年3月，"四川电器"更名为"博瑞传播"；同年8月，"博瑞传播"与四川广播电视报社合资成立四川博瑞广播电视传播有限公司，"博瑞传播"占有51%的股份，共同经营《四川广播电视报》的广告、发行及相关经营业务，这样"博瑞传播"又拥有了一块传媒业务；2000年9月，"博瑞传播"又分别获得了成都博瑞印务有限公司和成都博瑞广告有限公司50%和41%的股权，同时成为这两家公司的第一大股东。资料显示，到2001年底，通过进一步资产置换，"博瑞传播"的传媒资产已由过去的占40%左右上升到90%以上[1]，从而在当时很受资本方关注。

2. 广州日报社子公司控股"清远建北"

2000年11月28日，广州日报社全资子公司广州大洋文化传媒有限

---

① 相关资料来自孙正一、农秋蓓、柳婷婷撰《我国新闻媒体资本运营情况初探》，《新闻记者》2001年第5期。

公司以资产置换方式受让上市公司"清远建北"原股东广东建北企业集团所持 36.79% 的股份，成为"清远建北"第一大股东。之后经过系列资产置换，"清远建北"拥有的资产包括大洋文化传媒有限公司的印刷业务、《广州日报》招聘广告 10 年独家代理权、广州大洋文化连锁店有限公司95% 的股权等，新董事会成员包括董事长、副董事长、总经理、副总经理、董秘都换由广州日报社人员出任。

（四）与上市公司合资成立子公司

还有一些传媒与上市公司合资成立子公司，公司的主营业务是传媒经营业务，这样，传媒可以借用上市公司的资金以及市场运作经验进行发展，具体有两个较有影响的案例。

案例一：2001 年，上海商报社与上海一家上市公司"巴士股份"共同组建上海商报文化发展有限公司，其中"巴士股份"持有上海商报社五成权益。

案例二：2002 年初，天津日报社与上市公司"天药股份"合资成立天津每日新传媒发展有限公司，天津日报社拥有 51% 的股份，为绝对控股方，"天药股份"拥有 33% 的股份。新成立的公司将拥有天津日报社报刊亭及相关业务完整经营权等，其经营范围包括书报刊的征订、批发、零售、物流配送、信息服务、广告代理、文教用品经营等。同时，天津日报社承诺将授予每日新传媒公司 30 年的天津日报社"五报三刊"发行业务独家代理权。[①]

（五）子公司直接上市

子公司直接上市指传媒组织将经营性业务剥离，按《公司法》中对上市公司的条件规定，筹集必需的股本，进行股份制改造以成立股份有限公司，然后通过法定程序，在证券市场上市。子公司直接上市后进行融资操作方便、规范、风险小，不像子公司控股上市公司或借"壳"等

---

① 相关资料来自《中国证券报》2002 年 1 月 10 日网络版。

模式往往会受到"壳"公司遗留问题的一些影响，而且筹集资金规模可以大一些。但直接上市受配额限制，而且程序繁多，如子公司直接上市的传媒组织在运作上一般至少需要以下十项必要程序：将经营业务剥离成立股份有限公司、选聘中介机构、证券公司立项、上市辅导、提出股票发行与上市申请、证券公司推荐、股票发行核准、公开发行股票、上市核准、股票上市交易。[①]另外，传媒组织子公司上市还必须报经其上级行政主管部门等批准，往往周期比较长，相应运作成本也高。

子公司直接上市的案例主要有以下几个。

（1）电广传媒

"电广传媒"全名湖南电广传媒股份有限公司，是湖南广电局下属企业，正式成立于1999年1月。当时第一大股东为同属湖南省广电局的湖南广播电视发展中心，持股比例为72.9%。1999年3月25日，在深圳证券交易所挂牌上市。当时其主营业务主要分广告、节目、有线网络三大块，具体为国内外广告的设计、制作、发布等代理，影视节目的制作、销售，有线电视网络传输服务，另外，还有旅游、文化娱乐、餐饮服务、贸易等，以传媒经营业务为主。该公司上市以后表现良好，入选深交所成分指数，并入选第二届"中证·亚商中国最具发展潜力上市公司50强"，位居第14位。

（2）歌华有线

该公司全名为北京歌华有线电视网络股份有限公司，主要资产就是北京市广播电视有线网络，主营业务为广播电视传输网络的建设与开发、节目的收转与传送、网络信息服务等，当时被北京市新技术产业开发试验区认定为新技术企业。

歌华有线公司成立于1999年9月29日，由北京歌华文化发展集团作为主要发起方，联合北京青年报业总公司、北京有线全天电视购物有限责任公司、北京广播发展总公司、北京出版社共同发起设立，注册资本为人民币1.9亿元。主发起方北京歌华文化发展集团将其当时价值为2.7

[①] 　详见吴信训、金冠军、李海林等著《现代传媒经济学》，复旦大学出版社2005年版。

亿多元人民币的广播电视有线网络资产投入，持股 65.61%，其他发起人则以现金入股。公司于 2001 年 1 月 4 日在上海证交所公开发行 8000 万股 A 股，于 2001 年 2 月 8 日上市流通。[①]

（3）东方明珠

东方明珠股份有限公司 1990 年代是上海广电局所属广播电视发展有限公司下属子公司，1994 年在上海证交所上市，当时主营业务是东方明珠电视塔的旅游业务、节目传输、东方电视台的广告业务等。之后有关东方明珠电视塔的旅游观光、节目传输等的收入所占比例逐渐下降，广告代理收入所占比例逐渐上升。后来该公司的名字改为东方明珠新媒体股份有限公司，至 2022 年，其是上海广播电视台、上海文化广播影视集团有限公司（SMG）旗下重要的产业板块，全渠道视频集成与分发能力以及文娱消费资源在市场上均名列前茅。该公司目前仍是上海文化广播电视系统与资本市场的最重要接口。

（4）北青传媒

2004 年 12 月 22 日，北京青年报社绝对控股子公司北青传媒股份有限公司在香港联交所正式上市，成为中国内地传媒企业境外上市第一股。就当时该公司主营业务，时任公司总裁兼执行董事的孙伟透露，除了国内相关法规限制没有报刊编辑与发行业务外，已经拥有了报刊经营业务其他的主要环节。当时该公司主营收入中比例最大的是北京青年报社的广告收入，而且主要来自《北京青年报》一家报纸的广告收入，不过数额可观。

（六）其他模式

2010 年以后，我国传媒业的市场化程度不断加深，资本市场也更加成熟，与国际接轨更全面，所以，融资模式也不断丰富，出现了私募、风险投资、众筹、应收账款融资等模式。

---

① 详见李晓枫主编《中国电视传媒资本运营》，中国广播电视出版社 2004 年版。

第三节　中国传媒业的资本运作策略

一、中国传媒业资本运作的历程及发展趋势

从中国传媒业资本运作的历程看，其基本轨迹是业外资金进入门槛逐步降低，传媒业的融资渠道逐步拓宽。

长期以来，传媒与资本市场结缘是一个敏感话题。我国传媒性质是党和人民的"喉舌"，负有宣传党的路线、方针、政策，维护社会主义制度的重任，要求具有鲜明的党性。长期以来，为保证党和国家对传媒的绝对领导，政策上不允许业外、境外资本进入传媒业。2001年8月，《中央宣传部、国家广电总局、新闻出版总署关于深化新闻出版广播影视业改革的若干意见》（"17号文"）发布，针对传媒业的融资行为在政策上有了一定的松动。《意见》第13条明确规定："开辟安全有效融资渠道，提高资本运作效率。新闻媒体由国家主办，不吸收外资和私人资本。根据事业发展需要，报业集团、出版集团、广电集团的新闻宣传部门经批准可在新闻出版广播影视部门融资，其经营部门（报刊的印刷发行和广电的传输网络等）经批准可以有限责任公司或股份有限公司形式，由集团控股，吸收国有大型企事业单位的资金，但投资方不参与宣传业务和经营管理。……其余企事业单位一律按现行规定执行，不得擅自扩大融资渠道。"另外，还有针对电影集团、发行集团等一系列的规定。

其后，随着市场经济体制建设不断深入，传媒业在融资范围与深度上不断拓展，许多操作实际上早已超出了政策规定的范畴，在此种趋势下，国家有关传媒业融资的政策也不断放宽。

2005年8月，新华社先后发布由国务院以及相关部委制定的《关于文化领域引进外资的若干意见》《国务院关于非公有资本进入文化产业的若干决定》，有关业外资金进入传媒业的门槛又有相当程度的降低。其中《关于文化领域引进外资的若干意见》的核心内容是：外资除了书报刊、音像电子出版物的总发行、内容产品的制作等方面不许进入外，其他领域一般都可以进入，只是对参股比例有限制而已。而稍晚几天发布的《国

务院关于非公有资本进入文化产业的若干决定》又有一些突破，其最大的改变在于，按照此前权威性很高的"17号文"，非公有资本不许进入传媒机构的经营业务，更不许从事内容产品的制作，但现在规定非公有资本可以投资参股新闻出版单位的广告、发行以及电台和电视台的音乐、科技、体育、娱乐节目的制作，只不过上述企业国有资本必须控股51%以上。这样，原则上非公有资本在中国传媒业除了内容产品中的时政类内容以及相关特定内容不能参与制作外，其他领域都已可以进入。

应该说，2005年两个规定出台、传媒业的资金进入门槛进一步降低，引起了新一轮业外资金进入的热潮，而一直到现在，业外资金对传媒业的进入一直保持着相对较高的热度。

二、中国传媒业资本运作的相关策略

自1978年实行"事业单位企业化管理"后，中国传媒业的运作先后经历了产品经营、集团化经营阶段，之后很快又进入了资本运作成为重点的阶段，这是传媒业在其发展过程中运作模式的进步与提升，是产业发展逻辑的必然结果。同时，对整个传媒业而言，借助资本运作实现自身更加有效的发展，无疑是一个重要的手段，应重视并用好这个手段。但是中国传媒业在资本运作的过程中，由于诸多原因，存在着一系列问题，其自身以及国家等还有一些重要的策略没有看到与做到，这些都在一定程度上影响着其资本运作的绩效。在此，笔者就对传媒业资本运作的应有策略作一分析。

（一）国家应加强对传媒业资本运作的引导与管理

从实践看，大量的民营资本与外资对传媒业热衷是客观现实，而且在今后很长一个时期内，包括传媒业在内的文化行业对资本的吸引力仍然巨大，就此，国家现实而有利的做法是以积极的态度对其进行引导与管理，时刻处于主动态势。

笔者认为，加强对传媒业资本运作的引导与管理可从以下三个方面着手。

第一，做好传媒业资本运作的顶层设计。

传媒业不仅是支柱产业、主导产业，而且具有重要的政治属性与强大的社会功能，对国家和社会的稳定与发展具有极其重要的作用，而资本运作将会使这个行业所有制结构转变、相关决策权力分散、运作上呈现更加复杂的状态，因此，国家应该对传媒业的资本运作有一个有效的引导与管理，以确保传媒业发展能够符合国家的目标设定，而这首先就需要加强研究，以确定一个有效的顶层设计。

第二，应有尽量完善的实施细则。

从现实来看，传媒业的资本运作尚缺乏规范。这是由于早期政策在此方面有严格的限制，禁止业外资金进入传媒，所以国家在此方面并没有一套系统的法规政策，而实践中传媒与资本却由于互相"渴慕"而私下隐蔽半隐蔽"联姻"，这使它们的运作不可能规范，也确实留下许多后遗症，单纯由于这方面原因就导致许多资本运作没有收到好的效果，往往严重伤害了传媒与投资方的利益，对传媒正常运作、发挥社会功能等都有一定影响。因此，针对这种情况，国家应有尽量完善的实施细则，这个实施细则重点有四：第一，一定要考虑周全、完整细致，否则又会给予业外资本太多的不规范运作机会；第二，一定要有相当的前瞻性，能够在尽量长远的周期内指导传媒业的资本运作，而不要只顾当前地"头疼医头、脚疼医脚"，造成自身必须不断地改，缺乏连续性，给业界操作造成很大麻烦，对其自身的权威性也会有影响；第三，最好能具有系统性，包含整个传媒业各个子类别，不能再是各主管部门各自为"政"，自己出台本类别的政策，这样很容易造成资本在跨系统运作时衔接不畅，从而不利于整个传媒业资源的自由流动整合；第四，在任何国家，涉及国计民生、国民经济命脉等具有重大战略意义的行业或领域，都要由国家控制或主导，因此，对传媒业这样重要的行业而言，也要采取此项措施，国家应对其重要领域的资产实现绝对控股。

第三，采编与经营业务应分开。

国家要对传媒业资本运作加强引导与管理，还有一个问题应该受到重视，即采编与经营业务分开的问题。国家长期以来一直要求采编与经营业务要分开，避免相互干扰。采编是传媒的核心业务，具有政治意义，一定要从政策上明确规定、操作上切实执行，真正地实现与经营业务分开，这样，在资本运作中就可以尽量避免民营与境外资本对采编业务的介入问题。

（二）加速解决阻碍传媒资源合理流动的体制性障碍

中国传媒业的宏观管理体制与其他许多行业一样，是典型的"多头管理、条块分割"。"多头管理"使不同类别的传媒归属不同的行业主管部门，彼此之间并无关系，传媒资源跨行业流动很难；"条块分割"也造成"块块"即行政区域内都有传媒，都在其属地内相对独立运作，跨地区很难。而且由于某些地方的狭隘观念，还人为设置障碍阻挠外地区传媒进入，传媒业资源合理流动所受阻力就更大。这种横向的各市场间的封闭与准封闭严重阻碍整个传媒业资源的自由流动，阻碍了其更高效的发展。

中国传媒业还有一个体制性特点，即都属于党和政府领导下的官方单位，这导致一些较大规模的资源整合只能由官方发起，无法实现市场的自主整合，比如传媒之间的兼并，上级部门进行整合可以，传媒之间很难自主实现。绝大多数传媒不管是事业单位还是企业，都有行政级别，实践中，行政级别高的传媒整合行政级别低的可以，反之则不行。

总之，由于中国传媒业宏观管理体制上的特点，难以形成资源的充分流动，不利于资本运作，这也是当前中国传媒业需要重视的问题。

（三）投资方应加强对这个行业的深层了解

当前，传媒业资本运作过程中仍有一个值得关注的问题：投资方与传媒的冲突问题。

资本运作的特性之一是要求尽量缩短资本的流通过程，尽快实现盈利，所以市场上资本都往往急功近利，而且往往越是体量小的投资者，其急功近利的心态越强烈。而一份传媒内容产品要逐步打开市场，获得一定数量的受众，并靠受众数量获得广告主的青睐，最终实现靠广告资源的销售获利，此种模式还是需要一定时间的——如 2002 年前后中国市场传媒的发展算快的，国内专家估计一份传媒从无到有最终实现成功最迟也要 3 年时间。总之，传媒是有自身发展规律的，不能主观缩短，同时，任何市场主体总归也关心自身的长远、可持续发展问题。从这一点讲，投资方与传媒在底层理念上就是不一致的，一个要做"短线"，一个要正常发展并要尽量长远发展。尤其是 1990 年代传媒刚开始大规模融资的时期，这种理念不一致的情况更普遍。

另外，业外资金进入传媒，其目的就是盈利，而中国的传媒业运作目标却是以追求社会效益为第一原则，在社会效益的基础上才追求经济效益的最大化，于是，两者的底层理念还是不一致——投资方往往"唯利是图"，最好有钱就挣，而传媒要注重社会效益，注重专业性，要敢于担当、勇于舆论监督等，由此不能降低内容产品层次，不能为广告主发软文，不怕得罪大广告主等，而这也可能会与投资方所追求的不一致。

以上原因，都使投资方与传媒会有冲突，而且实践中确也有不少实例。要解决这个问题，底层方面的途径就是推动投资方加强对这个行业的了解。投资方要进入这个行业，前期一定要做大量研究工作，对它的运作规律有清晰深入的把握，对它的盈利模式、盈利周期、盈利条件等有充分的了解。

（四）形成传媒业良性的资本结构

中国传媒业良性的资本结构是一个既能维护自身的基本运作原则又能充分发挥活力的结构。鉴于此，传媒业在资本运作过程中，应该多吸收业外的国有资本、民营资本、外资等，增强自身运作活力。同时，要坚决落实国家的"准入"或"不准入"政策，民营与境外资本不能进的就不进，可以进但国有资本要控股的就得控股，这样，才能有效维护它的基本运作原则。

（五）传媒应重视无形资产的运作

传媒业的资本运作一直注重有形资产的运作，尤其是在早期。而在现代市场中，无形资产价值也是很大的，能给企业带来可观的收入。相对于传媒业而言，由于其活动是大众传播活动，是一个能够获得极大社会效益的产业，而这个社会效益其实很大一部分就能够转化成无形资产。

根据企业财务通则的规定，企业的资产主要分为流动资产、长期资产、固定资产、无形资产、递延资产等，无形资产是企业资产的一个重要组成部分。另外，可以对此补充的是：无形资产是企业价值中除去资金、原材料（均属流动资产）和土地、建筑物及各种设备（均属固定资产）等有形资产之外的那一部分企业价值，是一种无实物形态的资产，或"无形资产是指特定主体控制的，不具有独立实体，对生产经营与服务能持续发挥作用，并能带来经济利益的一切经济资源"[1]。

遵照我国现行法律法规并参照国际惯例，我国无形资产评估涉及的基本内容为：发明专利权、专有技术权、集成电路权、工业外观设计权、著作权、软件权、商标权、厂商字号名称权及其他识别性标志权、专营权、进出口许可证、生产许可证、购销合同、土地使用权、矿业权、租赁权益、优惠融资条件、税收优惠、销售网络、职工队伍以及商誉等。[2]

当前，无形资产在企业经营的具体操作中发挥着越来越重要的作用，2000 年前后，美国可口可乐公司曾对可口可乐品牌进行评估，结果折合现金高达 360 亿美元，可口可乐公司对其品牌的市场价值十分重视，认为其高于公司有形资产的价值。而在该公司的市场开拓中，可口可乐品牌发挥了巨大的作用。1996 年，上海《小主人报》委托友联无形资产评估事务所对其无形资产进行评估，确认其商标和名号的无形资产价值为6988 万元，成为我国报业无形资产评估的首例。[3] 总之，无形资产也是资产，应该受到重视。

对于传媒业来讲，无形资产主要包括传媒名称及标识、销售网络、

---

① 转引自张晓群撰《报业集团进行无形资产评估的必然性》，《中国报业》2001 年第7 期。

② 详见吴炎谨编著《无形资产评估教程》，浙江大学出版社 1997 年版，第 4 页。

③ 详见魏永征著《报业无形资产初探》，新闻 110 网。

自创专利及非专利技术、传媒业特许经营权、土地使用权、优惠融资条件、税收优惠、员工队伍、商誉等。当前，对于中国传媒业的发展来说，无形资产是可以发挥重要作用的。

首先，一个组织向其他企业等投资，其总额一般不宜超过规定的限额，比如总资产的一定比例，而如果总资产额度高，则对外投资上限额度将提高。如果传媒对其无形资产进行评估入账，那么公司的总资产将增加，对外投资上限额度将提高，这样传媒的资本运作就可以有更大的空间。[①] 在传媒业以往的实践中，传媒受益于自身品牌即无形资产的例子并不罕见。在报业实践中，哈尔滨日报社2000万元的有形资产，加上党报的无形资产，可以支配价值6亿元的社会有形资本；在无须担保的情况下，可获得国家银行一次授予的5亿元额度的行业贷款。正是在运作无形资产的过程中受益，使得该集团在2000年对集团无形资产进行了正式估算，使其更加规范化，当时价值39.2亿元人民币。[②]2000年前后有关专家测算，中国报社的品牌如果进行评估，一般增值率在33%左右，应该说，这对报业的资本运作十分有利。

其次，无形资产中的品牌良性运作，可以获得可观的附加收益。传媒的品牌，对于市场化运作来说，意味着产品、服务质量等方面的保证，而且在此处更重要的是它还能够脱离产品与服务本身而形成独立价值。在市场实践中，许多传媒在形成一定的品牌后，注意对其进行开发，从而获得不小的收入。如广州日报社对《广州日报》报名品牌进行运作，在珠江三角洲等地组建报刊发行网络时，与当地一些商店签订协议，授权其使用《广州日报》的报名品牌，换得其代理报社报刊发行等业务，这就是资本运作中很好地运用品牌这种无形资产的案例。

最后，在市场经济发达国家，无形资产中一个很重要的部分是商誉。商誉与品牌还有所不同，它主要包括市场运作诚信度等其他内容，一个企业在市场运作中诚信守法、经营规范，则可以形成较高的商誉。在国

---

① 详见张晓群撰《报业集团进行无形资产评估的必然性》，《中国报业》2001年第7期。
② 详见徐胜斌撰《谈谈报业无形资产经营》，荆楚网。

际市场上，这一块也可以进行评估，并作为资本运作中很重要的一项内容。而且在英国、澳大利亚等国家，在资本运作中如购买一家企业，那么商誉远比有形资产重要，因为银行在贷款前进行评估时，更重要的是看其商誉。对于中国传媒业来说，在获得商誉方面是有其先天优势的，因为中国传媒业是党和人民的"喉舌"，有国有单位的身份，给人感觉是稳定可靠的，在这种情况下，它就可以获得可观的商誉，这在一个与国际接轨程度日益加深的市场中，不论现在还是将来，对传媒业还是十分有利的。

在当前传媒业实践中，无形资产增值的另一种运作就是参与活动营销，即传媒利用其无形资产所带来的社会影响力，再借助其大众传播功能，或独立或与其他主体合作举办社会活动，活动获得成功，聚拢了大量注意力资源，就可以据此开发广告资源获利。同时，合作方影响力扩大，也会给传媒赞助资金。这是当前传媒运作其无形资产获利的一种比较盛行的方式，也值得传媒业高度重视。

第九章
传媒业的集团化行为

19 世纪后半叶的西方，随着生产力的发展，需要新的生产关系与之相适应，于是开始出现生产集中化趋势，并开始出现企业集团。企业集团就是企业日常运作中追求规模经济与范围经济从而实现利润最大化的一种必然结果，传媒业也会有同样的规律体现，马克思就曾指出："集中规律在报业起着比在纺织业中更快的作用。"

1889 年，美国斯克里普斯—麦克雷报业集团成立，这是有据可查的全球第一个传媒集团。此后，传媒集团继续发展，规模越来越大，市场份额越来越高，经济实力越来越强，社会影响越来越大，大的跨国传媒集团已成为左右全球大众文化的几乎最重要的力量。总之，集团化作为企业的经营战略之一，在当前的传媒业中被广泛采用，是世界传媒业主流运作模式之一。要研究传媒产业的发展，绕不开集团化问题，对其进行研究以达成透彻了解很有必要。

在分析之初先要说明的是，本章的集团化行为集中在集团的组建与运作上。

第一节　传媒业中的规模经济与范围经济

一、问题的提出

规模经济与范围经济是产业经济学的重要问题之一，是有关一个企业运作中由于规模扩大导致收益增加的问题。1990 年代，中国传媒业集团化开始酝酿、实施并最终形成热点，其主要倡议理由就是为获取规模经济。这大概是"规模经济"概念在中国传媒经济研究中第一次被提出来，应该说，"规模经济"概念是与中国传媒集团化行为联系在一起的。但是，一直以来，传媒经济学领域对规模经济的认识有一定偏差，并不准确完整。

本节以完整的规模经济、范围经济理论对传媒经济相关行为进行分析，使人们正确认识传媒经济中所存在的规模经济与范围经济现象，澄清传媒经济学领域对此的认识。

二、规模经济与范围经济内涵及其在传媒业中的体现

（一）规模经济与范围经济的内涵

企业规模是指技术设备、原材料、能源、劳动力等投入要素在企业的集中程度。对于企业而言，随着规模的扩大，企业运作的平均成本下降，收益增加，这时原因有两种可能，一是规模经济，二是范围经济。规模经济只产生于单一产品、劳务的生产或经营规模的扩大；范围经济则是指企业生产或经营两种及以上产品或劳务时，平均成本下降的现象，日本学者植草益认为：范围经济效益意味着追加新的产品或劳务进行联合生产要比单独生产的成本低。可见，两者最终区别在于生产或经营的产品或劳务的种类，规模经济是一种，范围经济是两种或更多。

根据一个企业内规模经济产生的环节，又可把规模经济分为生产规模经济与经营规模经济。生产规模经济是就企业内部生产环节而言的，是通过生产能力的改变，逐步地扩大规模时成本递减的现象。其主要原因有：第一，满足最小技术效率的要求。一个企业的技术设备设计时有一个最小生产量，只有达到这个最小生产量才能使收益与生产成本均衡，在一定限度内，产量越高则可以尽可能摊薄生产成本；第二，规模扩大是导致分工从而获得专业化以提高效率的前提条件；第三，能够促进辅助生产业务效率的提高，如规模扩大后可能实现仓储、运输等自动化，从而提高整个生产的效率；第四，生产规模扩大后，由于学习曲线效应的存在而增加员工操作的熟练程度，可以提高生产效率、降低生产成本。

经营规模经济则是一个企业内除去生产环节以外的部分所产生的，其产生原因有：采购成本、销售成本、管理成本、融资成本的降低以及可获得技术开发规模效应等。两者只是产生原理稍有不同，后边将会有

具体论述。

范围经济是企业因产品或经营的劳务种类的增多而使收益增加的现象。其也可以根据产生环节的不同分为生产范围经济与经营范围经济。

生产范围经济产生的主要原因有：知识与经验的共享；投入要素具有多重使用价值，可以多重开发增值；品牌资源共享；等等。

经营范围经济与经营规模经济的效果是一致的，如都使采购成本、销售成本、管理成本、融资成本降低以及可获得技术开发规模效应等。[①]

（二）规模经济与范围经济在传媒业中的体现

相对于传媒业来说，规模经济与范围经济在实践中都可以实现。由于规模经济与范围经济是针对封闭性组织而言的，对此的论述，可从两种传媒组织形式展开。一是只提供单一内容产品的传媒组织，如只有一家报纸的报社、电台、电视台等；二是提供两种或以上内容产品的传媒组织，如从提供多家报纸的报社到跨媒体的传媒集团等。其中，提供单一内容产品的传媒组织可以获得规模经济，提供两种或以上内容产品的传媒组织可获得范围经济。具体表现如下。

1. 只提供单一内容产品的传媒组织

按照规模经济与范围经济原理，只提供单一内容产品的传媒组织可以获得规模经济，包括生产规模经济与经营规模经济。

以报社为例，对于一个报社而言，其业务可分成生产与经营两部分。

生产规模经济主要体现在：

首先，满足最小技术效率的要求。一定限度内，报纸产量的扩大，会满足报纸生产流程设定能力的需求，以印刷环节为例，每家印刷厂都有一个最小设计生产能力，报纸印刷量只有超过这个设计生产能力才能实现收益与生产成本均衡，所以生产规模越大越好。

其次，只有报社达到一定的规模，才有可能在内部实现更加细致的分工，从而可以提高内部各运作环节的专业化水平以提高效率。

---

① 以上观点可详见李悦、李平主编《产业经济学》，东北财经大学出版社 2002 年版。

再次，在促进辅助生产业务效率的提高方面，如前文提到的仓储、运输自动化等，一家报社生产规模的扩大，可以使其有条件在仓储、运输等方面采用更先进的设备、技术等。

最后，在学习经验曲线方面，报社运作的每一个环节，采编、印刷、发行等，如果生产量扩大，可以使各环节增加熟练程度从而提高效率。

经营规模经济主要体现在：

首先，产出量的扩大会降低采购成本。例如，产出量的扩大会使原材料如新闻纸等采购时由于一次性购买量的扩大而增加讨价还价的能力，从而可获得较高的折扣。

其次，降低销售成本。如同样的发行网络，如果发行更多数量的报纸，则使发行网络运作总成本摊薄。

再次，降低融资成本。由于报社规模大，具有稳定发展的基础，因此，融资信度一般较高，这样往往能以比小规模报社低的成本筹集到生产经营所需要的资金。

复次，降低管理成本。报社的规模扩大，管理上可以采取更好的技术、设备与更细致的分工，从而提高管理效率。

最后，技术开发规模效应。规模大的报社总比规模小的报社更有实力投入技术研发、市场拓展策划等，具有技术开发规模效应。

2. 提供两种或以上内容产品的传媒组织

提供两种或以上内容产品的传媒组织，包括传媒集团，在其运作过程中，不存在规模经济，出现的只是范围经济。

我们前面已提到，范围经济也据其产生环节的不同而分为生产范围经济与经营范围经济。

生产范围经济主要表现如下：

首先，知识、经验的共享。传媒业虽然类别上有报纸、广播、电视等传媒，但基本运作模式是一致的，基本活动都是精神产品的生产、销售和广告经营。所以，在生产、销售、管理等日常运作许多方面的知识、经验都可以在一定程度上共享。

其次，投入要素可以多重开发利用。提供两种或以上内容产品的传媒组织的运作中，许多资源有多重利用价值。以信息为例，一条信息可以多重开发，比如一条新闻素材，在受众定位、内容定位不同的报纸上，可以从各自不同的角度进行报道，从而可以使该信息增值；针对跨媒体集团，由于各传媒物理技术特性不同，更是可以多次利用，如一条新闻素材在电视上可以呈现为图像新闻，在报纸上可以呈现为文字消息，在杂志上可以深层挖掘成为深度报道，等等，从而实现其增值。

再次，品牌资源共享。在提供两种或以上内容产品的传媒组织中，某份强势传媒的品牌资源完全可被其他相对弱势的传媒利用，从而实现品牌的增值。

最后，可以提供各传媒广告资源组合而成的"广告套餐"。各传媒由于受众定位的不同，广告资源有不同的受众覆盖，所以，如果各传媒的广告资源组合成"广告套餐"，则可以增加广告覆盖面，这样对某些广告主有较大的吸引力。据美国在线—时代华纳提供的统计数据，该集团在2001年第一季度的收入中有近7000万美元的广告收入是在有美国在线"捆绑"的情况下实现的。

前文已经说过，经营范围经济与经营规模经济的效果是一致的，两者只是产生原理稍有不同，具体表现如下。

首先，降低采购成本。如有两家及以上独立运作报纸的报社，可以联合采购新闻纸等原材料，由于购买量的增加提高了讨价还价的能力，可以获得有利的折扣；采购办公用品等其他物资也是如此。

其次，降低销售成本。最显著的如报社可以利用同一个发行系统发行所有报纸，从而节省原来每家报纸都自己组建发行系统的费用，由此降低了销售成本；在跨媒体集团中，同样的销售网络可以流通多种内容产品，如报纸、书籍、音像制品等。

另外，降低融资成本、管理成本、技术开发规模效应等与前述提供单一内容产品的传媒组织经营规模经济的原理是一样的。

三、规模经济与范围经济相关理论对传媒业的启示

有关规模经济与范围经济理论，笔者认为，传媒业还可以在以下方

面获得借鉴。

（一）日常运作中把追求最佳规模作为一种自觉

有关规模经济的理论需要补充的是，传媒组织应该努力追求规模经济，但规模经济并非规模越大越"经济"。一般情况下，一个企业的平均成本起初随着规模扩大逐渐降低，但降低幅度会越来越小，超过一定界限后，平均成本开始上升，将使企业收益增加幅度小于规模扩大导致成本提高的幅度，此时则规模"不经济"。所以任何企业都有一个最佳规模的问题。只有最佳规模才能使企业的规模收益最大化。所以说，在追求规模经济时要努力追求最佳规模。传媒组织也是如此，在市场经济中，影响企业规模的因素有产业的生产技术特点、产品的市场需求规模、生产要素供给条件、生产专业化协作水平等，对于一个传媒组织的最佳规模，也要根据上述因素进行择取。

第一，就产业的生产技术特点来说，以报业为例，一份报纸的产出量如果太小，不能满足报业的最小技术效率要求，会使报纸的平均生产成本过高；反过来说，如果产出量过高，又会超过最佳规模，使固定资产如印刷设备耗损过大等，最终会使增加的收益小于上升的成本，此时即表明规模过大。

第二，就产业的市场需求规模来说，一个只有5万人的地区不需要一份发行量超过6万份的报纸，因此一个报纸的产出规模是有限度的，如果要设置产出规模，则须结合当前市场需求规模与未来的成长趋势进行科学设定。

第三，就生产要素供给条件来说，原料、能源、资金、劳动力的供给规模是决定企业生产经营规模的重要条件。针对传媒业来说，原料、能源供给的影响主要存在于其市场价格的浮动上，但在实践中并不是影响一个传媒组织规模的重要因素。在当前传媒业实践中，资金问题是影响传媒规模的重要因素，尤其一份新创办的报纸，由于在初期一段时间内不会有广告收入，而此时发行又基本上是负定价，即发行业务是亏本的，必须这样亏损经营一段时间后才能有广告投放，在盈亏平衡之前的这段时间，资金是最主要的因素，资金越充足，传媒的规模就有可能越大，传媒支撑时间就有可能越长。从一般意义上说，劳动力也是影响传媒规模的一个重要因素，如果传媒的主要管理者素质高，则组织的规模可以大一些。

第四，在生产专业化协作水平上，如果与上下游产业之间协作水平较高，则可以选择较小的规模；但如果协作水平较低，如与造纸业、发行业的协作水平一般，则应该适度向上下游延伸，对其进行控制，从而规模就要扩大。如1980年代中国报业的自办发行，就是因为与代理发行的邮政部门协作不佳造成的，从而使自办发行的报社规模扩大。

（二）当前应积极探索范围经济

范围经济的获取在传媒经济实践中已是必然趋势。主要包括横向拓展产品链、纵向一体化、多种经营三种基本方式。

作为传媒业来说，目前市场空间还十分广阔，从当前形势看，传媒经济进一步深入发展是大势所趋，因此，应该在范围经济方面有所深入开拓。

横向拓展产品链就是增加内容产品数量，如一个报社，可以再办一到几份报纸，再办一到几份杂志，甚至电台、电视台等。在实践中，应该注意的是，横向拓展产品链应依照由近及远的策略，本着"做熟不做生"原则，先在同一传媒类别内，如报社先在报纸领域内、期刊社先在期刊领域内延伸，再逐步向其他传媒类别延伸。

纵向一体化是一个产业向上下游产业的拓展，如报业向其上游环节拓展，如造纸业、油墨等原材料的制造业等，向下游环节拓展，经营物流业、广告业等。再者，报社还可以更进一步，从事图书出版业，将自己的内容产品编辑成图书出版；同样，广播电视业也可以继续向下延伸，经营音像制品业、连锁营销业等。

至于多种经营，则是产品或劳务与传媒业没有直接关系，只是根据市场机会增加盈利点。笔者认为，多种经营最好还是选择能对传媒主业起支持作用的业务领域，如介入金融业务可以为传媒融资提供支持、介入运输业可以为传媒的物流提供支持等。

在中国传媒业中，许多人只知拓展产品链等行为增加了传媒的盈利点，但不清楚这样是可以获得范围经济的。

第二节　国外传媒集团的运作特点

本节所讲的国外传媒集团以那些实力雄厚、世界著名的跨国传媒集团为主，如时代华纳、新闻集团、维亚康姆、贝塔斯曼等。这些传媒集团，经济实力雄厚，在整个经济界都排名靠前，而且它们领导着世界传媒业运作的潮流，对传媒业的运作起着前沿拓展的作用。对它们的运作模式进行研究，对于世界传媒集团以及整个传媒业的运作都有很大的指导意义。当前，这些传媒集团在运作上主要有如下特点。

一、身份是纯粹的企业集团

国外著名的传媒集团绝大多数属于发达的市场经济国家，以纯企业的身份运作，在运作过程中以纯粹的利润最大化为目标。世界级的传媒集团都是企业集团，要对其有所了解，首先要对企业集团有所了解。有关企业集团的概念界定，其内涵与外延至今仍存在争议，目前一个比较被广泛使用的概念是"企业集团是指以资本为主要联结纽带的母子公司为主体，以在国民经济中具有重要地位、基础条件好、发展前景广阔、经济效益好、盈利额大的企业为核心，以集团章程为共同行为规范的母公司、子公司、参股公司及其他成员企业或机构组建或形成的具有一定规模的集约化组织，它是一种法人企业联合体，不具有独立法人资格"。

国外传媒集团也是以资本为主要纽带的传媒企业法人联合体，传媒与传媒之间是参股、控股关系，往往由一个经济实力强的母公司为主体，对其他企业进行参股、控股，该母公司也被称为集团公司。总之，国外传媒集团是企业集团。

二、跨媒体

国外著名的传媒集团在范围经济的驱使下，都是跨媒体，已很难找到单一传媒组建的集团。可以说，跨媒体是国外传媒集团运作模式中非常显著的一个特色。

以报业闻名的纽约时报集团，在 1990 年代后期，除拥有 50 多家报纸外，还有 20 多家杂志、5 家电视台、2 家电台等。以曾经在全球总资产排名第一的美国在线—时代华纳集团为例，该集团在 2002 年前后跨媒体的情况如下：在电视方面，拥有 CNN、Headline News、CNNfn、TBS、TNT、Turner Classic Movies、The Cartoon Network、CNN–SI 等，其中 CNN、Headline News 等是世界级的有线电视频道；在电影方面，拥有华纳兄弟电影公司以及遍布全美的 1000 多家电影院；在期刊方面，拥有《时代》《人物》《体育画报》《财富》《生活》《亚洲周刊》等 36 种世界著名期刊；在出版方面，该集团拥有 2000 家书店，为全世界第二大书商；此外，该集团还有一家大型图书馆，除拥有大量书籍外，还储藏了 6000 部电影、25000 部电视节目、数千部卡通片等。[①] 以上的传统媒体，加上美国在线的网络资源，使美国在线—时代华纳成为一个全媒体集团，至于其后时代华纳与美国在线再度拆分，那也是具体的管理等方面的问题，与跨媒体没有关系或说不得不拆分不是跨媒体的过错。另一个也具有相当知名度的是默多克的新闻集团，从报纸起家，现在也是拥有《泰晤士报》、福克斯电影公司、英国天空电视台、香港卫视等的世界知名传媒集团。1999 年初，新闻集团又主动"拥抱""新媒体"——当然这个"新媒体"现在也不新了——Yahoo 公司。默多克与当时还比较新锐、算是传媒业"新贵"的 Yahoo 公司达成协议，该集团所属的 9 家娱乐和新闻公司与 Yahoo 在传媒、市场运作、节目制作等方面联合起来，以扩大受众规模。新闻集团的跨媒体程度以及主动性由此可见。

———————————

① 详见陈中原撰《世界传媒大亨排行榜的启示》,《新闻记者》2000 年第 5 期，第 10 页。

日本报界曾组织调查了部分美国报业公司的经营范围，基本涵盖了报纸、书刊、广播、电视、电影、印刷等全部传媒经营内容。

应该说，跨媒体经营由于业务的相关性强，对传媒集团获得范围经济效益是最有利的。除在经济上可获得范围经济效益外，跨媒体还可以满足受众在媒体选择上需求越来越个性化的趋势，从而扩大集团在传媒市场的份额。

三、国际化

对于企业集团来说，跨国经营是国内经营的延续，这种经济现象，从 1860 年代开始，到如今已形成全球范围内的浪潮。跨国经营的益处主要有如下几点：第一，能跨越关税与进口壁垒；第二，消除高额运输成本；第三，获得与利用当地原材料、人力资源等；第四，获得东道国政府的优惠条件；第五，建立以及进一步拓展海外市场；第六，方便跟随国外消费者需要；第七，控制特种产品制造质量；第八，追随国外竞争者的行动；第九，获得外国技术、设计与营销技能；第十，参与国外基础设施工程投标；等等。对于当前传媒集团来说，更多是建立及进一步拓展海外市场以谋取更大利润。默多克的新闻集团秉此宗旨，已经使旗下 700 余家公司遍布全球五大洲，时代华纳、维亚康姆等也都是业务遍及全球各地。

四、集中化经营

在迈克尔·波特的《竞争战略》（也译作《聚焦战略》）一书中，集中化经营是三种基本竞争战略之一，它具体指企业将业务范围聚焦于一点或少数几点，或是一种或少数几种产品，或是一个或少数几个市场，这样能集中使用全集团的资源为少数目标服务，不使企业的力量分散，容易取得成功。

我们在前边已经说过，国外传媒集团基本都是跨媒体运作的，但是在跨媒体运作过程中，它们又很好地整合资源，使所有媒体都集中于一个或少数几个方向、完成一个或少数几个经营目标，在跨媒体、多个运作领域的基础上共同追求集中的经营目标，从而实现了更高层次的集中化经营。我们下边看几个例子。华纳公司在 1960 年代以后，经过全面的市场调查与分析，将其经营方向集中于娱乐业，到 1980 年代，该公司又在娱乐业内进一步集中，主打电影、有线电视与唱片。于是，针对这几种产品，华纳公司开始整合资源，先是淘汰一批与这些产品关联度不大的业务，然后集中资源为这几种产品的运作服务。其后华纳与时代公司合并，但是主打这几种娱乐产品的方向不变。在长期的坚持下，其集中化经营的战略有了丰硕的成果，到 1990 年代中期，该集团在电影、有线电视与唱片业务上居全美之首。尤为不易的是，其唱片业务超过了历史悠久、实力雄厚的宝丽金公司，雄踞全球第一。[①]

新闻集团在全球范围内跨媒体运作，其下属子媒体等企业一度有 700 多家，但是在拥有诸多子媒体的情况下，该集团经营方向上仍是集中的，主要围绕报纸、电视与电影整合力量。在日常运作中，集团几乎所有的资源都支持与服务这三项业务，以使它们在同业中始终占据头筹。从新闻集团的收入结构中，我们也能看出其集中化经营的端倪，看其 2000 年的收入构成，其中电视占 27%、电影占 26%、报纸占 18%[②]，这三项主营业务共占到了整个集团总收入的 71%。

这就是国外传媒集团的集中化经营的特点。可以说，国外传媒集团有今天的成就，与战略上走集中化经营路线是分不开的，它是集中力量做少数事以保证成功率的体现。在理解其集中化经营的特点时，一定不要被其跨媒体、多元化发展的表象所蒙蔽。是的，其在日常运作中确实因跨媒体、多元化而表现得丰富多彩，但实际上力量还是整合得比较集中的，在运作中还是主次分明的。这是比较深一层的运作特色，不是从表象上就能看得出来的，人们容易被表象所蒙蔽。

---

① 　详见王宇撰《从世界主要媒介集团的经营运作看媒介发展的规律》，《声屏世界》2003 年第 8 期。

② 　详见梁平撰《中外广播电视集团化比较研究》报告。

五、并购行为频繁

国外传媒集团在运作上还有一个突出的特点，就是并购行为频繁。在我国，传媒业"条块隶属关系"紧密，较难频繁买卖，所以这种现象还比较罕见。但是，在国外传媒集团的日常运作中，这是非常正常的操作，或者说，如果不这样——不根据市场机会灵活购买传媒以优化资产结构、获取相关收益才是不正常的。

并购是兼并与收购的合称。兼并简单说是一家企业不管是以购买还是以受让等方式"吃掉"了另一家企业，另一家企业注销，只剩下兼并方。购买是一家企业买下另外的企业，但是被购买企业并不注销，只是所有权变更，成了买方的子公司。购买与兼并是资本市场的普通行为，任何产业发展到一定阶段，其市场形态都要进步到资本市场或说形成资本市场，并出现企业的并购现象。这也是企业的逐利本性所决定的。国外的传媒集团在并购上都比较普遍，在若干时期，并购还频频成为亮点。比如，时代华纳 2001 年并购美国在线、新闻集团并购《华尔街日报》与 Myspace 等。

国外传媒集团为什么要并购？并购到底有什么好处？简单说，并购的好处有三个。

第一，并购是一种超常的发展方式，可以使企业快速发展，避免投资创办的时间成本与一应风险。

比如，一家传媒集团要拥有电视业务，如果从头开始创办，要注册、购置设备、招聘人员，要在一定且必需的时期内运作获取经验等，总归要运作相当的时间、付出相当的投资才能运作平稳成熟，当然，也不乏创办失败、投资赔本的情况。而如果并购的话，则可以迅速获得一个运作稳定成熟的电视台，避免投资创办的一切风险。这样企业就实现了超常的发展。我们以时代华纳集团为例，时代华纳集团有今天的成就，并购这种发展方式功不可没。1989 年，以期刊为主业的时代与以电影为主业的华纳合并；1995 年，又合并了电视企业 CNN；2001 年的时候，又并购了互联网企业美国在线。正是并购这种发展模式，使时代与华纳从相对较小规模的企业在 10 年多的时间里就迅速成为资产世界第一的传媒集团，从而拥有了巨大的规模带来的市场运作方面的好处，比如品牌增值、受众群体增加、规模经济效益、范围经济效益等。如果要是时代或者华纳自己发展，则 10 年多的时间无论如何不可能有这样的成就。

第二，并购可以获得企业所需的一些资源。

并购可使企业获取一些自己没有的资源，比如专门的资产、技术、人才甚或一些特许经营资格等。时代华纳并购美国在线，主要目的之一就是要获取自己没有的互联网资源。

第三，并购还可以冲破一些市场壁垒。

并购可以使企业冲破一些国家和地区的市场壁垒，进入正常投资创办不能进入的市场。传媒业由于其具有意识形态属性，许多国家和地区都对外来资本进入有所限制。而实行并购，通过市场化手段将当地的传媒买下来或是持有一定股份，则可以一定程度上避开这些壁垒，实现自己的扩张目的。像新闻集团、贝塔斯曼集团、维亚康姆集团这些传媒集团，多采用一些市场手段并购目标市场的传媒或其子企业，而不是非常惹眼地创办新传媒等，从而实现其进入当地市场的目的。

当然，并购也有其不利的地方。比如，并购也要支付并购成本，同时，并购之后是否能消化并购来的资产也是问题，时代华纳并购美国在线后，由于不能很好地消化融合，不得已又与之剥离，使自己的发展受到了影响，这都是传媒业欲实施并购行为时要审慎考虑的。

六、实行纵向一体化战略

实行纵向一体化战略也即整合纵向产业链。纵向一体化指企业向产业链的后方即自己的供应方、前方即自己的销售方延伸势力，要么直接创办企业，要么持有原有企业的股份。这样，原来企业与上下游企业之间的平等交易关系就变成了企业的掌控关系，无疑，这对企业自身的运作是有利的。

从当前国外传媒集团的运作实践来看，纵向一体化也很普遍。比如一个电视台，可以拥有演员经纪、技术设备、服装道具、拍摄制作、发行、广告等整个电视产业各环节的企业；一家报社，可以拥有自己的造纸厂、油墨厂、印刷厂、发行企业、广告企业甚或出版社，比如日本的报业集团，还拥有经营林木资源的企业，为造纸厂提供原材料，这属于报业纵向一体化的"深度"延伸了。另外，传媒集团的纵向一体化还包括与金融机构的链接，传媒集团或者与金融机构建立联盟关系，或者干脆自己就拥有金融机构的股份，从而为自己的融资等资本运作提供支持。

当然，任何形式都有利弊两个方面，纵向一体化确能避免原来运作模式的市场交易成本，但是由于企业掌控的子企业或业务板块增多，也增加了企业的管理成本，甚或会有运作风险，这也是应该注意的。

七、多元化经营

需要说明的是，虽然名字是传媒集团，但所经营的也并非纯粹的传媒业务，国外著名的传媒集团往往也都兼跨几个产业进行经营，比如美国在线—时代华纳除传媒业外，还有主题公园、零售商店、运动队、石油公司等；新闻集团也有运动队等。应该说，这种跨产业多元化经营的范围经济效益并不明显，其之所以产生主要是抓住市场机遇扩大收入来源，降低集团经营风险，这也是它们谋求利润最大化的企业身份所决定的，但这些业务在集团发展战略上不占重要地位。

第三节　中国传媒业集团化行为分析

一、中国传媒业集团化的历程

如前述，本章对中国传媒业集团化行为的分析主要集中在组建与运作两部分。

中国传媒业组建集团，从1995年1月1日发端，到2004年底广电总局发文停止成立广电集团，走过了近十年历程。其大致经历如下。

中国传媒集团的组建从报业开始。1996年1月，国家正式批准成立了第一家试点性质的报业集团——广州日报报业集团，其后实践证明在两个效益上取得了良好成效，使国家对组建报业集团进一步认可与支持。2001 年，国家新闻出版总署又正式批准河北日报社、湖北日报社、云南日报社、重庆日报社、新华日报社、吉林日报社、湖南日报社、杭州日报社、长春日报社、长沙晚报社 10 家报社进入报业集团试点行列。2001 年国家颁发的"17 号文"第 9 条指出，今后要"发展集约经营，形成规模优势。按照专业分工和规模经营要求，运用联合、重组、兼并等形式，组建一批主业突出、品牌名优、综合能力强的大型集团"。第 10 条指出，要"积极推进集团化建设，把集团做大做强。在现有试点基础上，组建若干大型报业集团、出版集团、发行集团、广电集团、电影集团，有条件的经批准可组建跨地区、多媒体的大型新闻集团"。

十年过去，报业集团从一个试点单位发展到 2002 年底正式批准的 39 个试点单位。另外，未经过中宣部和新闻出版总署批准但自己在当地成立集团的地市报社还有十几家，这些地市报社在当地党委、政府部门、工商部门都已经登记注册，据相关方面专家的说法，它们在运作等方面也比较规范。

中国广播影视业组建集团从 1999 年开始，当年，《国务院办公厅转发信息产业部、国家广播电影电视总局关于加强广播电视有线网络建设管理意见的通知》中，第一次明确提出组建广播电视集团。当年 6 月，无锡广播电视集团组建，成为中国第一个广播电视集团。2000 年 11 月 17 日，广电总局下发了《关于广播电影电视集团化发展试行工作的原则意见》，确定电子媒体在以宣传为中心的前提下，"可兼营其他相关产业，逐步发展成为多媒体、多渠道、多品种、多层次、多功能的综合性传媒集团"。国家广电总局制定的《2001 年至 2010 年广播电视事业发展计划纲要》中也指出：在 2001 年至 2010 年要"以集团化建设为重点"。由此，广电集团化步伐开始加快。在集团化过程中，基本实施思路是"广播、电影、电视三位一体，有线、无线、教育三台合并，省、地、县三级贯通"。

2000 年 12 月 27 日，我国第一家省级广播影视集团——湖南广播影视集团正式挂牌。2001 年，上海文化广播影视集团、北京广播影视集团也先后成立。12 月 6 日，中央电视台、中央人民广播电台、中国国际广播电台、中国电影集团公司、中国广播电视传输网络有限责任公司和中国广播电视互联网站等中央级广播影视、广电网络公司等单位联合组建了中国广播影视集团，该集团拥有广播、电视、电影、传输网络、互联网站、报刊出版、影视艺术、科技开发、广告经营、物业管理等资产，固定资产超过 200 亿元人民币，是中国规模最大的传媒集团。[①]2004 年 12 月 21 日至 22 日举行的全国广播影视工作会议上，时任国家广电总局副局长赵实代表总局所做的报告明确表示："今后不再批准组建事业性质的广电集团""只允许组建事业性质的广播电视台或总台"。对已成立的十余个事业性质的广电集团，总局指出：可以将集团改为总台，如果要继续保留事业性质，则必须将经营性资产剥离出去，成立公司，与总台相对独立运作。[②]

至此，广电业组建集团的行为告一段落。而在此前，贵州日报报业集团获得审批后，国家对报业集团已基本停止审批。也就是说，到 2004 年底，中国传媒业的组建集团行为已经停止，剩下的就是这些传媒集团的自我运作、发挥效率、谋求更大的两个效益的问题了。

从学术研究的角度看，很有必要对中国传媒集团的组建及运作进行总结，找出经验、教训，以对传媒集团今后的实践进行指导。

二、组建集团的原因

总体来讲，传媒业集团化行为与一般产业一样，都是在市场经济环境中追求规模经济与范围经济等的结果。鉴于中国传媒业的特有身份及发展实践，其集团化行为有特定原因，主要有以下几条。

（一）不得不然的原因

1. 整合"散、滥、差"的资源，提高产业整体运作水平

1995 年前，中国整个传媒业有 2000 多家报纸、9000 家左右期刊、3000 多座电台和电视台等，其中绝大多数是一些县级台和规模不大的报

---

① 相关资料详见李晓枫、何柏龄主编《中国电视传播管理概论》，中国广播电视出版社 2004 年版。

② 详见 2004 年 12 月 22 日新华社电讯。

纸、期刊等，基本上是低水平重复建设，每家传媒的资源质量都不高；内容产品质量低；规模小导致没有规模经济；相互之间往往恶性竞争，同一行政区域市场尤烈。面对整个传媒业"散、滥、差"的局面，国家、传媒业从上到下基本达成共识，必须对整个传媒业进行整合，以提高产业整体质量与运作水平。在国家其后的相关政策里，此思路一个比较常见的表述是："组建集团，根本上是以发展为主题，以结构调整为主线，进一步壮大实力，增强活力，提高竞争力。"

2. 有利于国家加强对传媒业的宏观管理

应该说，将传媒组织集中到更少数量的集团之下，有利于国家对传媒业的宏观管理，有利于传媒业舆论导向任务的完成。

3. 应对境外竞争的需要

中国作为一个十几亿人口的市场，有着巨大的获利空间，是很多境外传媒资本都急欲进入的，而一旦这些传媒进来，其较高的经营水平、市场竞争力以及相对雄厚的资金实力等肯定会给中国传媒带来竞争压力。同时，我国当下正在努力加大国际传播力度，在全球塑造国家形象与争夺舆论话语权，在经济发展方面要"走出去"开拓海外市场，这些都涉及与境外传媒的竞争。相对而言，我国的传媒组织往往"散、滥、差"问题严重，规模与实力等均有不足，在这种情况下，整合资源打造集团以增强竞争力也是一个不错的举措。

4. 传媒业自身在市场经济环境中，由于发现组建集团的益处而自发产生需要

改革开放至今，规模经济与范围经济现象也在中国传媒业运作过程中不断出现，传媒组织发现了这种现象，于是在获取更大经济效益动机的驱使下，它们自身也产生了组建传媒集团的要求。

（二）组建集团可获得的益处

从理论角度看，组建集团还可以获得系列益处，主要有以下几种：第一，从社会效益的获取上讲，可以在同一个集团内部调整内容产品结构，完善内容产品的受众定位与内容定位，形成有效组合，以更好地满足大

众精神需求，获取更大的社会效益以及经济效益；第二，纯从经济效益上看，其好处为可获得规模经济与范围经济。因为大报、大台兼并了小报、小台后，获得了它们的资源，可以增大一些报纸、电台、电视台的规模，获得规模经济，一些单位可以增多内容产品种类，获得范围经济；第三，组建集团是中国传媒业的一个契机，可以借机改善内部的体制与机制。像中国报业组建集团后，大部分从总编辑负责制转化为社长领导下的总编辑、总经理分工负责制，实现采编、经营独立运作的体制，更加符合传媒业的双重属性以及市场经济环境中传媒业的运作规律；第四，整合成集团后，原有的一些独立主体的市场竞争变成了集团内部的互相合作，避免了恶性竞争带来的损失。

三、中国传媒集团化行为的特点

（一）行政命令为组建的主要驱动力

与外国传媒集团的组建以纯市场操作为手段不同，我国传媒集团的组建主要是行政命令推动的结果。

中国传媒业在深度参与市场经济转型的过程中，对自身粗放型运作的弊端日益难以忍受、对规模经济与范围经济的认识日益清晰，自身产生组建集团的冲动，应该说，这是中国传媒业集团化行为的内驱动力之一，但真正使集团化实现的决定因素是行政命令。可以说，中国传媒业集团化过程的每一步，都是靠行政命令推动的。实践中，中宣部、新闻出版署、广电总局等主管部门每颁布一项相关政策，就使传媒业的集团化行为实质性推进一步。

成立集团的关键程序是行政审批，中央 2001 年所发的"17 号文"第24 条就明确规定组建集团要"严格报批程序"；同时，组建集团的路径是"试点—推广"的渐进式道路；集团成立标准由新闻出版署、广电总局等上级行政主管部门制定，早在 1994 年，新闻出版署就在杭州召开会议，初步研究确定了组建报业集团的五个基本条件，1997 年，时任新闻出版署报纸司司长刘波也曾著文指出："目前组建报业集团必须经新闻出版署批准，组建报业集团的报社必须是党报，组建报业集团必须具备五个条件：较有影响的传媒实力，较雄厚的经济实力，较充足的人才实力，较过硬的技术实力，较通畅的发行实力。"[1]

（二）身份有事业性质，有企业性质

2001 年的"17 号文"，明确规定报业集团、出版集团、广电集团属于事业性质，下属各实体也大部分是事业单位，这与国外的传媒集团是企业联合体性质、由企业组成不同。对于电影集团与发行集团，国家则规定是企业性质。

（三）治理结构与国外不同

需要指出的是，中国传媒集团与国外传媒集团有很大不同，即：国外传媒集团是企业集团，企业集团是企业法人联合体，其核心企业是母公司或叫集团公司，对其他公司实行参股与控股，由母公司向参股与控股公司派出人员充任董事、监事等，实现母公司的意志，在集团层面不存在一个独立法人；而中国的传媒集团本身是一个独立法人，集团层面就有一个针对整个集团所有下属组织的领导机构，一般为管委会或董事会等，这个领导机构负责对下属各实体进行权威的行政领导，所以国内传媒集团治理结构与国外的传媒集团是不同的。

（四）组建模式上有独特性

中国传媒集团的组建模式，是在行政区域市场的封闭性领域内，以市场内的高行政级别传媒单位为主体、吸纳同级或下级的传媒组建，如政策规定：报业以中央、省级党报和有相当实力的省会城市、计划单列市党报为龙头组建，出版业以中央和省级出版社为主体组建，广电业以中央、省级和有相当实力的省会城市、计划单列市广电组织为主体组建。

---

[1] 曹鹏：《组建报业集团过程中存在的问题与限制（上）》，《新闻三昧》1998 年 8 月第 8 期。

国外传媒集团则是传媒自己根据市场机会通过并购等行为组建，并无市场界限以及行政级别等方面的限制。

四、当前中国传媒集团化运作的策略

（一）要完善传媒集团的市场主体地位

中国的传媒集团与其他传媒单位一样，一直受到党和政府的管理，其中事业单位性质的尤其如此。其在市场化运作上往往受限太多，却身处市场经济环境之中，需要展开市场化运作，获得维持自身生存发展所需的收入，这种管理状况对其很不利。而组建传媒集团的初衷，最主要的原因之一就是从经济效益考虑，希望通过此举实现从粗放型向集约型运作转变。应该说，如果没有行政上在某些方面的放松管制，让其逐步有更完整的市场主体的地位，在市场上更灵活地运作，有效获取经济效益的目标是很难实现的。当然，完善市场主体地位也不能忽视我国传媒业的特殊身份，忽视其独特属性及运作目标，还是要把握好度。

（二）要注重解决行政区域市场分割的难题

与其他许多行业一样，我国传媒业的发展也未逃脱"条块分割"的格局，其中"块"的分割造成了行政区域市场的问题——在每一个行政区域内，如省、地、县三级，传媒业都是自成小体系发展，其他行政区域的传媒要想进入会遇到当地传媒的市场手段甚至直接的行政手段制造的壁垒，2001年《南方都市报》在深圳的发行遭封杀就是一个很好的例证。这里要说明的一个问题是，行政区域市场的分割运作对集团化来说是不利的，集团化在于整合资源，而要整合资源的前提条件是市场必须有足够大的开放空间，更多的资源能够自由流动，这样才能实现资源整合的最大效果。中国传媒业的行政区域市场封闭性运作，势必对各集团的资源整合造成不利影响。

（三）要注重解决集团组建后形成的所在市场的垄断地位问题

中国传媒业的集团化运作中同样面临一些不好解决的问题，比如，原来传媒个体存在"散、滥、差"的问题，个体太多、规模小、经济效益差，现在将其进行整合，达到一个较大的规模，能够获得规模经济与范围经济，但由此又带来了由于规模的扩大形成其市场垄断地位的问题，而且中国的集团化组建更有这种趋势。首先，中国传媒业本就实行行政区域市场的封闭性运作，组建集团又是通过行政命令，以行政区域市场中的党委机关报、高行政级别电视台等为核心，对该市场内的几乎所有传媒资源进行整合，所以往往形成该市场内只有一个传媒集团的状态，也就是市场的完全垄断状态。此时，垄断者面对的是没有价格弹性的需求，所以能大幅度地抬高价格，获得巨额垄断利润，导致市场运作在很大程度上的非效率，损害包括受众、广告主在内的整个社会的福利。比如，一个行政区域市场只有一家传媒集团，则该传媒集团所属的各内容产品和广告资源由于彼此之间不存在竞争关系，受众与广告主没有替代品可供选择，从而传媒集团可能采取"质次价高"行为，使受众与广告主利益受损，而且长远下去也不利于传媒业本身效率的提高；另外，在一个行政区域市场内的广播影视节目市场，由于将所有的电视台整合到一家集团里，比如将原来存在竞争关系的无线、有线等台都合并到集团里，这样在对外部节目的购买中将不存在各电视台之间的竞争，所以在与节目制作方的节目交易中又处于优势地位，由此可以大幅压价，这样不利于节目制作方的利益，制作方的收入将因此被抑制，其势必无力产出高质量的节目，长远下来不利于整个中国广播影视节目制作业的发展，最终影响中国广播影视业的发展。

（四）传媒集团良性运作的前提是做好内部整合工作

中国传媒集团在运作中，要获得好的社会效益与经济效益，前提在于做好内部整合工作。成立集团后资源多了，业务内容多了，部门多了，怎样对全部资源进行整合、优化组织设计形成良好的治理结构与组织结构，形成集团良性发展的体制与机制，是事关集团运作成效的关键。这里面包括打散原有部门、组建新的部门，以及与此直接相关的人员等资源调整等。传媒集团的下属各组织、部门在组合到一起前往往隶属于不同的主管主办部门，体制、机制、组织文化等都存在差别，现在要组建到一个集团旗下之后进行整合，势必涉及各方面的利益，这往往是复杂繁巨，甚至会引起激烈冲突的工作。因此，一定要处理得当，以免形成内耗、影响运作效率。像 2000 年美国在线与时代华纳"世纪合并"后最终又分手，一个重要原因是整合工作不到位。

（五）传媒集团良性运作的关键在于贯彻体现现代企业制度精神

自 1978 年后，中国传媒业开始实行"事业单位企业化管理"，传媒单位逐步引入企业管理模式。实践证明，企业化管理对处于市场经济环境中、有经济效益目标的传媒单位是适合的、有着良好作用的，可以说，企业化管理是中国传媒组织运作必须遵循的一条基本准则。在传媒集团的运作中，仍然要切实秉持此项原则。当前企业化管理的核心在于贯彻体现现代企业制度。应该说，现代企业制度"产权清晰、权责明确、政企分开、管理科学"的精神，对我国传媒集团的运作而言具有特殊且重要的意义，对于我国当下的传媒集团非常有针对性。这就要求我国传媒集团结合自身特性，依照现代企业制度的精神努力打造一套有效的运作体制与机制。应该说，事物的发展往往由内因起主要作用，这是今后我国传媒集团良性运作的关键所在。

第十章
传媒业的政府规制

政府规制（Government Regulation）是现代政府管理经济的重要职能，兴起于 1970 年代的西方，其产生原因在于市场经济并不能实现完全的经济效率，而且即使可以保证实现经济效率，也不能保证"公平""公正"等社会目标的实现，所以，必须由政府进行规制，矫正相关市场机制失灵现象。本章论述的就是政府规制方面的内容，主要讲传媒业的政府规制。

第一节　政府规制的基本概念

一、政府规制的内涵

政府规制也称政府管制，1970 年代产生以来，许多学者给它下过定义，如维斯卡西、史普博、金泽良雄等。其中金泽良雄认为，政府规制是在以市场机制为基础的经济体制下，以矫正、改善市场机制内在问题为目的，政府干预经济主体活动的行为。

政府规制的主体是政府及其下属机构，客体是作为生产者的企业、个人、其他各种经济组织、消费者等，也可以是政府本身，工具或介质是各种法律法规，都是政府制定的，具有相当的强制力。

政府规制的特点就是具有强制性，规制者可以命令被规制者执行相关法规政策，并对他们实行行政监督。

二、政府规制的方式

政府规制的主要方式分为经济性规制与社会性规制。

(一) 经济性规制

根据日本产业经济学家植草益的定义，经济性规制是"在存在着垄断和信息偏在（不对称）问题的部门，以防止无效率资源配置的发生和确保需要者的公平利用为主要目的，通过被认可和许可的各种手段，对企业的进入、退出、价格和服务的质量以及投资、财务、会计等方面的活动所进行的规制"[1]。

如植草益所述，经济性规制是针对垄断和一部分信息不对称产业作出的，原因何在？下面笔者对此做一具体分析。

首先是针对垄断的规制，即针对存在垄断现象的产业进行规制，实践中，针对自然垄断产业进行规制又是一个重点。

自然垄断产业多属于公共服务性产业，如有线通信、铁路运输、电力供应、城市燃气、自来水等，这些产业具有明显的规模经济、网络经济等特征，这导致由少数企业提供产品或服务比多数企业提供整个产业会更有效率——成本收益分析更优。也可以说，这些产业具有所谓的成本劣加性——产业内企业数量越多，每个企业的平均成本就越高，由此产业总体的平均成本越高。而在这样的产业中，基于企业追逐利润最大化的本能，它有更强的动机去兼并其他企业——这样其平均成本会下降，就会造成这个产业中企业数量越来越少，最终很容易形成垄断。实践证明，有垄断地位的企业不一定就会有垄断行为，但是实践也证明，有垄断地位的企业往往有垄断行为，如采取质次价高的行为、懒于研发等，这些行为损害了消费者的福利，也导致经济的非效率。另外，范围经济的存在也会导致产业垄断——如果多种业务由一个企业经营比多个企业各自经营时平均成本更低，此时该产业也有一个成本的劣加性问题，则这样的产业也会自然地发展成垄断结构。资源稀缺也会导致自然垄断，比如谁掌握了某一矿产的唯一矿源，那它自然是销售该种矿产的垄断企业。

接下来是信息不对称产业。这一类产业在实践中更多指银行、证券、保险在内的金融业与航空运输业等。在这些产业中，由于高度专业化以及操作复杂等原因，消费者很难有充分、有效的信息做出恰当的选择，

---

① 转引自苏东水主编《产业经济学》，高等教育出版社 2000 年版。

而且更为严重的是，消费者往往还会遇到这些产业里存在的道德风险，即这些产业会利用双方信息不对称的情况误导消费者从而谋取利益。鉴于这些情况，必须由政府出面对这些产业进行规制，要求其尽量充分公布信息等。

以上论述是政府实行经济性规制的原因。在实践中，经济性规制的主要手段有价格规制、进入与退出规制、投资规制、质量规制等。其中，价格规制和进入与退出规制采用得更为普遍。

（二）社会性规制

社会性规制主要出于三方面原因，即保护人们的健康与安全、保护环境以及保护文化。凡是有经济行为侵害到这三个方面的都将受到规制。社会性规制有一点与经济性规制明显不同，即经济性规制主要是针对某些特定产业的，而社会性规制则为了实现上述三个目的，跨越所有产业界限，即其规制行为涵盖所有产业。

具体而言，保护人们的健康与安全规制在实践中包括：在药品、医疗产业方面的安全，消费者在消费产品或服务方面的安全、劳动者在生产过程中的安全、在交通方面的安全等，所有这些领域有关人们的健康与安全，政府都要进行规制。

保护环境方面规制的主要原因则是经济上的负外部性。外部性是经济学领域一个十分重要的概念，它具体指个体经济行为对外部产生了影响，使外部社会福利发生变化，但个体并未为此支付成本或获取收益。如果使外部社会福利增加而个体未获取相应的收益，则称为个体经济行为具有正外部性；如果使外部社会福利减少而个体并未为此支付相应的成本，则称为个体经济行为具有负外部性。政府出于环境保护目的进行的规制，正是由于某些个体的经济行为具有负外部性，对环境造成了损害但行为者自己却并未为此支付成本。

在保护文化方面，主要是政府出于维护主流意识形态、保护传统文化、保证教育质量等目的而对相关经济行为进行规制。

❖ 总 结

以上是有关经济性规制与社会性规制的主要内容。简言之，这两种规制是市场经济国家政府规制的主要方式。经济性规制主要是为保障经济运作的效率，社会性规制主要是为防止对社会产生不良影响。平衡的规制结构应包含经济性规制与社会性规制，这也是西方各国近几十年来规制改革的主要经验。

第二节 传媒业的政府规制

传媒业是一个具有强大社会功能的社会信息系统，对社会产生着重大影响，任何国家都会把它纳入社会制度的轨道。在传播学里，专门有一个领域研究制度因素在大众传播活动中的作用，被称为"控制研究"。郭庆光在其《传播学教程》一书中称，对大众传播活动进行控制的主要有三方面势力，其中就有来自国家和政府的控制，包括政治与经济控制。本节依据经济学中的政府规制理论，对传媒业的政府规制进行分析。

一、规制原因

对传媒业进行规制的原因与其他产业一样，也是该行业具有垄断现象以及可能对社会产生不良影响。

（一）垄断现象

传媒业分不同的子类别，不同子类别又有不同的产品，由此形成了诸多的市场。理论上，每一个市场就是一个产业，而在许多产业中，是存在垄断现象的，比如有美国广播电视网的寡头垄断，有即时搜索、社交平台等产业的寡头垄断，还有电影产业中的院线垄断。在我国，存在行政区域市场内行政性原因导致的报业集团垄断、广播电视台垄断等。

因此，需要对它们进行规制。

再具体分析，上述垄断现象中，有的是由纯市场竞争等因素形成的垄断，但也有自然垄断属性的产业存在。前文已述，自然垄断形成的一个重要原因在于存在规模经济、网络经济、范围经济等因素而造成产业具有成本劣加性。在规模经济、网络经济导致的自然垄断方面，传媒业中就存在这种情况，比如社交平台就有典型的网络经济特征，社交平台与其用户以及用户彼此之间形成了一张网，用户的数量越大，网的规模越大，对每一个用户的价值就越大，因为用户社交的对象多、范围宽。由此网的规模越大，对消费者价值越大，而只有产业中平台数量越少，网的规模才会越大，由此该产业就有自然垄断属性。而实践也证明了这一点，无论是国外还是国内，社交平台产业普遍存在垄断或寡头垄断的现象，如美国的Facebook、Twitter，我国的微博、微信以及有社交功能的抖音、快手等。

还有就是针对广播电视业而言，像美国的 ABC、NBC、CBS、FOX 四大商业电视网以及公共电视网等，这些网是电视台母台与加盟台形成的网，具有规模经济属性，每张网的加盟台越多，网的平均运行成本越低，所以也具有自然垄断属性。实践中，美国广播电视网市场也确实是寡头垄断的结构。

(二) 外部性

传媒业运作中的外部性可以从大众传播行为的四种社会功能说起，根据赖特的四功能说，大众传媒所从事的大众传播活动具有环境监测、社会协调、社会化或教育、提供娱乐四大功能。环境监测是给受众提供其所处环境的信息，为其生活、工作提供决策依据；社会协调是通过宣传协调整合社会大众的行为；社会化或教育功能也是指导大众的行为与思想的；提供娱乐也对大众的身心、道德水平等有重要影响。正因为有这样的影响，政府才需要对其规制，确保不出负面结果。

二、规制手段

从政府规制理论的视角来说，政府对传媒业的规制手段也是经济性规制与社会性规制两种。

（一）经济性规制

经济性规制的主要手段是价格规制、进入与退出市场规制、投资规制以及技术设备规制等。对于传媒业来说，发达国家的政府规制更明显地体现在进入市场规制、技术设备规制、补贴与财税优惠等方面。

1. 进入市场规制

进入市场规制的目的是避免在特定产业市场形成垄断，同时又要形成规模经济与竞争活力并存的有效竞争。

从世界范围内看，早期传媒业的进入规制更多是政府从政治方面的考虑，防止传媒数量过多影响政府的权威性，其后慢慢转到主要对经济因素的考虑上来，当然，这里面也掺杂着比较复杂的政治与社会原因，因为传媒业是生产精神产品、有意识形态属性的行业，毕竟与其他生产物质产品的产业不同。

进入规制在传媒业中一个比较突出的表现是许可证制度，目前这一制度在绝大多数发达国家以及部分发展中国家都有施行。比如在美国，任何广播电台、电视台都要在申请到联邦通讯委员会（FCC）的营业许可证后才能营业，而且这个许可证的持有还要定期审核，以确定持有者是否有继续持有的资格。如美国1996年新修订的《电信法》规定，私营电视台的执照持有期限是8年，8年后则需重新审核。

进入市场规制还有一个比较突出的表现是对传媒所占有市场份额的限制，如美国1996年《电信法》规定，私营传媒机构拥有的无线电视台的覆盖率上限为全美所有电视用户的35%；德国从1997年开始，规定一家商业电视台的受众规模以不超过全国受众市场份额的25%为限；意大利也在该年规定一家电视台所拥有的全国性频道数量不能超过全国总数的20%；等等。

许多国家都对外籍股东的持股条件做出限制，以防止境外资本对本国传媒控制过强。如美国联邦通讯委员会制定法律规定，如果外国人参股美国广播电台、电视台，其股份不能超过25%，为了进入美国电视市场，

1985 年 9 月 5 日，澳大利亚籍的默多克也不得不申请加入美国国籍。彭永斌《传媒产业发展的系统理论分析》中提到，新加坡规定"未经新闻艺术部书面批准，报业公司不得向非新加坡公民或公司出售或转让管理股，任何非新加坡公民不得担任报业公司的董事"。另外，法国、加拿大等国也都对外籍股东的持股比例做出限制。

2. 技术设备规制

在发达国家，政府有权制定无线电视和有线电视的技术标准，如音视频产品生产设备的机械标准，电视接收设备中涵盖超高频、甚高频双重接收频道的标准、电磁频率的设置和保护标准等。[①] 如美国联邦通讯委员会有权确定电台、电视台设备的种类、技术标准，监督电视台进行装设等。

3. 财税优惠

针对传媒业的财税优惠，一般有补贴、税负优惠、贷款优惠等。

在补贴方面，据现有资料，欧洲国家对报纸的经济补贴方式有许多种类，有直接财政补贴，有相关费用优惠。英、法、意大利、瑞典等许多国家都有直接财政补贴。在相关费用优惠方面，如：法、德、意大利等国对报业有邮政优惠；法国、意大利、荷兰、比利时等国有铁路运费优惠；意大利、芬兰、奥地利有运输费补助；等等。

在税负优惠方面，法、德、意大利、瑞典等国有增值税减免措施，如：德国一般企业增值税率为 16%，而报刊业税率仅为 7%；法国一般物品的消费税率是 18.6%，报纸的税率则是 2.1%，期刊的税率是 5.5%；另据相关资料，英国对所有商品都征收 15% 的附加税，而对图书则免征，该政策已经持续了 150 多年；法国的新闻从业人员免交人头税；等等。

在贷款优惠方面，德国、意大利、瑞典、挪威、丹麦、荷兰等国的传媒业都享有低息贷款优惠。

欧洲国家对报纸的经济补贴方式还有：广告收入不足总收入 5% 的地方性报纸，由政府提供广告投放机会，比如意大利、比利时、挪威等国

---

① 详见吴克宇著《电视媒介经济学》，华夏出版社 2004 年版。

家；相关国家的政府还对一些经济状况不佳的报纸提供教育培训与调查研究的专项补助、通讯社特别补助、政治团体补助、联合发行补助以及联合经营补助等。[①]

（二）社会性规制

对传媒业的社会性规制主要是在产品质量规制方面，且主要针对的是内容产品。

考虑到传媒业对社会的影响，各国政府对传媒的内容产品都有规制，如美国联邦通讯委员会对广播电视机构的营业执照10年审核一次，其中一个标准就是考察其内容产品是否有碍社会伦理道德，而且也确实发生过因为该原因而吊销传媒执照的事例。美国针对影视产品的分级制度、对儿童节目中广告时间的限制等，也是对传媒内容产品采取的规制。

在欧洲，据相关方面的资料，1989年3月欧共体通过了《跨国界电视公约》，其中强调要"限制电视广告时间""重视电视节目对未成年人的影响"，并提出了"将欧洲制作的节目增加到50%以上"的目标。在德国，其《统一德国广播电视洲际协定》中规定："广播不得向未成年人播放描写刺激种族仇恨，或对人类残忍的非人性的暴力行为。"[②]

日本《广播法》第三条"广播电视节目编排等相关通则"中，对内容产品有一系列相关要求，比如：在编排广播电视节目中，要做到"不妨害社会治安及良好风俗"；在电视节目方面，应设置"教养节目"；为保证广播节目符合社会伦理道德等，应设置节目审议机构，并对播出不真实节目后如何整改等做出了规定。

许多国家出于保护民族文化的需要，也对外来内容产品的数量做出限制。比如：法国要求广播电台、电视台播出的节目中外国节目不得超过40%，加拿大也有同样比例的规定；法国、以色列等国还要求广播电台、电视台播出的歌曲中，外语歌曲不能超过一定比例；在亚洲，韩国要求电

---

① 上述资料详见和田详一编著《新闻学概论》，中国新华出版社1985年版。

② 详见李良荣编著《当代世界新闻事业》，中国人民大学出版社2002年版。

影院一年有 106 天以上要放映韩国影片，电视台 25% 以上的时间要留给国产片。[1]

第三节　中国传媒业的规制

一、规制特点

由于政治体制以及传媒业运作体制的不同，中国传媒业的规制与西方传媒业的政府规制有所不同。我国传媒业长期以来是党的事业的一部分，在宣传部、主管主办机关的领导下运作，被作为党政体系的一部分进行管理。首先，管理主体与西方不同，具体而言，其管理主体是各级党委宣传部与政府的行政主管部门，而不像西方就是政府来管理。

从规制原因上说，中国传媒业本身就是党政体系的一部分，先天就是被领导、被管理去完成各项任务的，在体制内附属性运作，而非独立的市场主体。而这与西方国家传媒是独立的市场主体，政府只是出于经济与社会原因要对其进行规制有很大的不同。

从管理手段上说，在我国，除了各种法律法规之外，行政命令也是重要的一种，毕竟传媒业绝大部分是被领导的下级单位。

当然，党和政府对我国传媒业的管理也有许多内容与西方的政府规制是一致的，比如对其内容产品价格、质量以及出于社会影响进行的管理等。

二、规制机构

总体而言，传媒业作为党和政府的"喉舌"，国家对其的规制目标是保证其履行好"喉舌"的职责与使命，更好地获得社会效益与经济效益。本处将主要从国家对传媒业获取经济效益行为的规制来进行分析。

---

[1]　详见李良荣编著《当代世界新闻事业》，中国人民大学出版社 2002 年版。

长期以来，国家对传媒业进行规制的部门主要有：中央宣传部、国家新闻出版署、国家广播电视总局、文化和旅游部、教育部、工业和信息化部、国家市场监督管理总局等。

中央宣传部是党对传媒业进行管理的部门，主要负责宣传内容和舆论导向。

国家新闻出版署是国务院主管新闻出版事业和著作权管理的直属机构，负责制定新闻出版业的规章、发展规划、宏观调控目标和产业政策并指导实施；制定全国出版、印刷、复制、发行单位总量、结构、布局的规划并组织实施；参与拟订新闻出版业的经济政策和有关的经济性宏观调节措施；对新建出版单位进行审批等。2018 年之后，国家新闻出版署又进行了调整，整体并入中央宣传部，在宣传部外加挂国家新闻出版署的牌子。

国家广播电视总局是国务院主管广播影视业的直属机构，负责制定广播影视业的规章、发展规划、宏观调控目标和产业政策并指导实施；审批相关广播影视单位的建立和撤销；组织审查内容产品导向；发放和吊销电影摄制、公映许可证和电视剧制作、发行许可证等。2018 年之后，国家电影局被剥离出来，并入了中央宣传部，在宣传部外加挂国家电影局的牌子。

文化和旅游部是在国务院领导下管理国家文化工作的部门，负责制定全国文化领域的规章、发展规划、宏观调控目标和产业政策并指导实施，归口管理文化市场和对外文化工作等。比如其职责范围内的文化市场综合执法，就包括对新闻出版、广播、电视、电影等市场违法违规行为进行查处等。

教育部负责中国教育电视台系统的管理。

工业和信息化部负责拟订实施行业规划、产业政策和标准；监测工业行业日常运行；推动重大技术装备发展和自主创新；管理通信业；指导推进信息化建设；协调维护国家信息安全等。

国家市场监督管理总局则对传媒业的市场行为进行一些职责内的管理，如监督其守法经营、照章纳税等。[①]

---

① 相关资料来自各部门的网站。

三、规制方式

(一) 从经济原因考虑的规制

1. 进入与退出规制

我国创办报刊、电台、电视台等传媒实行批准登记制，这可以算作有关传媒业进入方面的规制。

在图书、报纸、期刊业方面，《出版管理条例》第十一条规定，设立出版单位，应当具备下列条件：有出版单位的名称、章程；有符合国务院出版行政主管部门认定的主办单位及其主管机关；有确定的业务范围；有30万元以上的注册资本和固定的工作场所；有适应业务范围需要的组织机构和符合国家规定的资格条件的编辑出版专业人员；法律、行政法规规定的其他条件。另外，审批设立出版单位，除依照前款所列条件外，还应当符合国家关于出版单位总量、结构、布局的规划。在程序上，设立出版单位，由其主办单位向所在地省、自治区、直辖市人民政府出版行政主管部门提出申请，省、自治区、直辖市人民政府出版行政主管部门审核同意后，报国务院出版行政主管部门审批。

在广播电视业方面，《广播电视管理条例》规定，设立广播电台、电视台，应当具备下列条件：有符合国家规定的广播电视专业人员；有符合国家规定的广播电视技术设备；有必要的基本建设资金和稳定的资金保障；有必要的场所。另外，审批设立广播电台、电视台，除依照前款所列条件外，还应当符合国家的广播电视建设规划和技术发展规划。

在传媒业的退出市场方面，如果是事业单位性质的组织，没有市场化的破产倒闭一说，但是可以通过国家的规制让其关闭退出。国家在不同时期进行的报刊市场结构调整，就使不同数量的报刊退出市场，如2003年的报刊改革就使600多份报刊被撤销刊号清退出市场。2010年之后，报业萧条加剧，不断有报社被撤销刊号退出市场，或者取消法人身份并入其他报社，而且这个趋势未来还会保持甚或加剧。在广播电视业方面，1983年前，我国广电业是中央和省、自治区、直辖市两级办广播电视。1983 年起，广电事业管理体制有较大转变，当年召开的第十一次全国广播电视工作会议确立了中央、省、地、县"四级办广播、四级办电视、四级混合覆盖"的事业建设方针，开始在地、县级建立电台、电视台，地级、县级电视台产生了。但 1999 年 7 月，国务院办公厅转发信息产业部、国家广播电影电视总局《关于加强广播电视有线网络建设管理意见的通知》，批示各省推出公共频道取代县级电视台的自办节目。2002 年 7 月 1 日开始，各省公共频道推出，县级电视台除为公共频道提供少量节目外，把主要职能转为转播中央、省和市级电视台的节目，此举措也被当时学、业两界称为"三级办电视"，即"取消"了第四级——县级电视台。总之，国家这样做在于剥离县级电视台作为独立电视台的绝大部分功能，意味着原来独立的县级电视台被国家清退出市场。当然，该举措只是改变了县级电视台的功能，没有取消县级电视台的建制。到 2018 年 8 月，习近平总书记在全国宣传思想工作会议上指出"要扎实抓好县级融媒体中心建设"，从此县级电视台开始退出市场，融进了新的县级传媒组织——融媒体中心。综上可见，县级电视台由国家规制产生，最后由国家规制退出市场。

在业外资本对传媒业的市场准入方面，国家也有若干具体而详细的规定，本书在第八章资本运作方面已有介绍。

2. 技术设备规制

本节主要介绍一下广播电视业的情况。广电业作为技术集约型行业，对技术设备规制是整个行业规制的重要内容，相关法规政策很多，规定得也很具体，如《广播电视管理条例》第三章"广播电视传输覆盖网"全部是有关广电业技术设备方面的规定，具体为：对全国广播电视传输覆盖网按照国家的统一标准实行统一规划，并实行分级建设和开发；国务院广播电视行政部门负责指配广播电视专用频段的频率，并核发频率专用指配证明；广播电视传输覆盖网的工程选址、设计、施工、安装，国家规定应当按照有关标准办理，并由依法取得相应资格证书的单位承担；广播电视传输覆盖网的工程建设和使用的广播电视技术设备，应当符合国家和行业标准；传输广播电视节目的卫星空间段资源的管理和使用，应当符合国家有关规定；广播电台、电视台利用卫星方式传输广播电视节目，应当符合国家规定的条件，并经国务院广播电视行政部门审核；批准安装和使用卫星广播电视地面接收设施，应当按照国家有关规定向省、自治区、直辖市人民政府广播电视行政部门申领许可证；等等。另外，2000年国务院颁发的《广播电视设施保护条例》、2004年广电总局颁发的《广播电视设备器材入网认定管理办法》、2009年广电总局颁发的《卫星电视广播地面接收设施安装服务暂行办法》等，都对广电业的技术设备进行了详细的规定。

3. 补贴与税收优惠

新中国成立以来，我国绝大部分传媒组织是事业单位，纳入国家财政预算体系，每年国家拨付事业经费，多退少补。"新闻纸的优惠配额、发行费率标准以及印刷、采编技术设备的更新日程以及税负任务""都是按照级别享受不同政策"[1]，这不像在发达国家，传媒是独立的市场主体，独立核算、自负盈亏。可以说，中国传媒业能发展到今天的状态，主要是靠国家财政支撑的。随着1978年传媒单位实行"事业单位企业化管理"的新机制，传媒获取的经济效益增加，经济状况明显改善，国家财政经费拨付也由此逐渐减少，甚至很大一部分传媒组织逐渐变成自收自支单位。

尽管如此，相对其他产业，传媒业仍在财税等方面享有优惠。几乎每年国家都有针对宣传文化单位财政税收方面的政策出台，规定了相关优惠条件。以报纸、期刊、图书为例，财政部、国家税务总局发布的1994年施行的《关于继续对宣传文化单位实行财税优惠政策的规定》中，有下列内容：中国共产党和民主党派各级组织、人大、政协、妇联、工会、共青团、新华通讯社、军事部门的机关报刊、大中小学的学生课本和专为少年儿童出版发行的报刊，科技图书和科技期刊，全国县及县以下新华书店和农村供销社销售出版物等的增值税实行先征后返；……新闻、儿童、科教、美术电影制片厂，与当地民用建筑标准相当的图书发行网

---

① 赵曙光、禹建强、张小争：《中国著名媒体经典案例剖析》，新华出版社2002年版。

点建设，单纯设备购置，其固定资产投资方向调节税实行零税率；与当地民用建筑标准相当的全国定点书、报、刊印刷厂及全国定点出版社、报社、杂志社，其固定资产投资方向调节税实行 5% 的税率；等等。

从最新的规章制度看，2019 年开始施行的《国务院办公厅关于印发文化体制改革中经营性文化事业单位转制为企业和进一步支持文化企业发展两个规定的通知》，对经营性文化事业单位转制为企业的采取一系列优惠政策，比如自转制注册之日起五年内免征企业所得税，符合相关条件的转制单位房产免征房产税。另外，党报、党刊发行收入和印刷收入免征增值税，企业所得税、增值税、城市维护建设税、契税、印花税等享受相应优惠。

总体而言，传媒业所属的文化行业地位特殊，补贴与税收方面一向受到国家的关注与优惠。

4. 价格规制

长期以来，由于隶属于计划经济体制，传媒的内容产品只要进行销售，必定由国家定价，如国家审批印刷传媒内容产品的价格或对其零售价进行限制，这是计划经济的典型特点。但是，随着传媒日益深入市场经济，进行市场化运作，定价主权越来越回归到传媒自身，尤其是一些市场化运作程度高的传媒，在内容产品定价方面的自由度现在已经很高。

（二）从社会原因考虑的规制

对一般产业的社会性规制，一般是从其外部性出发，传媒业的外部性相比其他产业是很强的，所以各国政府对其的规制都比一般产业要强。在中国，由于与其他国家不同的传媒体制，传媒业的身份是党和政府的"喉舌"，所以国家对其的规制又与其他国家不同。对其要求是社会效益第一，这个社会效益包含两个层面的含义：第一，履行好宣传任务，宣传好党的路线、方针、政策；第二，要符合社会主义精神文明的要求，不能有违背社会主义精神文明的内容产品传播。

四、规制的发展趋势

从世界传媒业的发展来看，应该说，随着技术革新以及企业拓展市场动机等方面的驱动，政府的规制是以放松为主流趋势。

以美国为例，美国有关无线电视执照的持有年限，从 1981 年后一松再松，比如 1981 年前是 3 年，1981 年后是 5 年，1996 年新的《电信法》出台又延长到 8 年，即无线电视运作 8 年再审查是否合格、是否有资质继续运行。在有线电视方面，1984 年，美国国会通过《有线电视法》，解除了许多过去对有线电视的限制，随后在 1992 年《有线电视消费者保护和竞争法》和 1996 年《电信法》中，有关有线电视台的限制又进一步解除。另外，美国在 1996 年《电信法》中，还解除了一家电视组织拥有无线电视台数量的限制。

在欧洲，英国于 1996 年施行《1996 年广播电视法案》，其最大的变化是在《1990 年广播电视法案》以及其他法规的基础上放松规制，而这主要体现在对传媒所有权的限制上，比如放松了对商业广播电台和 ITV 合并的限制，放松了对报业集团、广播电台和地面电视台之间互相持有股份比例的限制等。德国也在 1997 年开始，允许一家电视机构可以拥有全国性电视台的全部股份，而且对拥有电视台的数量取消了限制。

从西欧、日本来看，规制放松的又一表现是开始允许私人资本进入广播电视领域。如 1987 年，法国纯国有的广播电视业解禁，开始将部分电视台向私人出售，稍后，德国、日本等国也相继将广播电视领域向私人资本开放。

对于中国传媒业来说，国家在其经济发展方面的规制也将是一个放松的趋势。首先，中国正处在市场经济体制不断深化的过程中，从中央计划到以市场机制配置资源本身就是一个放松规制的过程；其次，传媒业深入市场进行运作，竞争的加剧使其必然需要更加全面的权限以灵活应对市场变化，在这种情况下，国家也应该放松相应的规制，给予其更大的自主权。所以，在传媒经济发展方面，国家的规制放松应是一个趋势。当然，传媒业是一个特殊行业，其身份是党和政府的"喉舌"，所以，经济上规制的放松也应该注意对象与尺度，要使规制的放松不至于影响对社会效益的获取。

五、有关中国传媒业规制的策略思考

笔者认为，要对中国传媒业进行有效的规制，当前主要应做到以下几点。

（一）要对规制本身有一个客观、辩证的认识

政府规制与市场配置资源都是干预经济运作的方式，政府规制虽然是解决市场机制不灵的，但政府规制本身也有其问题。所以，要对经济采取有效的政府规制，首先要对规制本身有一个客观、辩证的认识。

从好的方面看，政府规制相比于市场机制来说，有强力性、速效性、超前性等特点。从强力性看，行政命令必须服从。从速效性看，在对传媒资源进行配置时，采用市场手段往往存在一个配置成本问题，其成本并不就一定低于其他手段。具体说，市场配置资源的主要手段是价格机制，而价格向均衡状态收敛的过程实际上不完全平稳，即存在波动，因此通过市场机制对资源进行配置，往往需要一个较长的过程，从而影响资源配置的效率，而通过政府来配置的话，目的性强、方式直接，往往能比市场配置更加有效。从超前性看，政府规制往往具有超前性。政府着眼点高，掌握信息全面，往往能够对一个产业的整体发展方向有较客观、正确的把握，在这方面，是传媒业作为一个产业不能比的。根据复旦大学苏东水教授所著《产业经济学》一书中的观点，尤其在市场欠发达的情况下，政府规制是合理的，也是必需的。

从不好的方面来说，政府规制程度加深可能妨碍市场机制的更有效发挥，政府在规制过程中有时难以准确判断和计量，往往有主观判断与人为因素，因此也会导致不好的结果。

（二）要对规制对象——中国传媒业的运作特色有一个深刻把握

中国传媒业有其自身特色，与国外尤其西方传媒业在运作中有很大

差别，在规制中一定要对此有所认识，不然可能既收不到效果，还会有负面影响。比如，中国传媒业是党和政府的"喉舌"，其运作目标是坚持把社会效益放在首位，实现社会效益与经济效益的统一，对其规制时就要充分认识到这种情况，注意处理好两个目标之间的关系，把握好度。

（三）努力实现对现有规制的优化

现在，国家对传媒业的规制还存在未尽合理的地方，如一些计划经济、行政管理的遗留问题还在一定程度上影响着传媒业的良性发展，这主要体现在行政区域市场内的封闭性运作导致相关传媒的垄断行为、一些报刊发行存在行政摊派行为、传媒机构分级别享受不同待遇等，这些都影响了传媒正常的市场竞争，影响了传媒业发展的活力。这在以后的规制中，要么取消，要么进行整改。另外，由于中国传媒业的身份特殊，它肩负着宣传党的路线方针政策、进行正确舆论导向、维护社会稳定、对外宣传国家形象、以高尚的内容塑造人们精神世界等重大任务，在对内容方面的规制中，有些举措还要进一步加强，比如在对网络空间内容方面的规制中，就应加强规制力度，丰富规制手段，力求取得好的效果，营造出清朗的网络空间。

参考文献

1. 丁淦林等:《中国新闻事业史新编》，四川人民出版社 1998 年版。

2. 杨公朴、夏大慰:《产业经济学教程》，上海财经大学出版社 1998 年版。

3. 屠忠俊:《当代报业经营管理》，华中理工大学出版社 1999 年版。

4. 张曙光:《中国宏观经济分析报告》，社会科学文献出版社 1999 年版。

5. 张国良主编:《新闻媒介与社会》，上海人民出版社 2001 年版。

6.《中国报业》2001 年第 4 期。

7. 刘建明:《现代新闻理论》，民族出版社 1999 年版。

8. 杰克·富勒著，展江译:《信息时代的新闻价值观》，新华出版社 1999 年版。

9. 支庭荣:《媒介管理》，暨南大学出版社 2000 年版。

10. 袁军:《新闻事业导论》，北京广播学院出版社 1997 年版。

11. 魏永征:《中国新闻传播法纲要》，上海社会科学院出版社 1999 年版。

12. 朱辉、周胜林:《当代办报策略与新闻采写艺术》，复旦大学出版社 1996 年版。

13. 曹宇:《市场经济下的报业扩张》，海天出版社 2000 年版。

14. 邵培仁:《传播学》，高等教育出版社 2000 年版。

15. 约翰·霍恩伯格:《西方新闻界的竞争》，新华出版社 1985 年版。

16. 曹鹏、王小伟主编：《媒介资本市场透视》，光明日报出版社 2001 年版。

17. 喻国明：《媒介的市场定位——一个传播学者的实证研究》，北京广播学院出版社 2000 年版。

18.《无形资产研究——全国第二届无形资产理论与实务研讨会论文集》，中国财政经济出版社 2001 年版。

19. 吴焱谨编著：《无形资产评估教程》，浙江大学出版社 1997 年版。

20. 张占耕编著：《无形资产管理》，立信会计出版社 1998 年版。

21. 陈昕：《WTO 与中国出版》，广西师范大学出版社 2000 年版。

22. 陆丁：《看得见的手——市场经济中的政府职能》，上海人民出版社 1993 年版。

23. 周鸿铎：《广播电视经济学》，中国广播电视出版社 2000 年版。

24. 刘京城：《无形资产的价格及评估方法》，中国审计出版社 1998 年版。

25. 曹鹏：《中国报业集团发展研究》，新华出版社 1999 年版。

26. 萨缪尔森·诺德豪斯著，萧琛等译：《经济学》第 16 版，华夏出版社 1999 年版。

27. 黄升民、丁俊杰主编：《媒介经营与产业化研究》，北京广播学院出版社 1997 年版。

28.《武汉大学学报（人文科学版）》2001 年第 2 期。

29. 张允若、高宁远：《外国新闻事业史新编》，四川人民出版社 1996 年版。

30. 陈连营、李旭：《媒体资本家》，汕头大学出版社 1999 年版。

31. 王又庄编著：《现代成本管理》，立信会计出版社 1996 年版。

32. 郑兴东主编：《新闻冲击波——北京青年报现象扫描》，中国人民大学出版社 1994 年版。

33. 马光仁：《上海新闻史》，复旦大学出版社 1996 年版。

34. 周鸿铎、胡传林、刑建毅：《传媒经济》，北京广播学院出版社 1997 年版。

35. 利贝·卡鲁宾、艾伦·鲁宾、琳达皮尔：《传播研究方法——策略与资料来源》，华夏出版社 2000 年版。

36. 崔恩卿：《报业经营论》，中国经济出版社 1998 年版。

37. 刘继南主编：《大众传播与国际关系》，北京广播学院出版社 1999 年版。

38. 罗伯特·福特纳：《国际传播》，华夏出版社 2000 年版。

39. 凯瑟琳·米勒：《组织传播》第二版，华夏出版社 2000 年版。

40. 《简明不列颠百科全书》编辑部译编：《简明不列颠百科全书·第二卷》，中国大百科全书出版社 1985 年版。

41. 宋海林：《中国产业结构协调分析》，中国财政经济出版社 1997 年版。

42. 马洪：《面对世纪之门》，中国发展出版社 1999 年版。

43. 程恩富：《当代中国经济理论探索》，上海财经大学出版社 2000 年版。

44. 桂世镛：《中国经济：改革、发展与稳定》，经济管理出版社 1996 年版。

45. 刘仲藜主编：《奠基——新中国经济五十年》，中国财政经济出版社 1999 年版。

46. 徐中伟：《当代中国经济若干问题》，华文出版社 1998 年版。

47. 吴家骏、汪海波：《中国的宏观经济管理》，经济管理出版社 1989 年版。

48. 李良荣：《新闻学导论》，高等教育出版社 1999 年版。

49. 吴文虎主编：《新闻事业经营管理》，高等教育出版社 1999 年版。

50. 雪莉·贝尔吉：《媒介与冲击》，东北财经大学出版社 2000 年版。

51. 米切尔·J.沃尔夫：《娱乐经济》，光明日报出版社 2001 年版。

52. 艾尔·努哈斯：《报业帝国》，宇航出版社 2002 年版。

53. 米夏埃尔·可克斯：《报业巨鳄——阿克塞尔·施普林格传》，华夏出版社 2001 年版。

54. 田胜立等著：《网络传播学》，科学出版社 2001 年版。

55. 陶丹、张浩达：《新媒介与网络广告》，科学出版社 2001 年版。

56. 刘宏：《中国传媒的市场对策》，北京广播学院出版社 2001 年版。

57. 埃里克·麦克卢汉、弗兰克·秦格龙：《麦克卢汉精粹》，南京大学出版社 2000 年版。

58. 戴元光、苗正民编著：《大众传播学的定量研究方法》，上海交通大学出版社 2000 年版。

59. 张海鹰、腾谦编著：《网络传播概论》，复旦大学出版社 2001 年版。

60. 纪宁：《媒介新动向》，沈阳出版社 2001 年版。

61. 郭超人：《喉舌论》，新华出版社 1998 年 9 月第二版。

62. 方汉奇、张之华主编：《中国新闻事业简史》，中国人民大学出版社 1983 年版。

63. 弗朗西斯·迪利：《华尔街日报》，企业家管理出版社 1998 年版。

64. 郑兴东：《受众心理与传媒引导》，新华出版社 1999 年 4 月第二版。

65. 康荫、雷跃捷：《社会主义市场经济与新闻舆论》，中国广播电视出版社 1995 年版。

66. 方汉奇主编：《中国新闻事业通史》第二卷，中国人民大学出版社 1996 年版。

67. 方汉奇：《报史与报人》，新华出版社 1991 年版。

68. 方汉奇：《中国近代报刊史·上》，山西人民出版社 1981 年版。

69.《新华日报》、《群众》周刊史学会重庆分会编：《新华日报五十年·新华日报五十周年纪念专辑》，重庆出版社 1987 年版。

70. 袁军、哈艳秋：《中国近代报刊发展概况》，中国广播电视出版社 1996 年版。

71. 宁新：《日本报业简史》，中国社会科学出版社 1981 年版。

72. 陈昌凤：《香港报业纵横》，法律出版社 1997 年版。

73. 李庄：《人民日报风雨四十年》，人民日报出版社 1993 年版。

74. 本·巴格迪坎：《传播媒介的垄断》，新华出版社 1986 年版。

75. 方汉奇：《中国近代报刊史·下》，山西人民出版社 1981 年版。

76. 方蒙主编：《大公报与现代中国》，重庆出版社 1993 年版。

77. 宋军:《申报的兴衰》,上海社会科学出版社 1996 年版。

78. 闫培金、王成主编:《企业物流内控纪要》,中国经济出版社 2001 年版。

79. 沈立人主编:《中国经济·重大决策始末》,江苏人民出版社 1999 年版。

80. 苏星:《新中国经济史》,中共中央出版社 1999 年版。

81. 苏星、杨秋宝:《新中国经济史资料选编》,中共中央出版社 2000 年版。

82. 徐滇庆、李瑞:《政府在经济发展中的作用》,上海人民出版社 1999 年版。

83. 陈承明:《社会主义与市场经济》,上海社会科学院出版社 1997 年版。

84. 游本强:《社会主义市场经济与经济法》,北京大学出版社 1998 年版。

85. 倪小庭主编:《社会主义市场经济十万个为什么:产业与市场》,光明日报出版社 1993 年版。

86. 何炼廷主编:《中国发展经济学》,陕西人民出版社 1999 年版。

87. 郭镇淮主编:《经济区与经济区划》,中国物价出版社 1998 年版。

88. 安虎森、郝寿义:《区域经济学》,经济科学出版社 1999 年版。

89. 刘再兴主编:《区域经济理论与方法》,中国物价出版社 1998 年版。

90. 张文忠:《经济区位论》,科学出版社 2000 年版。

91. 王黎明:《区域可持续发展》,中国经济出版社 1998 年版。

92. 天舒主编:《资本的革命——透视知识经济》,中国物资出版社 1998 年版。

93. 吴季松:《知识经济学:理论、实践和实用》,北京科学技术出版社 1999 年版。

94. 姜奇平等译:《浮现中的数字经济》,中国人民大学出版社 1998 年版。

95. 张维迎:《企业理论与中国企业改革》,北京大学出版社 1999 年版。

96. 韦尔伯·斯拉姆:《报刊的四种理论》,新华出版社 1980 年版。

97. 金碚：《报业经济学》，经济管理出版社 2002 年版。

98. 周鸿铎：《传媒经济导论》，经济管理出版社 2003 年版。

99. 喻国明：《变革传媒——解析中国传媒转型问题》，华夏出版社 2005 年版。

100. 陈俊良：《广告媒体研究——当代广告媒体的选择依据》，中国物价出版社 1997 年版。

101. 刘秋华主编：《现代企业管理》，中国社会科学出版社 2002 年版。

102. 胡太春：《中国报业经营管理史》，山西教育出版社 1999 年版。

103. 林友孚、刘大明主编：《现代企业管理》，中国统计出版社 1996 年版。

104. 李良荣：《当代世界新闻事业》，中国人民大学出版社 2002 年版。

105. 文森特·莫斯可著，胡正荣等译：《传播政治经济学》，华夏出版社 2000 年版。

106. 吴信训、金冠军主编：《中国传媒经济研究 1949—2004》，复旦大学出版社 2004 年版。

107. 詹成大：《媒介经营管理》，浙江大学出版社 2004 年版。

108. 周鸿铎：《传媒经济导论》，经济管理出版社 2003 年版。

109. 柯可主编：《文化产业论》，广东经济出版社 2001 年版。

110. 赵子忠：《内容产业论——数字新媒体的核心》，中国传媒大学出版社 2005 年版。

111. 袁军：《新闻媒介通论》，北京广播学院出版社 2000 年版。

112. 李永健、展江主编：《新闻与大众传媒通论》，中国人民大学出版社 2003 年版。

113. 高鸿业主编：《西方经济学》，中国经济出版社 1996 年版。

114. 唐绪军：《报业经济与报业经营》，新华出版社 2003 年版。

115. 李晓枫、柯柏龄主编：《中国电视传播管理概论》，中国广播电视管理出版社 2004 年版。

116. 凌昊莹：《媒介经营与管理》，中国广播电视出版社 2002 年版。

117. 王永亮等编著：《传媒思想 高层权威解读传媒》，北京广播学院出版社 2005 年版。

118. 布赖恩·卡欣、哈尔·瓦里安编著:《传媒经济学》,中信出版社 2003 年版。

119. 周鸿铎:《广播电视经济学》,中国广播电视出版社 2001 年版。

120. 赵曙光、史宇曙:《媒介经济学——一个急速变革行业的原理和实践》,湖南人民出版社 2003 年版。

121 吴锋、陈伟:《报纸发行营销导论》,复旦大学出版社 2004 年版。

122. 中国报业经营管理函授中心编:《报业经营管理教程》。

123. 陶勇、韦明主编:《市场营销学》,中国财政经济出版社 2002 年版。

124. 曹宇:《市场经济下的报业扩张》,海天出版社 2000 年版。

125. 夏洪波、洪艳:《电视广告媒体经营》,北京大学出版社 2003 年版。

126. 王俊豪:《政府管制经济学导论——基本理论及其在政府管制实践中的应用》,商务印书馆 2001 年版。

127. 夏大慰、史东辉等:《政府规制 理论 经验与中国的改革》,经济科学出版社 2003 年版。

128. 李悦、李平主编:《产业经济学》,东北财经大学出版社 2002 年版。

129. 宋建武:《中国媒介经济与媒介运作》,新华出版社 2004 年版。

130. 倪宁:《广告学》,中国人民大学出版社 2004 年 1 月第二版。

131. 吴克宇:《电视媒介经济学》,华夏出版社 2004 年版。

132. 彭永斌:《传媒产业发展的系统理论分析》,西南财经大学出版社 2004 年版。

133. 张志:《中国广电事业政府规制改革研究》,博士论文,2003 年 3 月 28 日。

134. 黄坡、陈柳钦:《政府规制与行业自律的辩证关系》,价值中国博克网。

135.《中华新闻报》2001 年 4 月 23 日。

136.《新闻与传播》2001 年第 2 期。

137. 第五次全国人口普查主要数据公报（第 1 号）。

138.《中国报业》1999 年第 12 期。

139.《中国新闻年鉴》（1984—2001 年度）。

140. 辜晓进：《美国报纸发行体制与机制》，《中国记者》2003 年第 1 期。

141. 中国社会科学院新闻研究所编：《中国共产党新闻工作文件汇编》，新华出版社 1980 年版。

142. 高程德主编：《现代公司理论》，北京大学出版社 2000 年版。

143. 于立、肖兴志主编：《产业经济学的学科定位与理论应用》，东北财经大学出版社 2002 年版。

144. 童兵：《比较新闻传播学》，中国人民大学出版社 2002 年版。

145. 郭庆光：《传播学教程》，中国人民大学出版社 1999 年版。

146. 高程德、张国有主编：《企业管理》（上、下册），企业管理出版社 1992 年版。

147. Hunt, Tod & Brent D. Ruben, Mass Communication：Producers and Consumers, NewYork：Harper Colliins College Publishers, 1993.

148. Pringe, Peter K., Michael F. Starr, and William E. McCavitt, Electronic Media Management, 2nd ed. Stoneham, M. A.：Focal Press, 1991.

149. Roberts, Ted E. F., Practical Radio Promotions, Stoneham, M. A.：Focal Press, 1992.

150. Rucker, Frank W., and herbert Lee Williams, Newspaper Organization and Management, 4th ed. Ames, Lowa：The Lowa State University Press, 1974.

151. Domi nick, Joseph R., The Dynamics of Mass Communication, 4th ed. NewYork：McGraw-Hill, Inc., 1993.

152. Marcus, Norman, Broadcast and William E. McCavitt, Electronic Media Management, Englewood-Cliffs, N. J.：Prentice-Hill, Inc., 1986.

153. Eastman, Susan tyler, Syndey W. Head, and Lewis Klein, Broadcast/ Cable Programming, Belmont, C. A.：Wadsworth Publishing Company, 1985.

154. Fink, C. Conrad, Strategic Newspaper Management, NewYork：Random House, 1988.

后　记

　　本书是第四版，离第三版出版又有了几年，传媒业也仍然在发生着很大的变化，有技术方面的，也有市场与政策方面的，有些已是颠覆性的，比如行业主体已是新传媒而非传统传媒，传媒业已不是传统传媒的印刷纸加"声光电"的概念了，差不多已是一个新的物理特性的行业，而有关传媒经济学的知识也得有一个相适应的调整。本版的内容也确是在努力顺应这种变化。近几年，笔者陆续对包括基本概念在内的不少内容进行了修改，包括增删了部分章节。

　　最近的寒假与暑假，是最后的修改期，笔者尽力挤时间又进行了全书内容的系统性梳理。目前，稿子已经完成，现提供出来，欢迎师友们和同学们继续指正。

　　本书仍是有关传媒业各领域的一个综合研究，在成书过程中借鉴、融合了国内外诸多专家、学者的研究成果，如第三章有关各传媒广告资源个性的分析、第五章传媒组织制度的部分内容等。在写作过程中，笔者努力将所有的参考与引用一一列入参考文献或在文中进行标注。在此，对倪宁、唐绪军、童兵、陈俊良、屠忠俊、胡太春、魏永征等学者表示由衷感谢，他们的相关著作给了笔者很大的教益。比如：本书第五章，就参考了童兵老师《比较新闻学》中的部分内容；第七章等章节，也参考了倪宁老师《广告学教程》、陈俊良老师《广告媒体研究——当代广告媒体的选择依据》中的部分内容；等等。前辈们的探索与成果使人产生深深的敬意。本书毕竟内容较多，如有引用被遗漏而未标注的，笔者在此一并致以歉意与谢意。

本书的出版，得到了人民日报出版社梁雪云、王奕帆编辑的大力支持，在此一并致以诚挚谢意。

张辉锋

2022 年 7 月于北京